YOUQITIAN QIYE
NENGYUAN GUANKONG JISHU

油气田企业
能源管控技术

马建国 / 编 著

编委会
主　任 / 马建国
副主任 / 郭以东　曹　莹　杨午阳
成　员 / 余　洋　朱英如　王　治　张学腾
　　　　 张　余　何丽美　付晓林　殷礼彬
　　　　 杨世彬　银　河　肖　啸　尤元鹏
　　　　 王西翎　赵秋生　王　伟　陈耀栋
　　　　 刘启聪

四川大学出版社
SICHUAN UNIVERSITY PRESS

项目策划：胡晓燕
责任编辑：胡晓燕
责任校对：王　睿
封面设计：马建国　墨创文化
责任印制：王　炜

图书在版编目（CIP）数据

油气田企业能源管控技术 / 马建国编著 . — 成都：四川大学出版社，2022.4
（油气田能源管理系列书籍）
ISBN 978-7-5690-5415-6

Ⅰ . ①油… Ⅱ . ①马… Ⅲ . ①石油企业－能源管理－研究 Ⅳ . ① F407.22

中国版本图书馆 CIP 数据核字（2022）第 062986 号

书　名	油气田企业能源管控技术
编　著	马建国
出　版	四川大学出版社
地　址	成都市一环路南一段 24 号（610065）
发　行	四川大学出版社
书　号	ISBN 978-7-5690-5415-6
印前制作	四川胜翔数码印务设计有限公司
印　刷	四川盛图彩色印刷有限公司
成品尺寸	170mm×240mm
印　张	19.5
字　数	369 千字
版　次	2022 年 5 月第 1 版
印　次	2022 年 5 月第 1 次印刷
定　价	60.00 元

◆ 版权所有 ◆ 侵权必究

◆ 读者邮购本书，请与本社发行科联系。
　电话：(028)85408408/(028)85401670/
　(028)86408023　邮政编码：610065
◆ 本社图书如有印装质量问题，请寄回出版社调换。
◆ 网址：http://press.scu.edu.cn

四川大学出版社
微信公众号

前　言

能源管控是近年来兴起的一种信息技术与新技术、新工艺紧密结合的全过程精细化能源管理模式。作为能源生产、管理、调度一体化管控的有效手段，能源管控是提高企业能效管理水平的重要途径。能源管控借助数据采集传感、云计算、物联网、大数据分析、人工智能、5G通信和边缘计算等新兴信息技术的迅猛发展，通过完善能源计量器具、构建能源物联网络、监测设备能效和构建信息管理平台，将获取的能耗大数据进行深度挖掘、业务建模、归因分析、模拟优化与先进控制，以期优化能源配置、工艺流程，精准预测能源消耗趋势，掌控各业务环节用能行为的PDCA闭环管理。

2015年，工业和信息化部要求石油、钢铁等企业建设能源管理中心。2016年，中石油持续探索能源管理手段的信息化集成。油气田企业建立能源管控系统可以有效解决企业能源管理中的突出问题，实现能源生产、输配、消耗环节的集中化、扁平化、全局化管理。以工艺优化、信息化建设为依托，通过强化能源利用的有效管理与控制，实现节能管理的实时调整优化、持续改进、经济运行，推动企业高效率、低成本用能。

在"30-60"双碳目标下，我国经济社会将向绿色低碳全面转型。在能源互联网背景下，不同能源形式在能源互联网上的物理基础逐渐确立，在能源管控系统建设过程中多能互补的综合利用将成为未来的技术发展方向。为了有效总结油气田企业能源管控建设经验，我们组织编写了本书。本书共6章，这些章节既彼此独立又相互关联，力图对油气田企业能源管控系统的建设、应用和后续运营提供全方位的参考。

第1章，综述能源管控的国内外应用现状和进展，分析目前油气田企业的用能特点。

第2章，对能源管控系统建设涉及的计量仪表标准化配套、网络及通信技术、能源管控系统的信息安全管理和信息化与数字化转型的融合等基础条件进行了分析和说明，并就建设策略提出了建议。

第3章，对油气田企业能源管控建设涉及的计量级、监测级、分析级、优化级和智能级5个能源管控成熟度等级及配套模型、评估方法进行了说明。

第4章，从信息技术架构及技术路线、功能设计、数据规范性定义、关键绩效参数和数据存储与安全等方面对能源管控系统建设关键技术进行了分析说明，提出了建议。

第5章，介绍了油气田能源管控系统建设实例。

第6章，对油气田能源管控技术的发展趋势进行了分析。

本书基于中石油上游业务近年来能源管控的建设实践，从计量仪表的配套标准、能源管控系列标准、能源管控系统顶层设计等方面总结了现有技术成果。本书撰写过程中汇集了业内诸多专业技术经验与成果：计量仪表配备（勘探与生产公司肖啸，大庆油田张学腾、杨世彬，西南油气田王治、银河），能源管控信息化架构（勘探开发研究院西北分院杨午阳、郭以东、余洋、何丽美），能源管控分级模型（规划总院朱英如、尤元鹏），同时获得了相关油气田企业（西南油气田张余、大庆油田付晓林、南方勘探殷礼彬、玉门油田王西翎）的实践案例支撑；昆仑数智科技有限责任公司（赵秋生、王伟）、深圳市中电电力技术股份有限公司（陈耀栋、刘启聪）提供了宝贵的技术建议；在统筹设计方面获得了东北石油大学曹莹老师的鼎力相助，在此一并表示感谢。

受限于编者能力水平，不妥之处恐难避免，欢迎广大读者批评指正。

马建国

2022年3月

目 录

1 综 述 ……………………………………………………………（1）
   1.1 能源管控的形势与任务 ……………………………………（1）
   1.2 国内外能源管控进展 ………………………………………（4）
   1.3 油气田生产用能特点 ………………………………………（26）

2 能源管控系统建设基础条件 ……………………………………（29）
   2.1 计量仪表标准化配备 ………………………………………（29）
   2.2 网络及通信技术 ……………………………………………（120）
   2.3 能源管控系统的信息安全管理 ……………………………（125）
   2.4 信息化与数字化转型的融合 ………………………………（132）

3 能源管控成熟度模型 ……………………………………………（135）
   3.1 能源管控理论基础 …………………………………………（135）
   3.2 能源管控成熟度分级 ………………………………………（148）
   3.3 能源管控单元评估 …………………………………………（162）

4 能源管控系统建设关键技术 ……………………………………（169）
   4.1 信息技术架构及技术路线 …………………………………（169）
   4.2 功能设计 ……………………………………………………（177）
   4.3 数据规范性定义 ……………………………………………（188）
   4.4 关键绩效参数 ………………………………………………（199）
   4.5 数据存储与安全 ……………………………………………（216）

5 油气田能源管控系统建设实例 ………………………………………… (236)
- 5.1 能源管控业务需求分析 …………………………………………… (236)
- 5.2 建设目标及建设原则 ……………………………………………… (238)
- 5.3 优劣势分析与实施策略 …………………………………………… (240)
- 5.4 庆新油田能源管控系统建设 ……………………………………… (252)
- 5.5 福山油田能源管控系统建设 ……………………………………… (257)
- 5.6 遂宁净化公司能源管理系统建设 ………………………………… (262)
- 5.7 经验和建议 ………………………………………………………… (266)

6 油气田能源管控技术展望 ………………………………………………… (269)
- 6.1 油气田计量仪表发展趋势 ………………………………………… (269)
- 6.2 油气田能源管理发展趋势 ………………………………………… (272)
- 6.3 油气田信息化技术发展趋势 ……………………………………… (277)
- 6.4 油气田能源管控发展趋势 ………………………………………… (283)

参考文献 ……………………………………………………………………… (289)

附录1 能源管控相关名词说明 ……………………………………………… (291)
附录2 常用能源发热值与碳排放系数 ……………………………………… (294)
附录3 能源管控相关标准清单 ……………………………………………… (296)
附录4 油气田企业能源管控等级目标及相应能力对照表 ………………… (297)
附录5 石油和化工企业能源管理中心验收标准 …………………………… (299)

1　综　述

能源是支撑人类文明进步的物质基础，是社会发展不可或缺的基本条件。中国是当今世界上最大的发展中国家，世界第二大经济体。伴随着经济改革的不断推进，我国已经形成了煤炭、电力、石油、天然气以及新能源和可再生能源全面发展的能源供应体系，能源服务水平大幅提升，工业用能、居民生活用能状况得到极大改善。为减少能源资源的过度消耗，实现经济、社会、生态全面协调可持续发展，建设美丽中国，我国不断加大能源管理的力度和精度，努力提高能源利用效率，单位国内生产总值能源消耗逐年下降。我国能源行业努力贯彻"四个革命、一个加强"的指导思想，切实转变发展方式，着力建设资源节约型、环境友好型企业，依靠能源科技创新和体制创新，全面提升能源效率，大力发展新能源和可再生能源，推动化石能源清洁高效开发利用，努力构建安全、稳定、经济、清洁的现代能源产业体系，为全面建成小康社会提供更加坚实的能源保障。

1.1　能源管控的形势与任务

石油化工行业是我国国民经济的重要支柱，肩负着国家能源生产和能源战略储备的重大使命。随着国民经济建设的不断发展和人民生活质量的日益提升，我国能源消耗量大幅增加，对外能源依存度不断上升。据《BP世界能源统计年鉴2021》《中国能源大数据报告（2021）》统计分析，2020年受多种因素叠加影响，世界各国一次能源消费合计下降4.5%，为1945年以来的最大跌幅。中国能源消费增幅最高（2.1%），是新型冠状病毒肺炎疫情以来为数不多能源需求呈上升趋势的国家。全球石油需求下降9.3%，中国几乎是唯一石油消费增长（22万桶/天）的国家。2020年，我国原油产量为1.948亿吨、同比增长1.7%，原油进口量为5.42亿吨、同比增长7.3%，成品油进口量为0.2835亿吨、同比下降7.2%，石油对外依存度升至73%，相较于2019年（70.8%）升高2.2%；2020年，我国天然气产量为1925亿立方米、同比增长9.8%，天然气进口量为1403亿立方米、同比增长5.3%，对外依存度降至41%，相较于2019年约减少2%。与此同时，地缘政治、贸易冲突、局部战争及新型冠状病毒肺炎疫情等多种突发因素，导致国际能源争端日趋激烈，市场变幻莫测，价格跌宕起伏，局部能源短缺和供应中断的危险因素增多。确保国家能源安全，保障经济社会健康稳定发展，始终是能源事业发展面临的首要问题。面对能源安全风险，在提升石油、天然气勘探开发力度和油气藏储量的同时，节约能源、强化有效用能尤显重要。

2011年，国家发展和改革委员会（以下简称发改委）启动万家企业节能低碳行动，要求企业建立能源管控中心，对能源生产、输送、分配、使用各环节进行集中监控。2013年，发改委开展重点用能单位能耗在线监测试点，要求重点用能单位在"十三五"期间实现主要能源品种的在线监测和预测预警。2012年，国家工业和信息化部（以下简称工信部）发布《工业节能"十二五"规划》，支持年耗能30万吨标准煤以上的石油化工企业建设能源管控中心。2015年，《工业和信息化部关于印发钢铁、石油和化工、建材、有色金属、轻工行业企业能源管理中心建设实施方案的通知》进一步明确了能源管控软硬件建设和验收内容。"十三五"期间，国家高度重视加强能耗在线监测和推进能源管控建设，明确提出要加强高能耗行业能源管控，推进工业企业能源管控中心建设，推广工业智能化用能监测和诊断技术，建立健全能耗在线监测系统，对重点用能单位能源消耗实现实时监测。《工业和信息化部关于印发钢铁、石油和化工、建材、有色金属、轻工行业企业能源管理中心建设实施方案的通知》（工信部节〔2015〕13号）、《国家发展改革委 质检总局关于印发〈重点用能单位能耗在线监测系统推广建设工作方案〉的通知》（发改环资〔2017〕1711号）、《国家发展改革委办公厅 市场监管总局办公厅关于加快推进重点用能单位能耗在线监测系统建设的通知》（发改办环资〔2019〕424号）、《节能监察办法》（发改委2016年第33号令）、《工业节能管理办法》（工信部2016年第33号令）、《重点用能单位节能管理办法》（发改委2018年第15号令）等政策文件相继发布。2021年4月30日，《工业企业能源管控中心建设指南》（GB/T 40063—2021）正式发布，对能源管控中心建设的基本原则、技术内容、功能、软件、硬件及安全、运行维护管理等进行了规范性定义，对整个工业企业的能源管控中心建设起到了极大的推动作用。

2020年10月29日中国共产党第十九届中央委员会第五次全体会议通过的《中共中央关于制定国民经济和社会发展第十四个五年规划和二〇三五年远景目标的建议》指出,要坚持绿水青山就是金山银山的理念,推动能源清洁低碳安全高效利用。降低碳排放强度,支持有条件的地方率先达到碳排放峰值,制定二〇三〇年前碳排放达峰行动方案。全面提高资源利用效率,推进资源的总量管理、科学配置、全面节约、循环利用。实施国家节水行动,建立水资源刚性约束制度。针对"加快数字化发展"做出全面部署,要求"推进数字产业化和产业数字化,推动数字经济和实体经济深度融合,打造具有国际竞争力的数字产业集群"。数字经济与实体经济各领域的深度融合所带来的生产效率的提升以及生产模式的改变,也成为产业转型升级的重要驱动力。

2021年11月末,国务院国资委编制印发的《关于推进中央企业高质量发展做好碳达峰碳中和工作的指导意见》提出中央企业碳达峰、碳中和的明确目标:"十四五"时期,中央企业万元产值综合能耗下降15%,万元产值二氧化碳排放下降18%,可再生能源发电装机比重达到50%以上,战略性新兴产业营收比重不低于30%。文件要求中央企业从推动绿色低碳转型发展、建立绿色低碳循环产业体系、构建清洁低碳安全高效能源体系、强化绿色低碳技术科技攻关和创新应用、建立完善碳排放管理机制五个方面对此进行落实和部署。

能源管控是近年来兴起的一种信息技术与新技术、新工艺紧密结合的新型能源管理模式。作为能源生产、管理、调度一体化管控的有效手段,能源管控能够大幅提升能源科学化、精细化管理水平,是提高企业能效管理水平的重要途径。随着数据采集传感、云计算、物联网、大数据分析、人工智能、5G通信等新兴信息技术的迅猛发展,完善能源计量器具、构建能源物联网络、监测设备能效和构建信息管理平台,将获取的能耗大数据进行深度挖掘、业务建模、归因分析、模拟优化与先进控制,以期优化能源配置、工艺流程,精准预测能源消耗趋势,掌控各业务环节用能行为的能源管控PDCA闭环管理模式已成为企业开源节流、提质增效,实现节能精细化管理的重要手段。

能源集中管控既是政府部门的管理要求,也是企业自身降本增效的客观需要。能源管控中心能够实现企业在能源生产、输配、消耗环节的集中化、扁平化、全局化管理。油气田企业建立能源管控中心可以有效解决企业能源管理中的突出问题,实现能源管理的自动化、定量化、规范化,实现能源管理的实时调整优化,降低能源成本。随着能源管控中心系统功能的细化和应用的深入,其已从最初的主要用于能耗指标统计对比展示向能源使用的计划优化、调度优化和在线操作优化等多个生产层面的深度扩展。基于企业经济效益最大化原则，能源管控系统必将与生产工艺过程进一步紧密结合，通过与流程模拟技术、优化技术、先进控制技术等的集成，实现生产效益最大化基础上的企业能源使用全过程管理与控制。油气田企业应依托工艺优化、信息化建设，通过建设能源管控系统，强化能源利用的有效管理与控制，持续改进能源利用水平，实现高效用能、清洁用能和低成本用能，促进经济效益最大化。

1.2　国内外能源管控进展

能源管控中心的雏形最早出现于20世纪60年代的日本和联邦德国。其钢铁企业利用模拟仪表形成能源数据采集与监控系统，分别满足能源介质生产和分配的需要。20世纪70年代，日本钢铁厂利用电子计算机，将各自独立的能源介质逐步过渡到由动力部门集中管理，达到统一管理能源介质的转换和分配的目的，能源管控中心初步形成。其后，随着能源管控中心的建设逐渐得到重视，越来越多的国际石油公司开始建设能源管控系统，并取得了显著的节能效果。

一些国外大型的石油公司建立了相应的企业能源管控中心，通过信息系统对生产过程的大量数据进行处理，运用强大的回归分析功能识别和筛选节能机会；与专家咨询团队共同论证后，确定节能目标和具体措施，并应用能源基准系统监控和评估能效持续改进活动，全面提高能源管理水平和能效改进力度。雪佛龙公司（Chevron Corporation）、荷兰皇家壳牌集团（Royal Dutch/Shell Group of Companies）和英国石油公司（BP）相继提出了"信息油气田""聪明油田""未来油气田"的发展理念。

1.2.1　国外能源管控应用现状

在油气田业务的节能组织机构方面，英国石油公司和雪佛龙公司都建立了比较完善的能源管理及监控组织机构体系。其中，在分公司层面设置了专职的能源经理，负责企业能源消耗监控和节能项目管理工作；在总部层面设置了由专职能源经理组成的管理团队。相比较而言，荷兰皇家壳牌集团的能源管理工作主要在生产运行过程中实现，即在总部层面和分公司层面并没有设立专职的能源管理岗位，而是由生产管理主管兼任负责提高能效方面的工作。英国石油公司、荷兰皇家壳牌集团和雪佛龙公司这三家国际石油公司上游业务的能源管理模式见表1-1。

表1-1 国际石油公司上游业务的能源管理模式

项 目	英国石油公司	荷兰皇家壳牌集团	雪佛龙公司
管理层KPI	1. 能源效率水平指标 2. 能源成本占比	1. 温室气体排放总量 2. 企业环保业绩评价	1. 温室气体排放总量 2. 能源效率（Chevron能源指数）
管理层监控分析报告	能源消耗总量分析及排放量监控汇总报告（月报）	总体节能状况分析报告	能源消耗总量及排放量监控汇总报告（月报）
能效改进方法	工厂层面通过内部开发的系统对重大变化进行监控，并由现场能源经理提出警告；管理层面通过one-2-five软件对工厂能效改进情况进行监控	寻找节能领域，对项目实施前后的KPI进行分析	由现场能源经理寻找节能机会，并应用SANGEA软件对能源消耗和温室气体排放量进行监控和跟踪
分公司组织机构	设有独立的、专职的能源经理	由分公司生产经理兼任	设有一名专职的能源经理
管理层组织机构	设有4名专职人员，包括1名能源主管和3名能源经理	由生产管理主管兼任	由5人团队组成，包括1名兼职负责能源管理的副总裁和4名专职的能源经理

国外石油石化行业已采用较为成熟的商业化能耗统计及监控软件产品实现全厂能源消耗量的在线统计、历史数据对比与图形化展示，如Monitor-Pro 5、Montage等，能够提供涵盖数据采集、能源监控及分析报告等在内的解决方案，且具有基准对比及指标监控等计算功能。

1.2.1.1 日本钢铁业能源信息系统

钢铁业是能源消耗量较大的产业代表，日本钢铁业的能源消耗比率已经达到日本全部能源消耗的13%，而且大半能源有赖于进口。节能是日本钢铁业永恒的课题。为此，日本钢铁企业从建厂伊始就设立了独立的能源中心，将企业所需能源作为一个整体，借助先进的信息技术手段，实施一体化管理。

设置能源中心的目的是稳定能源供应，通过能源的最佳运用将能源成本降至最低，与生产管理部门密切协作，彻底实行合理化、无人化管理。

能源中心的功能如下：

(1)能源的一元化集中管理,包括掌握实时以及近期各车间的作业状况,对各种能源进行最优供求调节和成本管理,预测能源平衡以及伴随能源调度的对外交涉,能源质量管理(纯度、压力、温度及其他)。

(2)无人化能源生产和供应设备的远距离运转和监视。

(3)信息中心(收集信息并发送给有关方面)。信息包括有关生产活动的信息(生产计划、生产状况和定期维修等),有关电力公司能源交易的信息(供水自治体等)、与钢铁厂有关的所有信息(公开发布时的车间作业调整及异常天气预报等)。以往这些管理业务均以作业人员管理为主实施,随着业务管理日趋复杂化,要求能源供求管理迅速对应。因此,为了实现能源的经济利用,现在日本所有钢铁厂均建立了集中、统一的大型信息系统,对能源的产耗供求进行一体化集中管理控制。

1.2.1.2 英国北海 Talisman 油气公司

该公司应用 Monitor-Pro 5 软件作为能源及环境数据管理工具,接收来自过程信息系统、手持设备或手工输入的各种数据,对存储在其他数据库和手工记录在不同电子表格中的相关 KPI 数据进行单独备份、分析和报告,并通过网络平台对这些数据进行发布和监控。

企业监控的数据包括钻井平台柴油消耗量、CO_2 排放量和排放污水含油量等指标,并定期对比发布。英国北海 Talisman 油气公司软件数据监控界面如图 1-1 和图 1-2 所示。

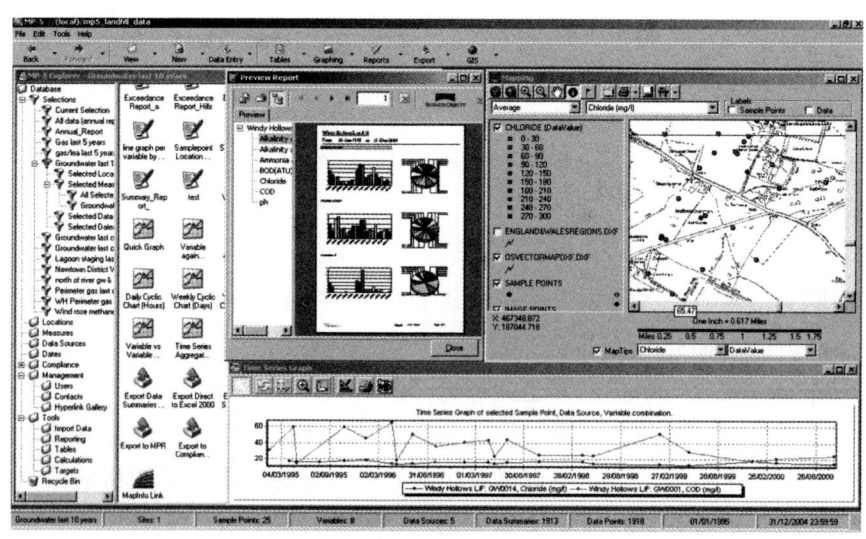

图 1-1 英国北海 Talisman 油气公司软件数据监控界面

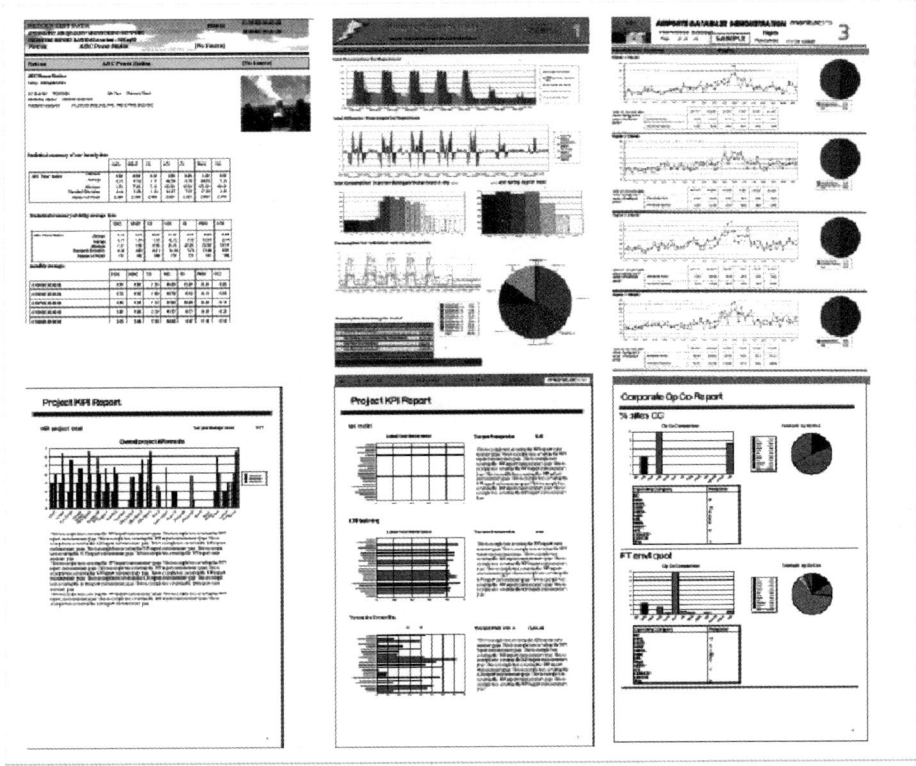

图 1-2 英国北海 Talisman 油气公司软件数据分析界面

1.2.1.3 埃克森美孚全球能源管理系统

埃克森美孚公司是世界上最大的非政府油气生产商、世界上最大的非政府天然气销售商和世界上最大的炼油商之一。埃克森美孚公司针对炼化企业耗能大、用能效率低的情况，以企业、社会、客户"三赢"的理念，组织全球管理和技术专家开发了全新系统——全球能源管理系统（Global Energy Management System，GEMS），如图 1-3 所示。GEMS 应用于节能挖潜，由高管层亲自领导使用，对装置过程、主要设备、公用工程、改造设计四个方面进行评估、找差距、发现节能潜力、确立承诺目标，并将承诺和职责分配到装置经理、工艺工程师、设备技术员和操作人员四类角色。将操作结果和改进后的系统性能做进一步评估，通过不断重复上述工作，形成 PDCA 良性循环，以达到高效用能、不断改进节能工作的目的。

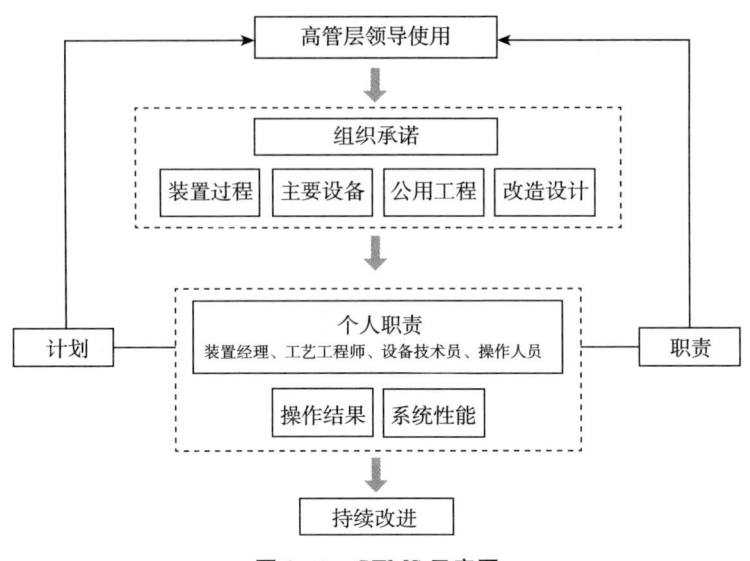

图1-3 GEMS示意图

GEMS最佳实践有"三个阶段":

第一阶段,组织全球具备丰富现场实践经验的技术专家,通过实地考察,评估企业能耗现状,发现问题。

第二阶段,将现状与GEMS最佳实践进行比较,在装置过程、主要设备、公用工程方面,识别当前差距,发现设备的改进和提升机会,确立各角色承诺目标和职责。

第三阶段,对节能承诺目标进行部署,分为操作优化和设备提升。操作优化通常不需要很大投资,且见效快。设备提升通常需要一定投资,将在几年内逐步体现节能效果。GEMS不断总结炼化企业节能最佳实践和绩效衡量方法,编写了12个手册,包含超过200个最佳实践,以及装置过程、主要设备、公用工程的绩效衡量方法。

埃克森美孚公司在下属炼化企业都使用了GEMS,效果显著。例如,在某炼油厂,通过采取修改大型冷冻压缩装置的控制策略以减少蒸汽轮机驱动装置能耗,为喷射燃烧装置更换蒸汽管道以减少蒸汽用量,优化冷却水泵操作以节约抽水能耗,改进除氧蒸汽管理以降低蒸汽损耗等系列技术改进措施,使用GEMS动态模拟技术保证了蒸汽系统在最大需求下运行的稳定性和可靠性。一年后,该炼油厂蒸汽系统实现了史无前例的稳定。通过项目实施,埃克森美孚公司发现企业潜在的15%~20%节能改进空间。作为公司能源管理和持续改进的重要支撑平台,GEMS总结了200多个节能最佳实践和12类绩效衡量计算方法，通过实施最佳实践，帮助公司每年取得500万美元至10亿美元的效益，减少二氧化碳排放1000万吨。

1.2.1.4 英国石油公司

英国石油公司是世界上最大的私营石油公司之一，也是世界前十大私营企业集团之一，总部设在英国伦敦。英国石油公司的主要业务是油气勘探开发、炼油、天然气销售和发电、油品零售和运输以及石油化工产品生产和销售。此外，公司在太阳能发电方面的业务也在不断壮大。

英国石油公司采用了先进的分析软件与咨询专家团队相结合的方法在其炼化业务领域建设能源中心。自2003年3月起，英国石油公司逐步在所属4家炼化企业全面应用了 Enviros 软件公司开发的能源成本监控管理工具 Montage。该系统对来自过程信息系统的大量数据进行处理，并通过其强大的回归分析功能获得了更多、更合理的节能机会，在与Enviros软件公司的专家咨询团队共同对现场工艺和设备进行调研后，确定节能目标和具体措施，以实现能源成本的显著下降。同时，英国石油公司管理层还使用one-2-five能源基准系统对企业的能效持续改进工作进行监控和评级，以全面掌握各企业的能源管理水平和能效改进力度。此外，英国石油公司还设立了专项节能资金，将通过总部能效管理部门审查的节能项目列入节能项目数据库，并利用专门的软件对所有项目的实施过程进行管理。

专门的能源成本监控管理工具Montage，针对下属部分炼油企业，将来自DCS、PI系统或数据仓库的相关能源数据进行实时采集、传输和存储，对不同类别、不同层面的历史能耗数据进行线性回归分析，根据线性回归分析结果设定目标值，并通过监控目标值与实际值之间的差距变化发出报警信息。英国石油公司目标值对比如图1-4所示，英国石油公司"交通灯"式报告如图1-5所示。

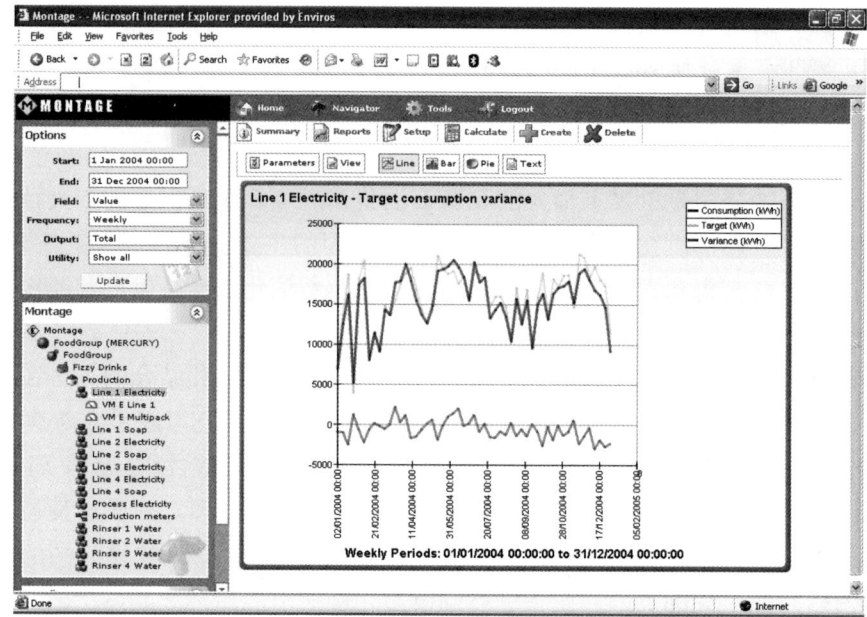

图 1-4 英国石油公司目标值对比图

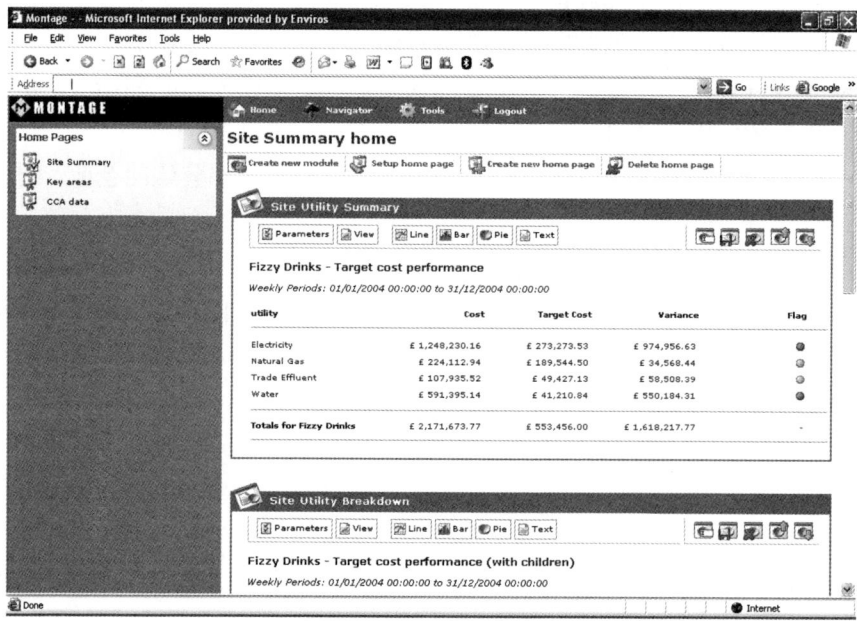

图 1-5 英国石油公司"交通灯"式报告

1.2.1.5 荷兰皇家壳牌集团

荷兰皇家壳牌集团是世界第一大石油公司，总部位于荷兰海牙和英国伦敦，由荷兰皇家石油与英国壳牌两家公司合并组成。荷兰皇家壳牌集团是国际上主要的石油、天然气和石油化工生产商，也是汽车燃油和润滑油零售商，同时还是液化天然气行业的先驱。其中，石油、石化燃料的生产和销售能力居世界第二位。荷兰皇家壳牌集团是在中国投资最大的国际能源公司之一，在中国广东惠州的石油化工合资项目总投资 43 亿美元。该项目于 2005 年 10 月落成投产，是中外合资最大的项目之一。

荷兰皇家壳牌集团主要利用壳牌全球能源解决方案在其炼化业务领域建设能源中心。在能源监测方面，采用数据自动化传输和监测的方式，将来自 DCS 系统的大量数据和少量手工输入数据采集到过程信息系统中，随后通过过程信息系统传输至专门的能源监测软件中进行深入分析，并形成定制的客户化报告。在能效改进方面，荷兰皇家壳牌集团建立了专业的节能咨询专家团队，通过对工厂历史数据的分析建立预测模型，并利用专业软件分析评估企业的节能潜力，然后实施已确定的节能项目。同时，利用相关软件在线监测能效改进情况，了解能源节约情况，以确保改进工作的持续进行。

目前，壳牌全球能源解决方案已在全球 29 家炼厂和石化企业实施，为炼厂降低了 2%~7% 的能耗，为石化企业降低了 3%~5% 的能耗。

1.2.1.6 雪佛龙公司

雪佛龙公司主要利用 Chevron 信息技术公司（CITC）的 Chevron 能源解决方案（CES）在其炼化业务领域建设能源中心。该机构通过 2~5 人组成的咨询团队为客户提供现场服务，定制能源管理软件，并找到降低能源成本的领域和机会。在没有获得能效改进或能效水平下降的情况下，咨询团队将对现有能源管理流程进行重新评估，并寻找新的解决方案。同时，雪佛龙公司已在下属的 8 家炼化企业应用了 aspenONE 高级流程控制系统的解决方案，通过最佳实践分析为企业改进能源效率提供帮助。

1.2.2 国内能源管控应用现状

国内率先建立企业级能源管控平台的是钢铁企业。20 世纪 90 年代末，宝山钢铁公司建立了国内第一套能源管控平台。随着我国钢铁企业对能源管控中心提效作用的认可，鞍山钢铁公司、武汉钢铁公司等企业相继建成各自的能源管控中心。鞍山钢铁公司能源管控中心采取多种措施加强能源系统运行管控，不断优化设备运转参数，通过自下而上的逐级梳理，检修计划执行率大幅提升，设备故障率同比下降，吨钢综合能耗、吨钢耗新水等多项经济指标同比获得改善。近年来，我国部分石化企业也开展了较为有效的能源管控尝试。例如，中石化镇海炼化公司能源平衡与优化调度系统通过能源计量仪表及自动化改造、能源数据采集及工业网络改造、能源综合监控系统建设、能源优化调度和节能控制系统建设，实现了能源综合监控与调度、重点耗能单元和设备用能优化、企业用能分析与节能评估等功能，实现了企业的系统性节能；锦州石化在"炼化能量系统优化"科研成果的基础上，建立了中国石油天然气集团公司（以下简称中石油）第一个能源管控中心，集成了重点装置在线模拟、重点参数在线优化，实现了生产工艺与公用工程的全过程工艺优化模拟与事前调度，将能量系统优化与工艺调度紧密关联起来。

1.2.2.1 宝钢集团能源管理系统

宝钢集团是中国最具竞争力的钢铁企业，年产钢能力为 3000 万吨左右，盈利水平居世界领先地位，产品畅销国内外。作为全国最大的钢铁企业，宝钢集团在生产过程中对燃料、电力、氧气、氮气、蒸汽和水等能源介质的需求很大。由于使用的绝大多数能源介质均由企业自我生产，其一直处于一种边生产边使用无库存的平衡状态，宝钢集团希望建立能源管理中心和能源管理系统（EMS），实现对全厂能源自上而下的统一管理，并实现能源不断优化，提高能源使用效率，降低能源消耗。

20 世纪 80 年代中期，宝钢集团率先引入日本能源管理中心，使我国钢铁企业从原有的事后统计、分析、查找原因的能源管理模式向以生产流程和生产计划为中心进行预案设置、过程跟踪、实时统计和潮流分析的能源管理模式转变，实现了"自上而下"的管理思路，建立了以全厂生产主设备为对象，各种能源介质和环保监控、能源业务综合管理的能源管理中心。能源管理中心依托 EMS，实现了能源供应、输配、转换、消耗全生命周期的优化和管理。宝钢集团 EMS 的功能架构及流程架构如图 1-6 和图 1-7 所示。

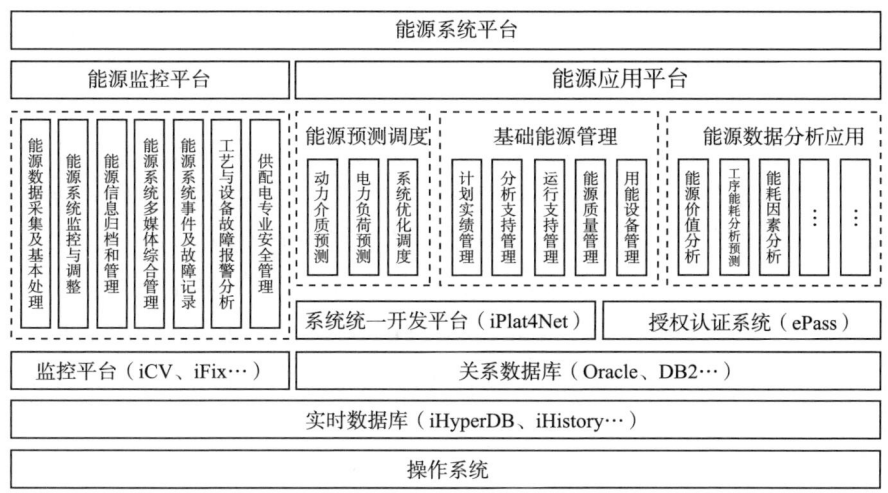

图1-6 宝钢集团EMS的功能架构

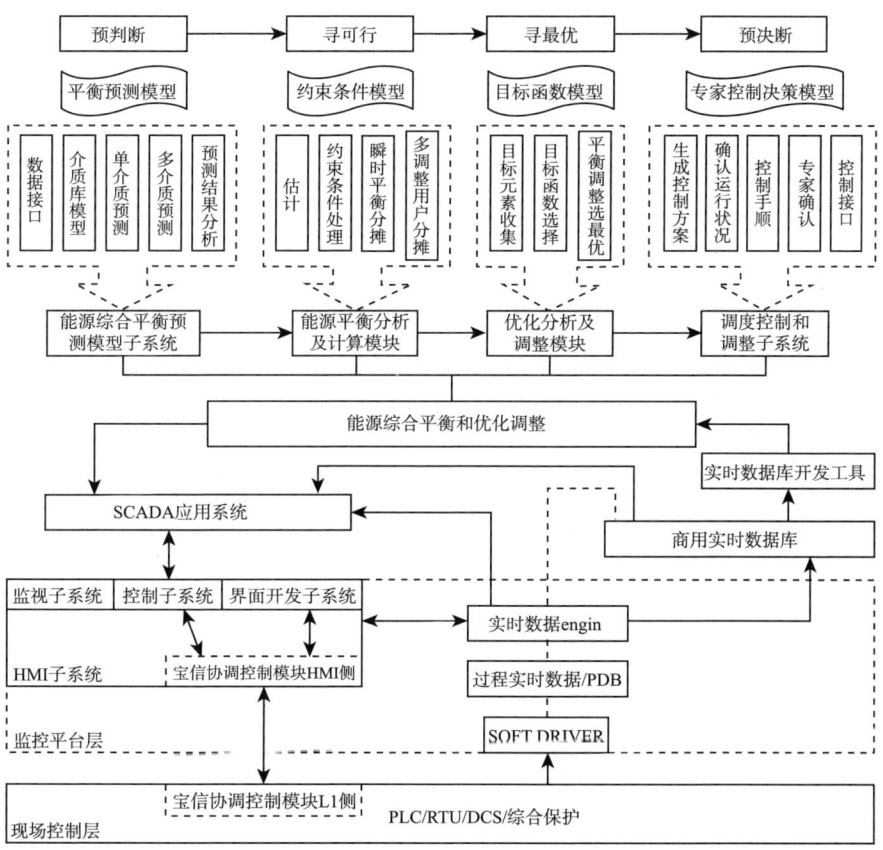

图1-7 宝钢集团EMS的流程架构

宝钢集团的能源管理中心采用的是中国最早也是目前为止较为成功的一套钢铁行业能源集中调配管理技术系统，其具有基础自动化、过程监控和管理三个功能层次，可实现对供配电、给排水、动力和环保等相关能源子系统的自动控制和监测，进而完成对能源的优化调度和管理。这大大降低了宝钢集团的综合能源消耗，提高了能源的综合利用效率，特别是减少高炉煤气的放散率和生产污水的排放率，减轻了城市环境污染，带来了巨大的经济效益和社会效益。初步估算，一次性工程投资费用可减少近 1000 万美元，每年的生产人员、能源投入费用可节省 6000 多万元。宝钢集团通过 EMS，达到了以下使用效果：

（1）以公司能源流的动态平衡为基本目标，与现场各控制单元紧密结合，实现了对主要能源设施的集中、在线、实时监控与调整。

（2）对主要能源发生单元、用能单元的能源信息、能源设备状态进行有效管控。

（3）在客观能源数据的基础上，通过 EMS 的经济运行与智能辅助决策功能，指导、辅助调度生产，实现能源流优化运行与系统节能。

1.2.2.2 中石化能源管理体系

中国石油化工集团公司（以下简称中石化）是 1998 年 7 月国家在原中国石油化工总公司基础上重组成立的特大型石油石化企业集团。目前，中石化是中国最大的成品油和石化产品供应商、第二大油气生产商，是世界第一大炼油公司、第二大化工公司，加油站总数位居世界第二。

中石化建立能源环境绩效考核实施细则，激励并约束企业做好能源环境工作，规范企业节能环保低碳管理行为，提升公司能源环境管理水平，实现节能环保降碳目标。依照国家节能相关法规和标准，开展能源审计工作，对企业从能源利用状况到财务结算过程进行检验、核查和分析评价。不断推进能源管理体系建设，在上下游初步建成符合国家要求、与企业一体化管理衔接的能源管理体系。

1. 中石化上游企业能源管理建设

中石化胜利油田分公司为了满足上游企业能源管理建设的要求，在 2012 年 6 月启动了油气生产指挥系统建设。该系统先后经历了试点研发、功能提升和配套完善三个阶段，最终研发了覆盖东部西部、陆上海上、新区老区的油气生产指挥系统，实现了油气生产全过程的实时监控、远程管控、协同管理和高效处置，发挥了企业能源管理的效力。

中石化上游企业能源管理建设主要通过以下几个方面来实现：

1）建立三层级业务体系

为了充分发挥生产信息化对胜利油田分公司业务流程的支撑作用，油气生产指挥系统覆盖了3个业务层级，从上到下依次为分公司级、采油厂级和管理区级。分公司级定位于宏观监控、指挥运行，采油厂级定位于动态分析、协调组织，管理区级定位于现场操作、日常管理，实现了整个能源管控业务流程的三级联动、上下贯穿和层层穿透。

2）实现六大功能模块

为了满足全面覆盖油气生产管理的需求，油气生产指挥系统建设了六大功能模块，包括36个子模块和188项业务功能：依托前端智能仪表及视频装置，实现生产现场参数监控、视频监控和关键设备装置远程操控；通过设置参数阈值、建立预警模型，实现异常情况实时报警和超前报警；生产动态模块实现生产全过程数据自动采集、指标汇总生成和图表关联展示；以调度运行模块实现人员动态、日常调度、重要工作流程化监控，分级、分事件类型建立要素标准模板，争取落实到岗位、指挥到单兵、考核到个人；以生产管理模块对生产技术指标进行实时跟踪、动态分析和评价优化，为专业化管理提供在线、实时、系统分析；以应急处置模块实现应急现场可视化、应急资源协同化和应急处置规范化。油气生产指挥系统的功能结构如图1-8所示。

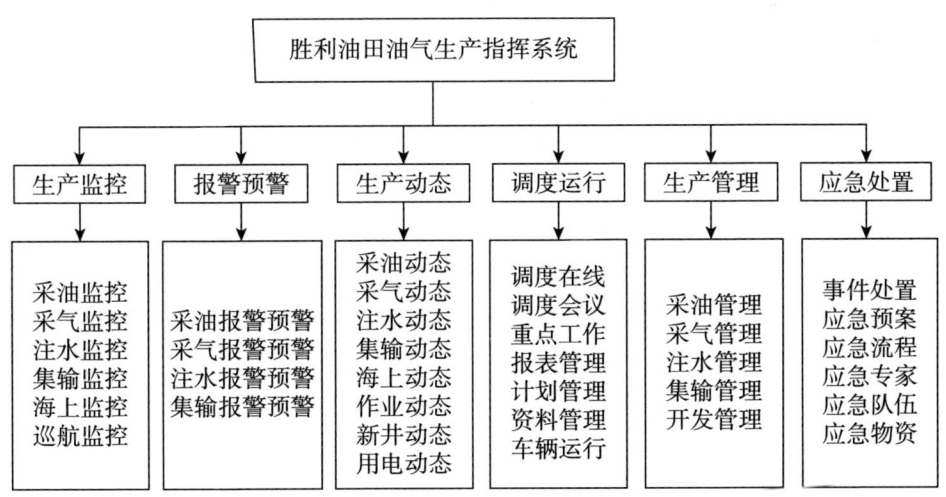

图1-8　油气生产指挥系统的功能结构

3）统一搭建信息系统

为了让油气生产指挥系统满足不同业务层级的需求，整个系统采用统一技术平台、统一认证、统一标准、统一技术、统一风格,支持手机、平板电脑、大屏终端的一体化应用,如图1-9所示。

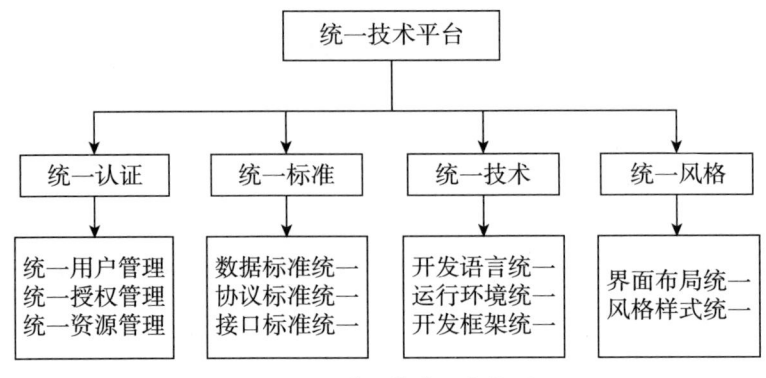

图1-9 统一技术平台体系

4)覆盖全业务流程

为了更好地推动油气生产业务的发展,油气生产指挥系统设计了采油、采气、注水、集输和巡航五大系统,实现了对272项参数的实时感知,将业务经验和技术规范注入软件,构建了48项感知模型,替代了原有的人工抄表、目测等人工操作方式,实现了油气生产"远程把脉"。同时,油气生产指挥系统通过对数据的关联分析,层层钻取,直达站、库、单井"神经元",形成了四通八达的生产信息高速通道,变离线为在线、变及时为实时,实现了对运行态势的精确把控。油气生产指挥系统还集成卫星定位、地理信息、视频、移动终端、专业系统,打通了业务系统壁垒,构建了横向到专业系统、纵向到操作终端的协同工作平台,支撑专家、部门、专业之间的协同联动,实现生产指挥协同联动。

胜利油田的油气生产指挥系统按照总部的统一部署,通过对前端生产数据、现场视频、自动控制、信息网络等建设成果的集成应用,满足了上游专业分公司油气生产过程中能源管理信息化建设的总体需求,为上游企业能源管理业务的开展夯实了基础,为降本增效提供了有力保障,也为其他石油公司上游企业能源管理建设指明了方向。

2. 中石化下游企业能源管理建设

中石化为满足炼化企业整体生产统计的需求,实现炼化厂生产、能耗、单耗的计量、统计和管理,在2004年基于炼油企业MES项目的工业工程模块开始能源管理的信息化建设。随着MES的使用和推广,2010年,在燕山石化进行能源管理的单独试点建设。试点能源管理建设涵盖了全厂的能耗、产出和优化,实现了日、月、年度的企业效益核算,月度有几十万至上百万的效益提升空间,同时针对国外的相关生产优化模拟产品进行了本地定制化和国产化,摆脱了技术上的依赖。2014 年,中石化在下游企业开展了能源管理项目二期建设,完成了 39 家炼化企业的推广建设。后续项目三期建设,将实现中石化所有炼化企业能源管理的全覆盖。中石化炼化企业能源管理建设如图 1-10 所示。

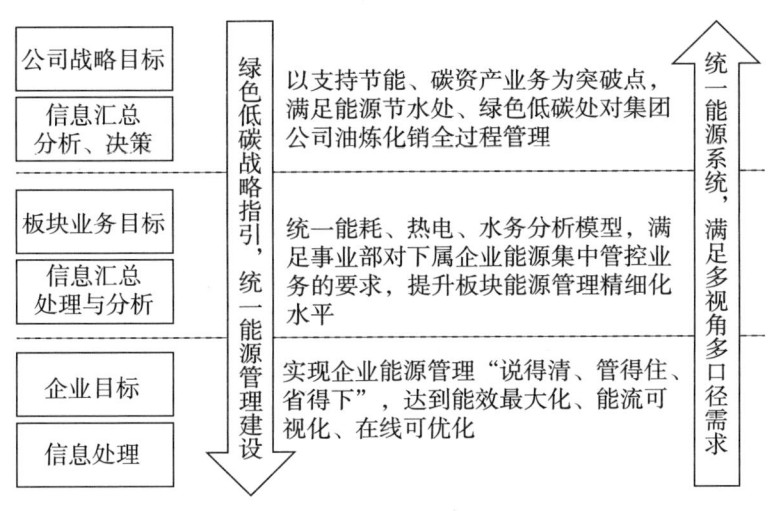

图 1-10 中石化炼化企业能源管理建设

中石化炼化企业能源管理建设的实施环节主要包括:

1)标准化体系建立

项目之初与企业进行对接,充分了解企业项目需求和业务开展流程,对企业对接内容进行汇总和梳理,建立企业、总部、外聘专家标准评估团队对业务进行评估,形成一整套标准体系,对业务主数据、管理和运营制度进行标准化,满足系统能源管理的精细化需求。

业务主数据方面,主要是全面了解企业外购、外供、产、输、耗几个环节的各类消耗情况,对于总部实现所有企业能耗情况"说清楚",对于企业实现每个环节甚至每个节点消耗和趋势的一目了然,对于基层做到生产运行的安全和优化。

管理和运营制度方面,主要是在与企业进行对接时,了解企业能源管控配套的运行管理制度是否完善和落实,明确各岗位相应的职责。通过运行管理制度的建立,确保系统上线运行的安全和有效、数据采集的及时和准确、生产运行状态的优化和经济,实现能源管理的根本目的。

2）管理体系落实

中石化能源管理体系按照决策层、管理层和执行层三级体系运行。决策层主要是公司的领导层，实现对公司整个生产和能耗综合大数据的掌握；管理层主要是业务的主要管理部门，负责节能考核目标制定、跟踪、项目管理，能源审计，能源情况分析等；执行层主要是现场生产运行单元，实现对生产现场的监控、优化。各地区公司成立项目负责小组，由领导组、管理组和执行组组成，领导组基本由各企业副处级及以上干部组成，这一举措有效提升了能源管控建设的积极性。

中石化通过三级能源管理体系，按照"运行监管、计划与运行、优化生产、节能评价"四条线路进行。首先对工厂、车间以及装置的运行状态进行实时监控，通过仪器仪表实现对各类能源介质存储、装置产耗、开停工状态、能流等数据的采集，准确把握各环节生产能耗情况；按照业务数据相关要求，对采集的数据进行核算，按照系统内置的指标算法自动计算相关指标，生成各类报表，满足向总部、地方政府和国家相关部门上报数据的要求；通过自己内部研发的能源优化软件和模型，以在线或离线的方式，结合外部因素条件和现场实测数据，提出当前工况条件下相关参数的合理优化空间，辅助装置的合理调整，提高运行效率；通过系统的上线运行，原有数据的收集和报表生成的工作都由机器来完成，这样节能统计人员能将大量的时间和精力转移到能源消耗分析工作中，寻找企业能耗短板。

3）基础数据采集

产、输、耗过程的能耗和设备状况的实时运行数据采集是能源管控的关键和基础，中石化在能源管控建设前期调研时发现，主要问题体现在数据计量方面：企业能源计量不全面，数据缺失比较严重；能源计划多停留在以 Excel 方式处理和呈现，难以对落实情况进行动态跟踪；对于停工装置，无法做到具体消耗的计量。能源管理系统中计量分析模块反映了整厂的计量分布情况，可以通过分析明确的能耗关键节点，对还未配置仪器仪表的关键节点优先进行改造，实现投资实效的最大化。

4）模拟优化

中石化前期借鉴 Aspen 优化产品，耗时两年时间研发出模拟优化软件，目前系统的优化功能都是基于自有产品进行开发和设计的。现有能源管理系统已经建立了对动力单元的优化模型和对蒸汽管网模拟的优化模型：动力单元优化模型实现对加热炉等动力设备的离线模拟和在线优化功能，通过运行参数计算相关能效指标，自动判断工况，为现场操作人员提供具体的优化空间范围，推送相关运行参数的优化建议值和优化后的具体效益；蒸汽管网模拟优化模型可以通过模拟生产要求和整体生产系统的实时运行状态，给出合理全面的管线改进建议。

5）考核

中石化将系统的优化使用情况列为企业的考核指标，通过系统充分了解各企业优化的使用次数、使用时间长度、操作效率和优化效果情况，年底对使用效果进行综合评价，促进企业系统的深度使用，营造能源管控的信息化氛围。

6）效益分配

通过能源管控系统建设，产生的效益按照一定的比例分配给效益的产生源，这提高了各厂站能源管控系统建设的积极性。

中石化炼化企业能源管理建设工作由集团公司统一安排，总部一套系统，各地区公司分布式部署系统。2012年，由生产经营管理部牵头负责项目的建设，后来由于部门业务范围拓展，为方便管理，将部门中负责节能环保和低碳的业务划分出来成立了能环部，成为能源管控的业务直属部门，并在各企业能源管控建设中开发企业能耗情况综合分析展示页面，反映企业整体能源利用情况、法规、节能技改措施等信息。

1.2.2.3 中石化镇海炼化分公司能源平衡与优化调度系统

中石化镇海炼化分公司能源平衡与优化调度系统建设内容包括能源计量仪表及自动化改造设计、能源数据采集及工业网络改造设计、能源管理中心基础平台及环境建设、能源综合监控和基础能源管理系统建设、能源优化调度和节能控制系统建设。主要功能模块包含能源综合监控系统、能源优化与调度系统、重点耗能单元和设备的节能优化控制系统、企业用能分析与节能评估。系统建设完成后，实现了对企业整个公用工程的实时监控、故障诊断和综合管理，以及基于模型的"定量调度"和"事前调度"，企业瓦斯放空火炬时间减少到15小时/年，基本实现正常工况瓦斯零排放；补烃量从投运前的14045吨/年减少至7996吨/年，同比减少6049吨/年，给企业带来1600多万元的经济效益，提高了公用工程系统的调度水平，实现了企业的系统性节能目标。

1.2.2.4 克拉玛依石化公用工程优化系统

克拉玛依石化公用工程优化系统建设内容包括建立各公用工程的优化模型（如热电联产系统、电气系统、蒸汽系统、燃料气系统、氢气系统和水系统）、开展用能评价和节能潜力分析、研究制定能量系统优化方案，主要实现操作实时优化、计划优化和需求预测、能耗监视、能耗警戒、指标分析与能耗诊断的功能。该系统偏重于公用工程的实时优化，系统正常运行后，提高了能源利用效率，并且能够针对不同工况及时调整能源供应，保证了优化用能，取得了十分显著的节能减排效果。

1.2.2.5 兰州石化公司能量管理系统

兰州石化公司定制化开发的能量管理系统不仅具有能耗数据统计评价等功能，还具有设备能效管理、节能项目管理等功能。兰州石化公司能量管理系统界面如图1-11和图1-12所示。

图1-11 兰州石化公司能量管理系统组织机构界面

图1-12 兰州石化公司能量管理系统工质管理界面

1. 能耗统计

能耗统计可以实现对公司能耗的统计、查询和分析，分为公司级能耗分析和分厂级能耗分析，数据主要来自统计平台。

公司级能耗分析能对公司所有大类工质的能耗进行对比，分析工质的使用情况；同时提供去年同比等更加全面的统计数据，并向下跟踪能耗使用情况。兰州石化公司能量管理系统公司级能耗统计界面如图1-13所示。

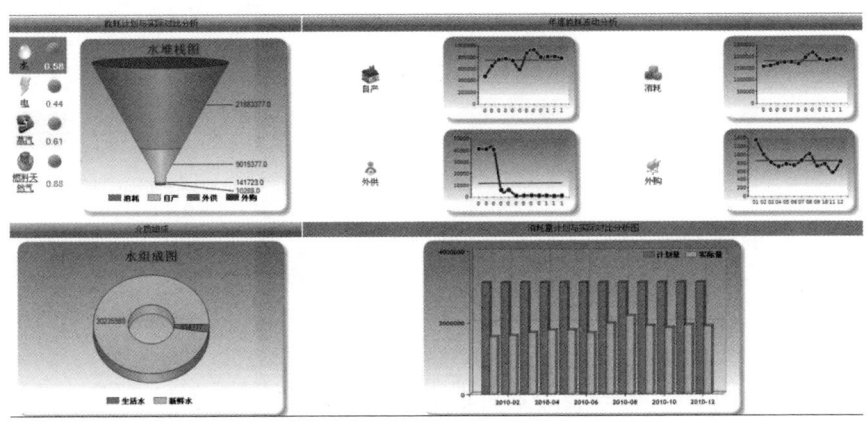

图1-13　兰州石化公司能量管理系统公司级能耗统计界面

分厂级能耗分析根据各分厂能耗分析的个性化需求，对工质能耗进行对比，分析工质使用情况，向下钻取跟踪具体装置能耗，实现能耗追踪、分析功能。

2. 设备能效监测

在对加热炉、锅炉等重点耗能设备的关键参数（如氧含量、炉膛负压等）进行统计整理的基础上，能量管理系统对兰州石化公司重点设备的效率进行计算监测，以实现用户对重点设备运行状况的查询分析。

兰州石化公司能量管理系统设备参数监测界面如图1-14所示。

3. 节能项目管理

能量管理系统会对已实施的节能项目进行绩效跟踪，包括自定义一个节能项目及其重要属性（如项目编号、项目名称、考核周期、关键绩效指标及节能绩效公式等），通过人工录入和从实时数据库自动取数来满足对具体节能项目的数据源需求，并自动计算节能量和节能绩效、图形化展示节能项目效果。兰州石化公司节能项目展示界面如图 1-15 所示。

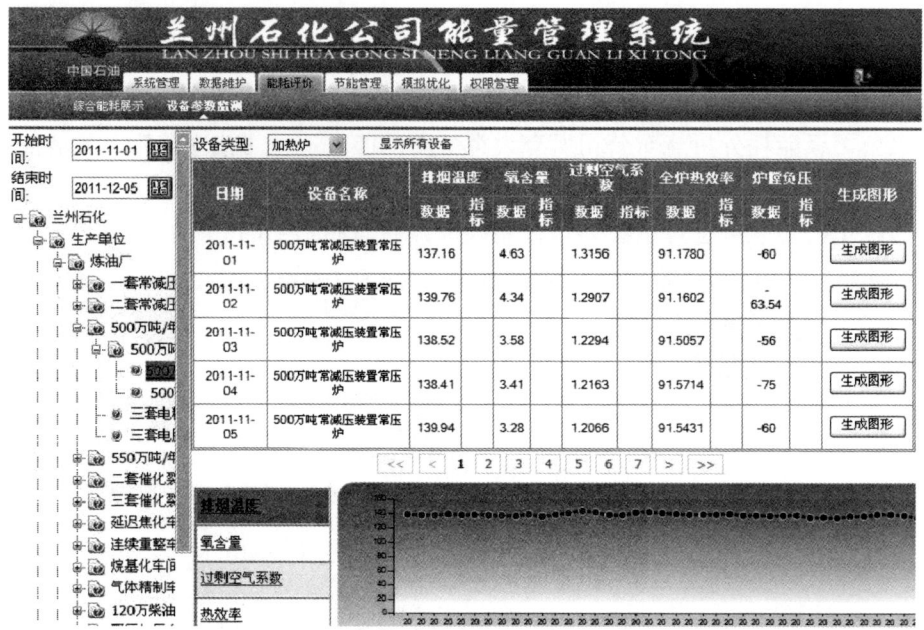

图 1-14　兰州石化公司能量管理系统设备参数监测界面

图 1-15　兰州石化公司节能项目展示界面

1.2.2.6　锦州石化公司能源管控系统

目前，中石油锦州石化公司正在开展工艺与公用工程协同优化的能源管控系统建设，计划将重点装置在线模拟模型和重点参数优化器与公用工程在线优化系统相集成，以实现关键能耗参数的持续优化和公用工程系统的相应优化改进。锦州石化公司能源管控系统架构如图1-16所示。

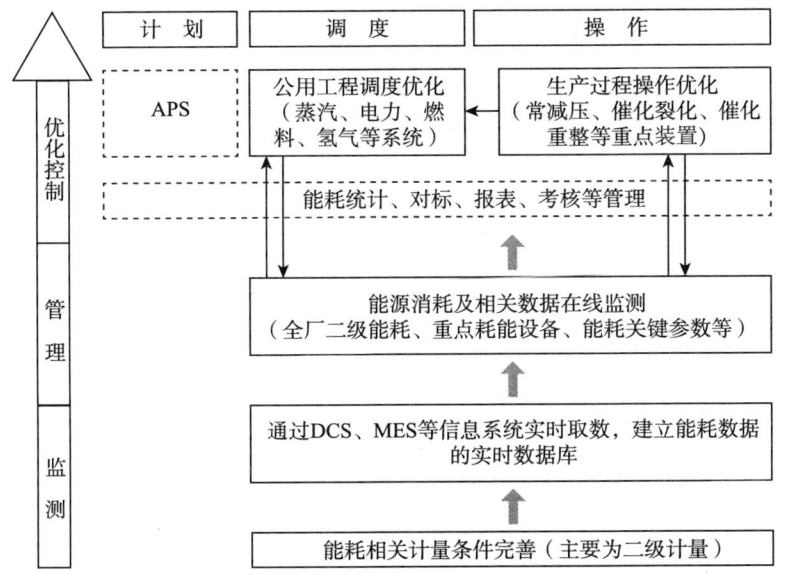

图1-16 锦州石化公司能源管控系统架构

1.2.2.7 长庆油田能源管控系统（试点）

油气田企业在能源使用方面存在点多、面广、分散等特点，给能耗在线监控、管理、评价等带来一定困难。

长庆油田数字化建设始于2008年，主要对生产工艺参数进行采集，目前已基本形成覆盖全油气田的数字化网络管理平台，形成了"四个清楚、三个实时、分级管控"的油气田能源管控模式。

采油三厂盘古梁作业区、第一采气厂第一净化厂和第三作业区正在开展能源管理系统试点建设工作，设计的功能架构包括计划统计管理、系统用能评价、指标预警管理、能耗设备管理、综合查询分析等，如图1-17~图1-19所示。

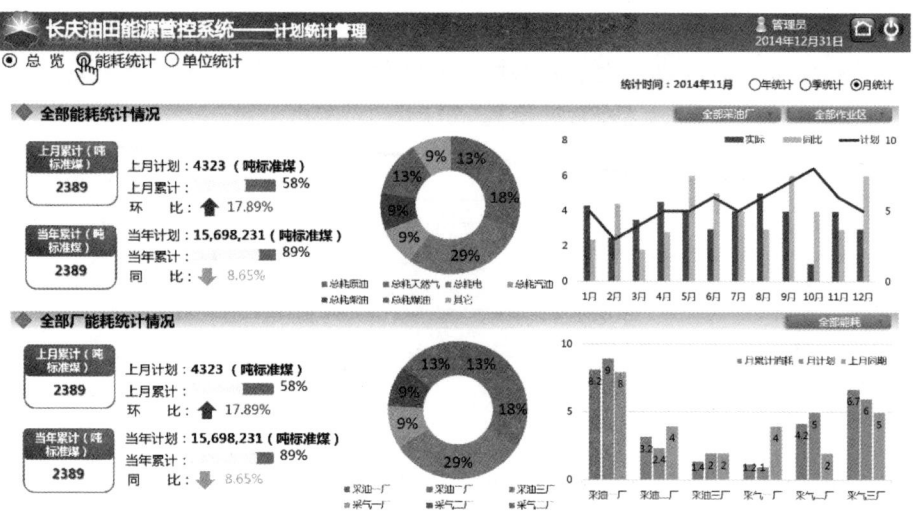

图1-17　长庆油田能源管控系统计划统计管理总览界面

图1-18　长庆油田能源管控系统能耗设备管理界面

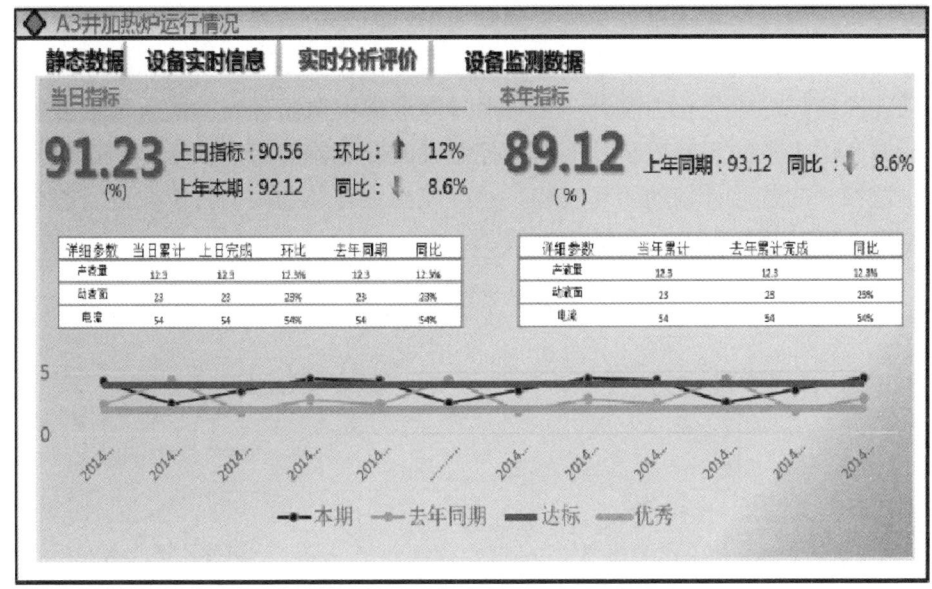

图1-19 长庆油田能源管控系统设备能耗界面

1.2.2.8 川庆钻探公司能源管控系统（试点）

中石油川庆钻探公司已在119支钻井队应用柴油计量系统，实现了柴油的出入库、存储计量、数据自动采集、远程自动传输、柴油信息查询及报表统计分析，以及对柴油机和发电机组的远程集中运行监控、智能诊断、异常声光报警、超速自动停机、远程停机和历史数据追溯等功能。

川庆钻探、长庆钻井总公司计划选取部分钻井队进行能源管控系统试点建设，利用先进的计算机技术、计量技术和监控技术，对柴油机、泥浆泵、传动装置、转盘等主要耗能和做功设备的关键用能点、做功点加装流量、压力、转速、扭矩等计量监控设备，实时监测并记录钻井队用能状况和设备工作情况，自动分析对比能源使用情况，发现问题并提供解决方案，以确定设备之间的合理匹配和维护保养时间，保证设备高效、经济、安全运行。

无论采取何种方式实现能源监控，企业对于生产过程中的能源消耗、能源损失、能源平衡和能源成本都将更加重视，并将通过加强计量设施建设、实时采集能源数据和在线优化工艺参数等实现工厂层面的能源实时监控和总部层面的动态能源监控管理。当下，企业能源管控主要基于对相关能源数据的计量、监控、统计和分析开展工作，未来企业能源监控的力度还将继续加大。由于能效持续改进项目能够以较低的资金投入获得较大的节能效果和经济效益，因此，能效改进工作将逐步成为主要国际大型石油公司能源管控的重要内容，也是各企业未来提高能源管控水平的一个重要手段。可以预见的是，未来企业除加强能源监控的信息化力度外，还将通过专业咨询队伍和专门能源管理软件实现能源利用水平的不断进步。能源管控系统的发展趋势将形成从计划提出—实施—监控—改善—计划的闭环流程，达到能源管理和利用的持续改进。能源管控系统发展趋势如图1—20所示。

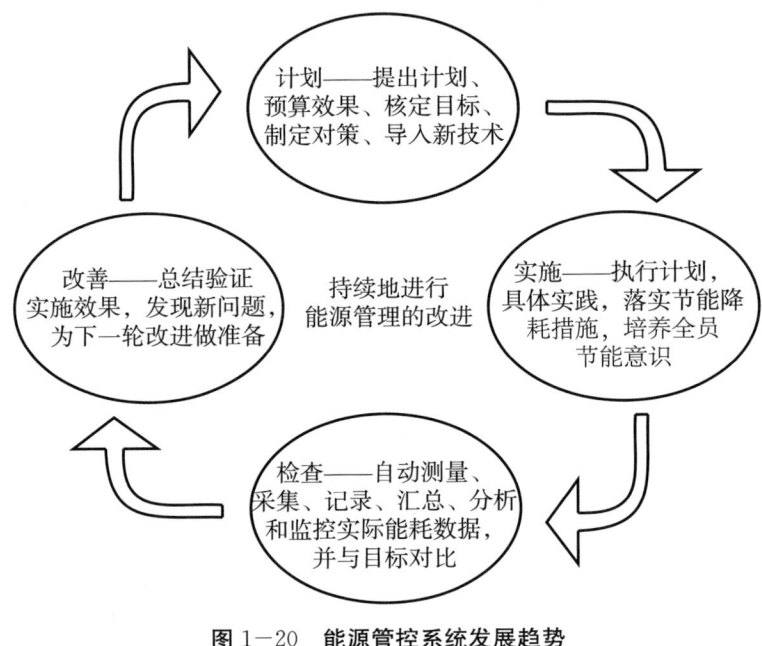

图1—20 能源管控系统发展趋势

1.3 油气田生产用能特点

油气田企业消耗的能源主要是电力、天然气、原油、原煤等，其中天然气占一次能源消耗的70%，原煤占11%，电力占9%，原油占5%。东部油气田和西部油气田的能耗结构存在显著差别，东部油气田能源消耗以电力消耗为主，而西部油气田的能源消耗大部分来自天然气。典型油气田企业能耗结构如图1—21所示。

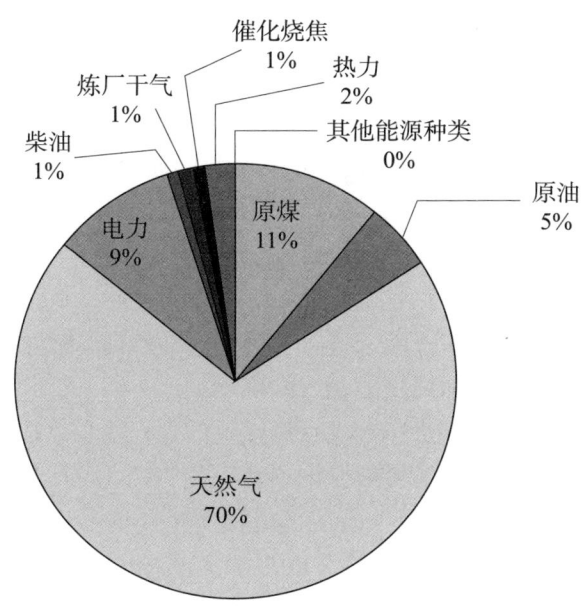

图 1-21 典型油气田企业能耗结构

油气生产单位的主要能耗集中在机采、注水、集输（包括原油集输和天然气集输与处理）三大用能系统和供热、供电系统以及非生产用电，包括油、气、水、电四大类耗能，涵盖了油气生产、储存、运输的各个过程。重点耗能设备为抽油机、注水泵、输油泵、加热炉（锅炉），其耗能量占油气田生产总能耗的 80% 以上。油气田重点用能系统情况见表 1-2。

表 1-2 油气田重点用能系统情况

用能系统	工艺/流程	耗能设备	能耗种类
机械采油	抽油机、电潜泵、螺杆泵（较少）	泵机组	电力
油田注水	利用清水或处理合格的采油污水，经注水泵加压后，经注水管网输送到各配水间，再经管线注入各注水井	注水泵、增压泵	电力
原油集输	油气分离、油气计量、原油脱水、天然气净化、原油稳定、轻烃回收等工艺	泵机组、加热炉/锅炉	电力、天然气
气田天然气集输与处理	气井中的天然气采集、输送、处理成合格天然气并外输。辅助系统包含污水处理回注、加热集输等工艺，与油田注水、原油集输系统工艺基本相同	压缩机、泵机组、加热炉/锅炉/导热油炉、塔底重沸器	电力、天然气

相比于其他行业，油气田能耗具有以下几个特点：

随着油气田的开发日趋成熟，生产规模增加，油藏品位下降，综合含水上升，单位能耗逐渐增大。在老区单井产量下滑的同时，不断扩边增产的新区块多数都是低渗透低丰度埋深的油藏。每年新增原油储量的70%以上为低渗透储量，新增天然气储量的90%以上为低渗透储量，新增原油产量的16%为重质油。研究表明，低渗透等复杂区块开发能耗是常规稀油油田开发能耗的2~3倍，稠油区块开发能耗甚至比常规稀油油田开发能耗高3倍。东部油气田相继进入开发中后期，含水率不断上升，产液量和注水量持续增加，降耗难度日趋增大，导致集输、处理和回注能耗大幅度增加。

油气生产业务的快速扩张和油气自用损耗的大幅增长已成为制约油气田节能降耗的主要矛盾。目前，油气田原油损耗率约为2.1%，天然气损耗率约为4%。油气田企业的油气消耗量（包括自用及损耗）已占到油气生产能耗总量的83%以上，油气自用量和损耗量既成为油气产量的重要组成部分，也成为油气生产能源消耗的主体，给油气田节能降耗带来了很大难度。

伴生气资源没有得到充分利用，能耗结构不尽合理。西部油田规模不断扩大，油田伴生气含量丰富，虽在局部选用了天然气发电措施，但受勘探试采与地面管网建设不同步、井距远、部分油田天然气处理能力不足等各种因素影响，相应的回收、处理设施不配套，每年仍有大量井口伴生气、放空气无法回收利用。

2 能源管控系统建设基础条件

能源管控系统建设应按照《石油石化行业能源计量器具配备和管理要求》(GB/T 20901—2007)配备企业能源计量仪表，完善能源计量体系，保证其具有完整性、冗余性、可靠性和可集成性，以实现主要能源介质的准确计量。能源管控系统通过数据采集系统的适应性接入改造，基于已有自动化系统(DCS、PLC 及电力综合保护系统等)，完善现场数据采集网络和工业主干网络，在满足安全性和隔离性要求的前提下，实现能源计量数据、能源系统操作和质量数据、关键生产数据集中统一采集到能源管理中心；基于实时数据库和监控组态系统，建设能源综合监控系统，实现对多种能源介质产、存、耗全过程的实时监控，掌握其历史发展趋势，实时记录能源系统事件，反映能源使用消耗情况，实现对各类产能、供能和用能过程及设备的实时监控、异常报警和分析管理；对重点耗能设备(变压器、锅炉、加热炉、汽机、风机、空压机、泵等)进行能效实时计算与监控，实时监控与优化设备的能源利用率、设备运行与生产负荷之间的匹配度；能源管控调度指挥中心需要控制室工程、机房工程、弱电智能化工程、大屏幕工程、视频及通信工程等配套基础系统的支撑。

2.1 计量仪表标准化配备

计量仪表又称测量仪表，是指"单独或与一个或多个辅助设备组合，用于进行测量的装置"。油气田开发和生产中使用的计量仪表是用来测量并获得被测对象量值的一种技术工具或装置。为了达到测量的预定要求，计量仪表必须具有符合规范要求的计量学特性，特别是准确度必须符合相关规定要求。

2.1.1 计量的定义及内涵

"计量"一词最早出现于 20 世纪 30 年代的民国政府相关文件。经过几十年的实践以及不断总结和研讨,"计量"的定义于 1998 年颁布的技术规范《通用计量术语和定义》(JJF 1001—1998)中给出。该规范将计量定义为:计量——实现单位统一、量值准确可靠的活动。计量是现代经济基础、企业管理、科技创新的重要技术引领,是现代国家核心竞争力的重要标志。

该定义简单明了地解释了计量工作的内涵,即计量工作主要实现两大基本任务:一是要保证国家计量单位制度的统一,二是要保障测量领域里的量值准确可靠。定义中所指的"活动",是指围绕上述两大基本任务所进行的各种实践活动,包括科学技术性的实践活动和由政府行政部门、社会组织进行的管理性实践活动。

2.1.2 计量体系的基本组成

为保证两大基本任务的贯彻落实,一般通过建立计量体系,保障计量工作顺利开展,确保计量工作效能发挥,实现计量工作科学有序。计量体系一般由法律法规体系、行政管理体系、国家计量基准和量值传递体系组成。

2.1.2.1 法律法规体系

法律法规体系由国家建立,是规范社会计量活动的依据,为我国计量事业的发展提供了法律保障。该体系是以《中华人民共和国计量法》为母法,包括相应的计量法规和规章、规范以及计量技术法规在内的一个完整体系,由全国人民代表大会常务委员会制定的《中华人民共和国计量法》,国务院颁布的行政法规,以及各部门、省、市、自治区颁布的地方性法规与计量管理办法,共计三个层次组成。在企业计量体系建设中,企业须严格遵守计量法律法规,制定的企业内部计量管理制度不能与之相抵触。

2.1.2.2 行政管理体系

我国计量监督管理实行的是按行政区划统一领导、分级负责的体制,形成了具有中国特色的、法律和行政职责清楚的国家计量行政管理体系,如图 2-1 所示。企业多通过建立测量管理体系,确保测量设备和测量过程适应预期用途,实现产品质量目标,管理不正确测量结果的风险,进一步提升企业计量管理水平。

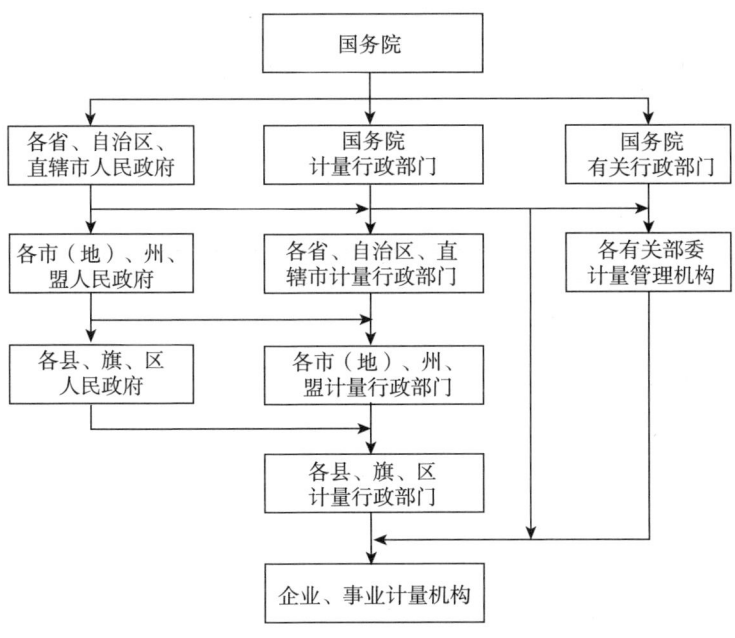

图 2−1　行政管理体系

2.1.2.3　国家计量基准和量值传递体系

建立国家计量基准并实施量值传递是实现量值统一的主要途径和技术手段。根据量值传递的定义，国家建成了以计量基准为中心，以各等级测量标准为依托，以计量技术机构为保障，以计量技术法规为纽带的统一有序且经济合理的量值传递体系，如图 2−2 所示。

计量技术机构为体系建设提供技术保障，其主要分为五类：一是国家级计量技术机构，二是大区国家计量测试中心，三是各省、自治区、直辖市和市（地）、县计量检定机构，四是国家和地方专业计量站，五是部门和企事业单位计量技术机构。计量技术法规是体系建设的纽带，其主要包括国家计量检定系统表、计量检定规程和计量技术规范。

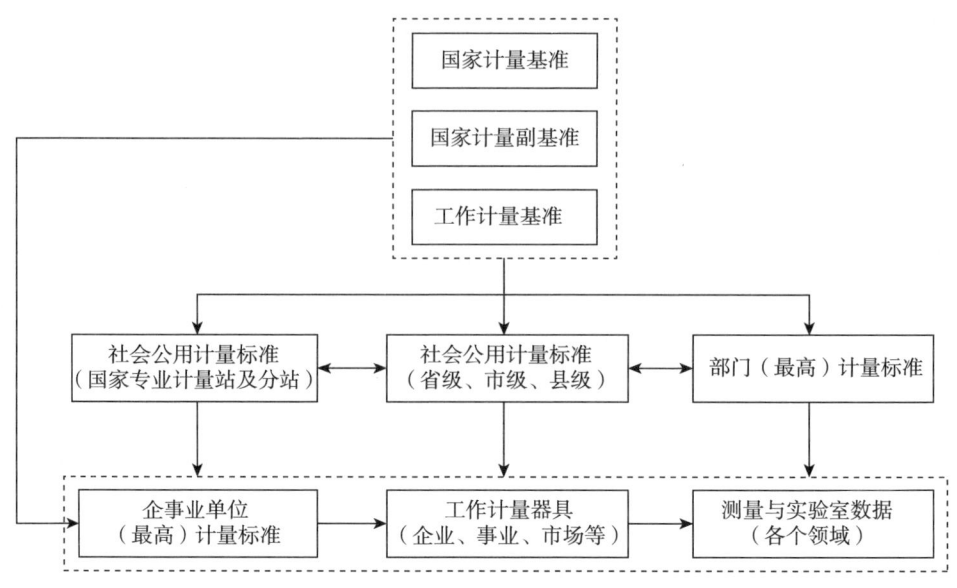

图 2-2　国家计量基准和量值传递体系

2.1.3　油田计量技术现状

我国油田计量技术研究起源于 20 世纪 60 年代。随着国内油气产业的快速发展，油田计量技术突飞猛进，各类基础性、前沿性和共性科研成果大量涌现，部分领域达到国际一流水准，量值传递与溯源体系日臻完善，标准体系建立健全，计量检定与测试水平不断提高，有效服务了油田生产运营，保障了国家能源安全。新政策的贯彻落实、新战略的稳步实施以及新技术的融合发展给现阶段的油田计量技术发展带来了新的机遇与挑战。为适应行业形势变化，匹配公司发展战略，油田企业计量主管部门应从计量概况、器具技术现状等方面进行梳理，进一步明晰油田计量技术现状，明确未来发展方向，指导企业应用，助力公司高质量发展。

2.1.3.1　计量工作在油田运营中的意义

计量是贯穿从勘探开发到储运销售油田全运营流程的科学活动，是支撑油田日常安全、精细、高效运行的"保障网"，是油田质量建设的"奠基石"，是油田贸易交接的"公平秤"。

1．"保障网"

油田日常运行离不开精准数据的支撑。无论是辅助生产开发所需的产油量、产液量，还是安全维护所需设备管线的压力与温度，或是能耗监控所需的耗电量、耗水量，都需要计量工作的参与和支持，以保障数据准确可靠，助力油田运营决策。

2. "奠基石"

质量建设事关公司品牌价值与企业形象，而计量是控制与检验原油产品质量的技术手段，是油田生产质量控制的"眼睛"。在全面质量管理中，强调用事实与数据说话。因此，充分运用油田计量技术是实现油田质量控制的基础。

3. "公平秤"

贸易交接计量的精确与否直接关系到企业的生产指标与经营收入。按中国石油商品原油年交接量约2亿吨计算，现场测量准确度每提升0.1%，就可降低近5亿元的财务风险。因此，油田企业通过提升计量总体水平，能够有效维护贸易交接的公平公正，保护油田的合法权益。

2.1.3.2 油田计量器具现状

按油田生产运营所需参数的物理属性，可将油田计量器具细分为流量计量器具、配套计量器具及能耗计量器具。

1. 流量计量器具

流量参数主要涉及单井产量计量、油田内部交接计量、油田贸易交接计量以及油田耗水量耗气量计量等环节，一般采用容积式流量计或速度式流量计进行原油或含水油的现场计量，并采用体积管标准装置、静态质量法标准装置、静态容积法标准装置等计量标准溯源至国家容积基准、质量基准与时间基准，形成了完整的油流量量值溯源体系；用于能耗监控的水流量及天然气流量计量，参见能耗计量器具部分。

1) 原油流量计量

原油流量计量一般使用刮板流量计、腰轮流量计等容积式流量计，少量使用涡轮流量计等速度式流量计或科里奥利质量流量计。现场流量计配置类型主要依据被测原油物性与现场实际情况而定。不同类型原油流量计如图2-3~图2-5所示，其优缺点及适用介质见表2-1。

(a) 刮板流量计　　　　　（b) 腰轮流量计　　　　　（c) 双转子流量计

图 2-3　容积式流量计

(a) 涡轮流量计　　　　　　　　　（b) 电磁流量计

图 2-4　速度式流量计

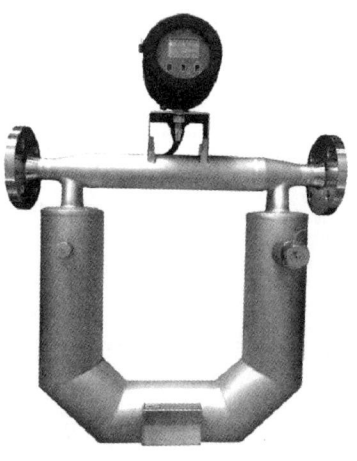

图 2-5　科里奥利质量流量计

表 2-1 各类型原油流量计的优缺点及适用介质

序号	类型	种类	优点	缺点	适用介质	备注
1	容积式流量计	刮板流量计	对上游流速分布不敏感,测量精度高,可测量高黏度流体	易磨损,稳定性一般,量程比低	原油	
2		腰轮流量计(罗茨流量计)			原油/天然气	
3		双转子流量计			原油	
4	速度式流量计	涡轮流量计	测量精度高,量程比高,重复性好,压力损失小,安装方便	流体物性对测量结果影响大,需要直管段,小口径性能不稳定	原油/天然气	三种类型流量计性能、原理相似
5		电磁流量计	结构简单,无可动部件,量程比高,反应灵敏	无法测量天然气,无法测量导电率低的液体介质,易受电磁干扰	原油/水	
6	质量流量计	科里奥利质量流量计	计量精度高,稳定性好,介质适用范围广,测量范围大,无可动部件	不能测量密度太低的流体介质,对震动敏感,压损大	原油	

目前,已配置的原油流量计的准确度等级可分为 1.0 级、0.5 级、0.2 级,按其用途不同进行选择。其中,1.0 级原油流量计主要用于含水油的生产计量,0.5 级原油流量计主要用于油田内部交接计量,0.2 级原油流量计主要用于油田贸易交接计量或油田重要计量节点。考虑到 1.0 级与 0.5 级原油流量计的计量精度偏低,处于这两个准确度等级范围的原油流量计一般采用离线送检方式进行溯源,并利用静态质量法标准装置或静态容积法标准装置开展实验室检定或校准,检定或校准周期一般无强制要求;0.2 级原油流量计主要采用在线实流检定方式进行溯源,多采用现场体积管标准装置进行检定,一般须按国家法律要求定期进行强制检定,检定周期遵循相关规程。

2) 多相(油气水)流计量

多相(油气水)流计量主要涉及单井计量环节,一般使用"计量分离器+U 形管/液位计"的计量装置,少量使用多相流量计(见图 2-6)。"计量分离器+U 形管/液位计"的工作原理:在单井产量计量时间内,利用计量分离器进行气液分离,采用气体流量计计量单井伴生气量,采用 U 形管/液位计等容积计量器具计量一段时间内的累积产液量,从而计算出单井产液量与伴生气量。由此可知,"计量分离器+U 形管/液位计"为静态计量方式,具有工艺成熟、投资低的优点,但计量精度不高且无法实时了解单井产量;多相流量计为动态计量方式,具有计量精度高、工艺流程简单、可实时计量的优点,但投资较高。根据相关规范要求,单井计量误差应优于 10%。

 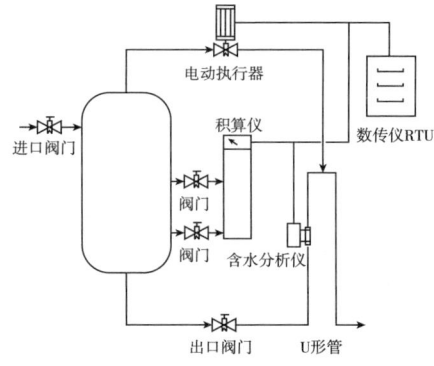

（a）多相流量计　　　　　　　（b）"计量分离器+U形管/液位计"计量装置

图 2-6　多相流量计与"计量分离器+U形管/液位计"计量装置

2. 配套计量器具

配套参数主要为温度、压力、液位，涉及油田各类设备、管线、仪器及各个生产环节。

1）温度计量

温度计量主要使用棒式玻璃温度计、双金属温度计及温度变送器，并采用恒温槽、铂电阻标准装置、水银温度计标准装置等进行校准，温度变送器的电路部分采用具备可调直流标准电流电压源和标准电阻的仪表进行校准。

棒式玻璃温度计与双金属温度计（见图 2-7）适用于中、低温现场检测，具有价格便宜、便于携带等优点，但易于破损。根据相关规范及油田生产实际，对该类温度仪表的精度要求不高，分度值优于或等于 0.1℃即可。

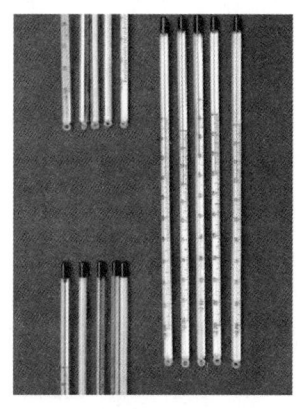 

（a）棒式玻璃温度计　　　　　（b）双金属温度计

图 2-7　棒式玻璃温度计与双金属温度计

温度变送器（见图2-8）是一种既能测量又能传输信号的一体化仪表，广泛应用于温度参数的远程测量，具有测量范围广、智能化程度高、测量精度优、参数可调节的优点，但价格较高。根据相关规范及油田生产需求，该类温度仪表的准确度等级应优于或等于0.2级，参与贸易交接计量的宜为0.1级及以上。但考虑到投资成本与部分设施的投建时间，部分温度参数的远程测量采用热电阻温度计，图2-9即是一种热电阻温度计。热电阻温度计是以热电效应为基础的测温仪表，可以看成温度变送器的传感部分，其测量信号一般不经处理直接反馈至控制系统，因而存在信号处理复杂、抗干扰性差、不可调节的缺点，常用于加热炉炉温的测量。

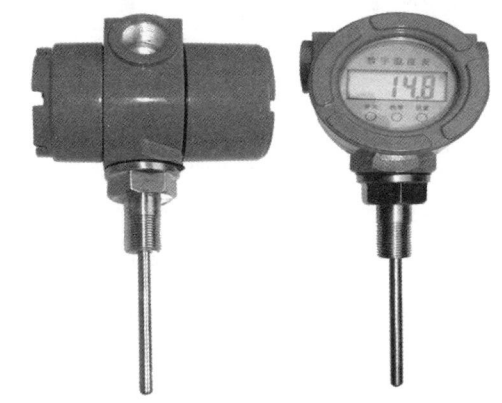

图2-8　温度变送器

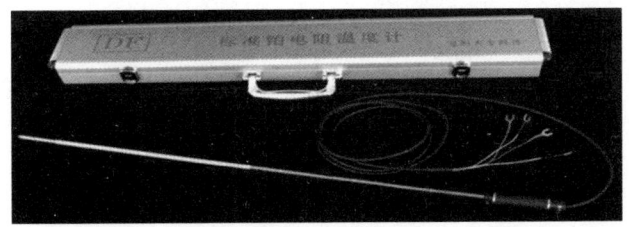

图2-9　标准铂电阻温度计

2) 压力计量

压力计量主要使用压力表与压力变送器，并采用活塞式压力计、浮球式压力计、标准压力表等进行检定。压力变送器的电路部分采用具备可调直流标准电流电压源和标准电阻的仪表进行检定。

压力表（见图2-10）适用于压力参数的现场测量。油田多使用指针式或数字式精密压力表，特殊场合使用耐震压力表。该类压力仪表具有结构简单、价格低廉、性能稳定、外形轻巧的特点，但精度一般，测量数据无法远传。根据相关规范及油田生产需求，该类压力仪表的准确度等级应优于或等于1.6级。

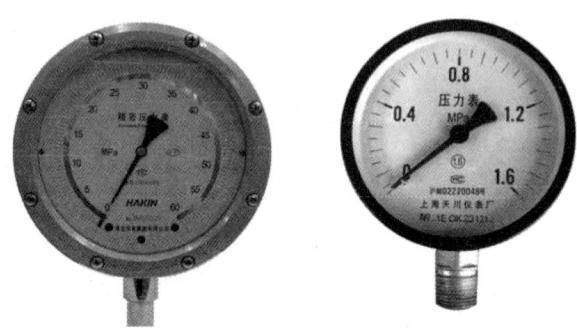

图 2-10　压力表

压力变送器（见图 2-11）与温度变送器相同，均为一体化仪表。压力变送器广泛应用于压力参数的远程测量，具有测量范围广、智能化程度高、测量精度优、参数可调节的优点，但价格较高。根据相关规范及油田生产需求，该类压力仪表的准确度等级应优于或等于 0.2 级，参与贸易交接计量的宜为 0.1 级及以上。

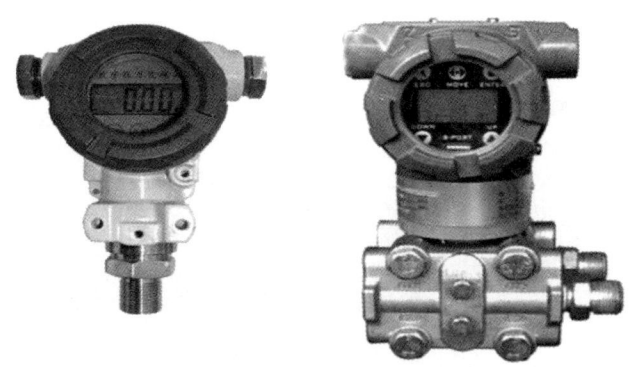

图 2-11　压力变送器

3）液位计量

液位计量主要涉及各类储罐，罐内介质一般为水、油、化学试剂等。油田主要使用浮力式、静压式或雷达式液位计（见图 2-12），其最大允许误差应优于±(3~5)mm，主要通过立式液位检定装置、横式液位模拟检定装置、游标卡尺、钢卷尺、激光测量仪、光栅尺等进行检定或校准。

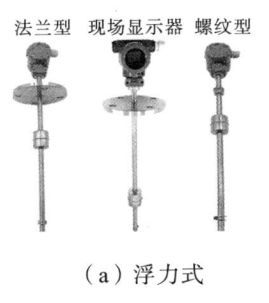 

（a）浮力式　　　　（b）静压式　　　　（c）雷达式

图 2-12　液位计

3. 能耗计量器具

能耗计量参数主要为耗水量、耗气量、耗电量，即水流量计量、气体流量计量、电能计量。

1）水流量计量

水流量计量主要涉及耗水量监控环节，一般选用电磁流量计进行计量，并离线送检至实验室，采用静态质量法标准装置或静态容积法标准装置进行检定或校准。根据能耗监控要求，电磁流量计的准确度等级一般选用2.0级。

2）气体流量计量

气体流量计量主要涉及耗气量监控环节，一般选用差压式流量计（孔板）或智能旋进旋涡流量计（见图2-13、图2-14），并离线送检至实验室，采用气体标准表法标准装置、临界流喷嘴标准装置或长度测量标准进行检定或校准。根据能耗监控要求，该类流量计的准确度等级一般选用2.0级。

图 2-13　差压式流量计（孔板）　　　图 2-14　智能旋进旋涡流量计

3) 电能计量

电能计量主要涉及耗电量监控环节，一般选用三相电子式多功能电能表（见图 2-15）。该电能表的准确度等级应优于或等于 2.0 级，电压互感器准确度等级应优于或等于 0.5 级，电流互感器准确度等级应优于或等于 0.5S 级。

图 2-15　三相电子式多功能电能表

4．计量器具溯源

容积式流量计大部分采用在线实流检定方式溯源，少部分采用离线送检方式溯源。其中，在线实流检定方式以现场体积管与二等标准金属量器作为传递标准，离线送检方式一般以实验室静态容积法标准装置或者静态质量法标准装置作为传递标准。

速度式流量计多采用离线送检方式实现量值溯源，以静态容积法标准装置作为传递标准。

质量流量计，油田多采用离线送检方式实现量值溯源，以静态质量法标准装置作为传递标准，在线实流检定溯源方式以体积管与标准衡器作为标准，外加密度计、秒表作为配套设备。

棒式玻璃温度计、双金属温度计以及部分温度变送器多采用离线送检方式实现量值溯源，以二等标准铂电阻温度计或一等标准铂电阻标准装置作为传递标准；一部分温度变送器采用在线方式实现量值溯源，模拟温度变送器以多功能校验仪作为标准装置，一体化校准温度变送器以恒温干体炉作为传递标准。

压力表、压力变送器均采用在线检定与离线送检溯源方式。在线检定以多功能校验仪作为传递标准，外加高压手泵作为配套设备。离线送检方式多以高等级的压力计作为传递标准，油田内部大多采用活塞压力计或数字压力计。

液位计主要采用离线送检方式实现量值溯源，以立式液位标准装置或者横式液位模拟检定标准装置作为传递标准。

三相电子式多功能电能表主要采用离线送检方式实现量值溯源，采用瓦秒法或标准表法标准电能表作为传递标准。

2.1.4 油田计量器具配备要求

2.1.4.1 总则

（1）为了规范油田计量器具配置，促进生产运营数据质量提升，满足交接计量、能耗监测、运营管控等方面的统计分析、指标考核、对标分析与管理控制的要求，制定本指导意见。

（2）这里所指计量器具包括原油收集系统、集输处理系统、注入系统、储运系统等环节所需配置的计量器具。

（3）计量器具配备应遵循国家、行业相关法律法规、标准规范，以及中石油管理制度，实现油田生产过程的安全、绿色、环保。

（4）计量器具选型应遵循安全可靠、经济合理、技术先进的原则；同一生产站场，计量器具选型宜统一。

（5）对于爆炸和火灾危险场所、环境温度超过正常场所以及震动较强场所，应选用特殊性能仪表，采取相应防护措施，满足国家、行业相关规定。

（6）这里提出了计量器具数量及准确度等级最低要求。当质量、安全控制有特殊要求时，可适当提高计量器具准确度等级要求。

（7）对于多种用途的计量器具，应首先满足交接计量要求。

（8）这里适用于股份公司勘探与生产公司所属油田企业。

（9）这里主要引用的相关文件、标准、规范参见附录3。

2.1.4.2 指导意见

1. 原油收集系统

原油收集系统主要用于油田采油生产，包括不同举升方式采油井、采油树及配套设备，部分油井根据实际需要，单独建设了储油罐、增压泵等设施。该系统所需计量器具一般配套建设，主要用于能耗检测与运营管控，辅助采油现场实际生产管理。原油收集系统计量器具配备应符合表2-2［参考《用能单位能源计量器具配备和管理通则》（GB 17167—2006）、《能源计量器具配备规范》(Q/SY 1212—2009)、《勘探与生产业务计量器具配备规范 第1部分》(Q/SY 1755.1—2009)、《石油化工自动化仪表选型设计规范》(SH/T 3005—2016)、《油气田及管道仪表控制系统设计规范》(SY/T 0090—2006)等标准规范制定］的规定。

表2-2 原油收集系统计量器具配备一览表

序号	功能单元		测量点	仪表类型	测量方式			准确度等级			备注
					就地	便携	远传	就地	便携	远传	
1	井口单元	1	油管压力	压力仪表	√	#	△	1.6	0.5	0.5	
		2	油井套压	压力仪表	√	#	△	1.6	0.5	0.5	自喷井、抽油机井、电动潜油泵井、螺杆泵井
		3	气举气压力	压力仪表	√		△	1.6		0.5	气举井
		4	动力液压力	压力仪表	√		△	1.6		0.5	水力活塞泵井
		5	蒸汽压力	压力仪表	√		△	1.6		0.5	稠油热采井
		6	油井回压	压力仪表	√		△	1.6		0.5	
		7	技术套压	压力仪表	√		△	1.6		0.5	有技术套管时配备
		8	出油温度	温度仪表	√		△	分度值0.1℃		0.5	
		9	气举耗气量	流量仪表	#		√	2.0		2.0	气举井
		10	交流三相电能	电能仪表	√		△	2.0		2.0	电压互感器准确度等级0.5；电流互感器准确度等级0.5S
2	储油罐单元	1	油罐进口压力	压力仪表	√		√	1.6		0.5	有储油罐时配备；液位计最大允许误差宜优于±(3～5)mm
		2	油罐进口温度	温度仪表	√		√	分度值0.1℃		0.5	
		3	油罐出口压力	压力仪表	√		√	1.6		0.5	
		4	油罐出口温度	温度仪表	√		√	分度值0.1℃		0.5	
		5	油罐液位	液位仪表	√		√	分度值1cm		分度值1cm	
3	增压单元	1	机泵进口压力	压力仪表	√		√	1.6		0.5	有增压泵时配备
		2	机泵进口温度	温度仪表	√		√	分度值0.1℃		0.5	
		3	机泵出口压力	压力仪表	√		√	1.6		0.5	
		4	机泵出口温度	温度仪表	√		√	分度值0.1℃		0.5	

续表

序号	功能单元		测量点	仪表类型	测量方式			准确度等级			备注
					就地	便携	远传	就地	便携	远传	
4	计量单元	1	单井产量	多相流量仪表	#		√	备注		备注	液体：1%～5% 气体：5%～10% 含水率：1%～5%

某测量点有可共享的测量仪表时，不宜重复配备。
压力仪表推荐：a. 就地：压力表；b. 远传：压力变送器、压力传感器。
温度仪表推荐：a. 就地：棒式玻璃温度计、双金属温度计；b. 远传：温度变送器。
液位仪表推荐：a. 就地：浮力式液位计；b. 远传：静压式液位计、雷达式液位计。
气体流量仪表推荐：孔板流量计、旋进旋涡流量计。
电能仪表推荐：三相电子式多功能电能表。
多相流量仪表推荐：多相流量计。
注：√表示应配备，△表示宜配备，#表示可选。

由表2-2可知，为满足油田安全生产与油藏动态监护需要，油井需监测油压、回压、出油温度等参数，并依据举升方式，测量套压、气压、液压或蒸汽压力。考虑到油井作为油田基础单元的属性，就地显示压力仪表推荐选用1.6级及以上的精密压力表，远传压力仪表推荐选用0.5级及以上的压力变送器；就地显示温度仪表推荐选用分度值为0.1℃的棒式玻璃温度计或双金属温度计，远传温度仪表推荐选用0.5级及以上的温度变送器。若油井为气举井，还需配备2.0级及以上的气体流量仪表测量气举耗气量，推荐选用差压式流量计（孔板）、旋进旋涡流量计。

此外，若井场设置储油罐，则需对储油罐进出口温度、压力、液位进行监测，温度、压力仪表配置可参照油井推荐配置，液位仪表推荐选用分度值为1cm的浮力式、静压式或雷达式液位计。若井场设置增压泵，则需对机泵进出口压力、温度进行监测，仪表配置可参照油井推荐配置。若配置多相流量仪表进行单井产量计量，则根据计量对象（油、气、水）与计量需求选择多相流量计。

2. 集输处理系统

集输处理系统用于油井采出液的集输与处理。通常集输与处理为油田的两个不同系统，但由于两个系统设备设施重叠部分较多，功能互相交叉，同类站点配置存有差异，不同类型站点常常合建，因此将两个系统融合，便于指导企业应用。该系统主要包含计量间、转接站、放水站、脱水站、联合站（部分功能）等，具备原油输送、产量计量、交接计量、油气分离、原油除砂、原油脱水、原油稳定等功能，所需计量器具主要用于能耗检测、运营管控以及内部交接计量，保障原油集输的高效、安全、平稳运行。

其中，计量间为油田内完成分井计量油、气、水的站（间），用于油田油气集输、单井产量计量以及单井的掺水和热洗；转接站为以液体增压为主要功能的站间，日常也称转油站或接收站；放水站为将含水率较高的原油放掉大部分游离水的站点，实现油水初步分离，与转接站合建的称为转油放水站；脱水站为原油脱水和增压输送的站点，多与其他功能站点合建；联合站是油气集中处理联合作业站的简称，可实现原油脱水、原油净化、原油稳定、轻烃回收、污水处理。

集输处理系统计量器具配备应符合表2-3［参考《用能单位能源计量器具配备和管理通则》（GB 17167—2006）、《石油石化行业能源计量器具配备和管理要求》（GB/T 20901—2007）、《能源计量器具配备规范》（Q/SY 1212—2009）、《勘探与生产业务计量器具配备规范 第1部分》（Q/SY 1755.1—2009）、《石油和液体石油产品动态计量》（GB/T 9109—2016）、《石油化工自动化仪表选型设计规范》（SH/T 3005—2016）、《油田油气集输设计规范》（GB 50350—2015）、《油气田及管道仪表控制系统设计规范》（SY/T 0090—2006）、《油气田及管道工程仪表控制系统设计规范》（GB/T 50892—2013）等标准规范制定］的规定。表2-3将站点可能建设的设备设施所需配备的计量器具全部列出，各油田可根据站点实际自行比对，科学配置计量器具。

表2-3 集输处理系统计量器具配备一览表

序号	功能单元		测量点	仪表类型	测量方式			准确度等级/最大允许误差			备注
					就地	便携	远传	就地	便携	远传	
1	进站单元	1	来液汇管压力	压力仪表	√		√	1.6		0.2	
		2	来液汇管温度	温度仪表	√		√	分度值0.1℃		0.2	
		3	来液支线回油温度	温度仪表	√		√	分度值0.1℃		0.2	
2	单井计量单元	1	单井产量	流量仪表	√	#	√	±10%		±10%	计量间配备

续表

序号	功能单元		测量点	仪表类型	测量方式			准确度等级/最大允许误差			备注
					就地	便携	远传	就地	便携	远传	
3	掺水单元	1	水量计量	流量仪表	√		△	2.5（管径≤250 mm）；2.0（管径>250 mm）			有设备时配备
		2	掺水压力	压力仪表	√		√	1.6		0.2	
		3	掺水温度	温度仪表	√		√	分度值0.1℃		0.2	
		4	热洗水流量	流量仪表	√		△	2.5（管径≤250 mm）；2.0（管径>250 mm）			
		5	热洗水压力	压力仪表	√		√	1.6		0.2	
		6	热洗水温度	温度仪表	√		√	分度值0.1℃		0.2	
4	分离、缓冲游离水脱除器	1	缓冲段液位	液位仪表	♯		√	分度值1 cm		优于±(3~5)mm	有设备时配备
		2	气相出口汇管压力	压力仪表	√		√	1.6		0.5	
5	游离水脱除器	1	罐内液位	液位仪表	♯		√	分度值1 cm		优于±(3~5)mm	有设备时配备
		2	油出口压力	压力仪表	√		√	1.6		0.2	
6	三相分离器/热化学脱水器	1	油室液位	液位仪表			√	分度值1 cm		优于±(3~5)mm	有设备时配备
		2	水室液位	液位仪表			√	分度值1 cm		优于±(3~5)mm	
		3	气出口压力	压力仪表	√		√	1.6		0.2	
		4	气相出口汇管压力	压力仪表	√		√	1.6		0.2	
		5	进口汇管温度	温度仪表	√		√	分度值0.1℃		0.2	

续表

序号	功能单元	测量点		仪表类型	测量方式			准确度等级/最大允许误差			备注
					就地	便携	远传	就地	便携	远传	
7	电脱水器	1	罐内液位	液位仪表			√	分度值1 cm		优于±(3~5)mm	脱水站配备
		2	进口汇管温度	温度仪表	√		√	分度值0.1℃		0.2	
		3	出口温度	温度仪表	√		√	分度值0.1℃		0.2	
		4	出口压力	压力仪表	√		√	1.6		0.2	
8	油气分离器	1	气相压力	压力仪表	√		√	1.6		0.2	有设备时配备
		2	罐内液位	液位仪表			√	分度值1 cm		优于±(3~5)mm	
9	加热单元	1	进口汇管温度	温度仪表	√		√	分度值0.1℃		0.2	有设备时配备
		2	出口温度	温度仪表	√		√	分度值0.1℃		0.2	
		3	被加热介质进口压力	压力仪表	√		√	1.6		0.2	
		4	被加热介质出口压力	压力仪表	√		√	1.6		0.2	
		5	加热段温度	温度仪表			√	分度值0.1℃		0.2	
		6	加热段液位	液位仪表			√	分度值1 cm		优于±(3~5)mm	
		7	缓冲段液位	液位仪表			√	分度值1 cm		优于±(3~5)mm	
		8	收油段液位	液位仪表	√		√	分度值1 cm		优于±(3~5)mm	
		9	气相出口汇管压力	压力仪表	√		√	1.6		0.2	
		10	介质流量	流量仪表	#		√	1.0		1.0	
		11	燃气流量	流量仪表	#		√	2.0		2.0	
		12	燃气压力	压力仪表	√		√	1.6		0.2	
		13	点炉温度	温度仪表	#		√	分度值0.1℃		0.2	

续表

序号	功能单元		测量点	仪表类型	测量方式			准确度等级/最大允许误差			备注
					就地	便携	远传	就地	便携	远传	
10	分离、加热、沉降、缓冲"四合一"组合装置	1	出水口温度	温度仪表	√		√	分度值0.1℃		0.2	有设备时配备
		2	加热段液位	液位仪表			√	分度值1 cm		优于±(3~5)mm	
		3	加热段温度	温度仪表			√	分度值0.1℃		0.2	
		4	油室缓冲段液位	液位仪表			√	分度值1 cm		优于±(3~5)mm	
		5	水室液位	液位仪表			√	分度值1 cm		优于±(3~5)mm	
		6	气相出口汇管压力	压力仪表	√		√	1.6		0.2	
11	分离、加热、沉降、脱水、缓冲"五合一"组合装置	1	出油口温度	温度仪表	√		√	分度值0.1℃		0.2	有设备时配备
		2	加热段液位	液位仪表			√	分度值1 cm		优于±(3~5)mm	
		3	脱水段液位	液位仪表			√	分度值1 cm		优于±(3~5)mm	
		4	水室液位	液位仪表			√	分度值1 cm		优于±(3~5)mm	
		5	油室缓冲段液位	液位仪表			√	分度值1 cm		优于±(3~5)mm	
		6	气出口压力	压力仪表	√		√	1.6		0.2	
		7	气相出口汇管压力	压力仪表	√		√	1.6		0.2	
12	天然气除油器	1	气相压力	压力仪表	√		√	1.6			有设备时配备
		2	液位	液位仪表	♯		√	分度值1 cm		优于±(3~5)mm	

续表

序号	功能单元		测量点	仪表类型	测量方式			准确度等级/最大允许误差			备注
					就地	便携	远传	就地	便携	远传	
13	缓冲罐	1	气相压力	压力仪表	√		√	1.6		0.2	有设备时配备
		2	液位	液位仪表	#		√	分度值1 cm		优于±(3～5)mm	
14	脱水沉降罐（立式罐）	1	液位	液位仪表	#		√	分度值1 cm		优于±(3～5)mm	有设备时配备
		2	温度	温度仪表	#		√	分度值0.1℃		0.2	
15	污水沉降罐	1	液位	液位仪表	#		√	分度值1 cm		优于±(3～5)mm	有设备时配备
16	卸油罐（池）	1	液位	液位仪表	#		√	分度值1 cm		优于±(3～5)mm	有设备时配备
		2	温度	温度仪表	#		√	分度值0.1℃		0.2	
17	事故罐	1	液位	液位仪表	#		√	分度值1 cm		优于±(3～5)mm	有设备时配备
		2	温度	温度仪表	#		√	分度值0.1℃		0.2	
18	机泵	1	进口汇管压力	压力仪表	√		√	1.6		0.2	有设备时配备
		2	出口汇管压力	压力仪表	√		√	1.6		0.2	
		3	交流三相电能	电能仪表	√		△	2.0		2.0	
19	外输单元	1	外输油流量	流量仪表	√		√	0.5		0.2	有设备时配备
		2	外输气流量	流量仪表	√		√	1.5		1.5	
		3	外输污水流量	流量仪表	√		√	2.5		2.5	
		4	外输压力	压力仪表	√		√	1.6		0.2	
		5	外输油温度	温度仪表	√		√	分度值0.1℃		0.2	
		6	外输油含水率	分析仪表			√	分辨率0.1%		分辨率0.1%	
20	来清水单元	1	外站供清水流量	流量仪表	√		△	2.5（管径≤250 mm）；2.0（管径＞250 mm）			有设备时配备

续表

序号	功能单元	测量点		仪表类型	测量方式			准确度等级/最大允许误差			备注
					就地	便携	远传	就地	便携	远传	
21	燃料气单元	1	燃料气流量	流量仪表	♯		√	2.0		2.0	有设备时配备
		2	燃料气压力	压力仪表	√		√	1.6		0.2	
22	外来补气单元	1	输干气流量	流量仪表	♯		√	2.0		2.0	有设备时配备
		2	输干气压力	压力仪表	√		√	1.6		0.2	
23	加药单元	1	加药罐（箱）液位	液位仪表	√		♯	分度值1 cm		优于±(3~5)mm	有设备时配备
24	仪表风、扫线风单元	1	净化风压力	压力仪表	√		√	1.6		0.2	有设备时配备

某测量点有可共享的测量仪表时，不宜重复配备。
压力仪表推荐：a. 就地：压力表；b. 远传：压力变送器、压力传感器。
温度仪表推荐：a. 就地：棒式玻璃温度计、双金属温度计；b. 远传：温度变送器。
液位仪表推荐：a. 就地：浮力式液位计；b. 远传：静压式液位计、雷达式液位计。
气体流量仪表推荐：旋进旋涡流量计、孔板流量计。
油流量仪表推荐：容积式流量计、速度式流量计。
水流量仪表推荐：电磁流量计、涡街流量计。
电能仪表推荐：三相电子式多功能电能表。
单井计量器具推荐：U形管＋计量分离器、液位计＋计量分离器；便携：软件量油设备。
注：√表示应配备，△表示宜配备，♯表示可选。

由表2-3可知，为满足安全生产、绿色运行需要，集输处理系统各单元与设施需监测进出口温度、压力、液位，部分单元还需监测流量参数。如无特殊要求，就地显示压力仪表推荐选用1.6级及以上的精密压力表，远传压力仪表推荐选用0.2级及以上的压力变送器；就地显示温度仪表推荐选用分度值为0.1℃的棒式玻璃温度计或双金属温度计，远传温度仪表推荐选用0.2级及以上的温度变送器；液位仪表为承担交接计量，推荐选用最大允许误差优于±(3~5)mm的浮力式、静压式或雷达式液位计。

同时，单井计量器具推荐选用"U形管＋计量分离器"与"液位计＋计量分离器"，单井产量计量便携设备为软件量油设备，单井产量计量最大允许误差应优于±10%；气体流量仪表推荐采用2.0级及以上的孔板流量计、旋进旋涡流量计，用于燃料气、自耗气与分离气计量；油流量仪表推荐采用容积式流量计（刮板流量计、腰轮流量计）、速度式流量计（涡轮流量计），用于生产管控的推荐准确度等级为1.0级及以上，用于内部交接计量的推荐准确度等级为

0.5级及以上;水流量仪表推荐选用2.5级及以上电磁流量计、涡街流量计。

此外,集输处理系统计量器具配置还应综合考虑仪表用途与安装环境,如:加热单元加热段温度较高,温度仪表也可考虑选择热电偶实现远传;机泵附近震动较强,就地仪表应具有一定抗震性等。

3. 注入系统

注入系统即油田供液、注水、注汽(气)、注入液(聚合物、三元等)系统,主要包含水处理站、供水站、注水站、曝氧站、聚合物配制站、注入站等站点,用于保持油层压力,提高油藏的开采速度和采收率。该系统所需计量器具主要用于能耗检测、运营管控,保障油田开采高效、绿色运行。其中,水处理站为油田废水(含油污水、原水、洗井水等)处理站,实现油田绿色运行;供水站为注水水源站,对地下水进行处理后输送至注水站;注水站提升水压输送至各注水井,一般配套建设配水间或注配间,增压、控制、计量分配注水井水量;聚合物配制站为将聚合物与水按比例混合,配制成聚合物母液的站点;注入站为将聚合物母液升压、稀释后注入注水井的站点;曝氧站为应用油田污水,配制和稀释聚合物母液的站点,通过曝氧处理提高聚合物溶液地面黏度。

注入系统计量器具配备应符合表2-4~表2-11[参考《用能单位能源计量器具配备和管理通则》(GB 17167—2006)、《石油石化行业能源计量器具配备和管理要求》(GB/T 20901—2007)、《能源计量器具配备规范》(Q/SY 1212—2009)、《勘探与生产业务计量器具配备规范 第1部分》(Q/SY 1755.1—2009)、《石油化工自动化仪表选型设计规范》(SH/T 3005—2016)、《油田油气集输设计规范》(GB 50350—2015)、《油气田及管道仪表控制系统设计规范》(SY/T 0090—2006)、《油气田及管道工程仪表控制系统设计规范》(GB/T 50892—2013)等标准规范制定]的规定。

表2-4 水处理站计量器具配备一览表

序号	功能单元		测量点	仪表类型	测量方式			准确度等级/最大允许误差			备注
					就地	便携	远传	就地	便携	远传	
1	进站水单元	1	总来水流量	流量仪表	√		△	2.5(管径≤250 mm);2.0(管径>250 mm)			
2	调储单元	1	液位	液位仪表	#		√	分度值1 cm		优于±(3~5)mm	

续表

序号	功能单元		测量点	仪表类型	测量方式			准确度等级/最大允许误差			备注
					就地	便携	远传	就地	便携	远传	
3	除油单元	1	沉降除油液位	液位仪表	♯		√	分度值1 cm		优于±(3～5)mm	
		2	气浮除油进水量	流量仪表	√		△	2.5（管径≤250 mm）；2.0（管径＞250 mm）			
		3	压力除油运行压力	压力仪表	√		√	1.6		0.2	
		4	压力除油液位	液位仪表	♯		√	分度值1 cm		优于±(3～5)mm	
4	缓冲升压单元	1	缓冲水罐液位	液位仪表	♯		√	分度值1 cm		优于±(3～5)mm	
		2	升压泵出口汇管压力	压力仪表	√		√	1.6		0.2	
		3	升压泵电能	电能仪表	√		△	2.0		2.0	
5	过滤反冲洗单元	1	滤罐进水汇管压力	压力仪表	√		√	1.6		0.2	
		2	滤罐出水汇管压力	压力仪表	√		√	1.6		0.2	
		3	反冲洗流量	流量仪表	√		△	2.5（管径≤250 mm）；2.0（管径＞250 mm）			
		4	反冲洗水罐液位	液位仪表	♯		√	分度值1 cm		优于±(3～5)mm	
		5	反冲洗泵电能	电能仪表	√		△	2.0		2.0	
		6	反冲洗气流量	流量仪表	♯		√	2.0		2.0	
		7	储气罐压力	压力仪表	√		√	1.6		0.2	
6	外输单元	1	水罐液位	液位仪表	♯		√	分度值1 cm		优于±(3～5)mm	
		2	外输水流量	流量仪表	√		△	2.5（管径≤250 mm）；2.0（管径＞250 mm）			
		3	外输水汇管压力	压力仪表	√		√	1.6		0.2	
		4	外输泵电能	电能仪表	√		△	2.0		2.0	

续表

序号	功能单元		测量点	仪表类型	测量方式			准确度等级/最大允许误差			备注
					就地	便携	远传	就地	便携	远传	
7	污油/水回收单元	1	回收水流量	流量仪表	√		△	2.5		2.5	
		2	回收油流量	流量仪表	♯		√	1.0		1.0	
		3	回收油罐/水罐（池）液位	液位仪表	♯		√	分度值1 cm		优于±(3～5)mm	
		4	回收水泵出口汇管压力	压力仪表	√		√	1.6		0.2	
		5	回收油泵出口汇管压力	压力仪表	√		√	1.6		0.2	
		6	机泵电能	电能仪表	√		△	2.0		2.0	
8	加药单元	1	加药罐（箱）液位	液位仪表	♯		√	分度值1 cm		优于±(3～5)mm	
9	污泥处理单元	1	污泥浓缩罐液位	液位仪表	♯		√	分度值1 cm		优于±(3～5)mm	
		2	机泵电能	电能仪表	√		△	2.0		2.0	

某测量点有可共享的测量仪表时，不宜重复配备。
压力仪表推荐：a. 就地：压力表；b. 远传：压力变送器、压力传感器。
温度仪表推荐：a. 就地：棒式玻璃温度计、双金属温度计；b. 远传：温度变送器。
液位仪表推荐：a. 就地：浮力式液位计；b. 远传：静压式液位计、雷达式液位计。
气体流量仪表推荐：孔板流量计、旋进旋涡流量计。
油流量仪表推荐：容积式流量计、速度式流量计。
水流量仪表推荐：电磁流量计、涡街流量计。
电能仪表推荐：三相电子式多功能电能表。
注：√表示应配备，△表示宜配备，♯表示可选。

由表2-4可知，水处理站主要监测各设施管线温度、压力与液位参数，其中：温度、压力仪表配置与集输处理系统推荐配置相同；液位仪表配置较多，推荐采用分度值为1 cm或最大允许误差优于±(3～5)mm的浮力式、静压式或雷达式液位计；水流量仪表配置较多，推荐采用2.0级及以上电磁流量计；油流量仪表推荐采用1.0级及以上的容积式流量计（腰轮流量计）。

表 2-5 地下水水质站/供水站计量器具配备一览表

序号	功能单元	测量点		仪表类型	测量方式			准确度等级/最大允许误差			备注
					就地	便携	远传	就地	便携	远传	
1	进站水单元	1	总来水流量	流量仪表	√		△	2.5（管径≤250 mm）；2.0（管径＞250 mm）			
		2	储罐液位	液位仪表	♯		√	分度值1 cm		优于±(3～5)mm	
2	除铁单元	1	锰砂滤罐进水汇管压力	压力仪表	√		√	1.6		0.2	
		2	锰砂滤罐出水汇管压力	压力仪表	√		√	1.6		0.2	
		3	水射器进口压力	压力仪表	√		√	1.6		0.2	
		4	水射器出口压力	压力仪表	√		√	1.6		0.2	
		5	机泵电能	电能仪表	√		△	2.0		2.0	
3	精细过滤	1	过滤进水汇管压力	压力仪表	√		√	1.6		0.2	
		2	过滤出水汇管压力	压力仪表	√		√	1.6		0.2	
4	反冲洗单元	1	反冲洗流量	流量仪表	√		△	2.5		2.5	
		2	反冲洗水罐液位	液位仪表	♯		√	分度值1 cm		优于±(3～5)mm	
		3	机泵电能	电能仪表	√		△	2.0		2.0	
5	回收水单元	1	回收水罐（池）液位	液位仪表	♯		√	分度值1 cm		优于±(3～5)mm	
		2	回收水流量	流量仪表	√		△	2.5		2.5	
		3	机泵电能	电能仪表	√		△	2.0		2.0	
6	加药单元	1	加药罐（箱）液位	液位仪表	♯		√	分度值1 cm		优于±(3～5)mm	

续表

序号	功能单元		测量点	仪表类型	测量方式			准确度等级/最大允许误差			备注
					就地	便携	远传	就地	便携	远传	
7	外输单元	1	净化水罐液位	液位仪表	#		√	分度值1 cm		优于±(3~5)mm	
		2	外输水流量	流量仪表	#		√	2.0		2.0	
		3	外输汇管压力	压力仪表	√		√	1.6		0.2	
		4	机泵电能	电能仪表	√		△	2.0		2.0	

某测量点有可共享的测量仪表时，不宜重复配备。
压力仪表推荐：a. 就地：压力表；b. 远传：压力变送器、压力传感器。
温度仪表推荐：a. 就地：棒式玻璃温度计、双金属温度计；b. 远传：温度变送器。
液位仪表推荐：a. 就地：浮力式液位计；b. 远传：静压式液位计、雷达式液位计。
气体流量仪表推荐：孔板流量计、旋进旋涡流量计。
油流量仪表推荐：容积式流量计、速度式流量计。
水流量仪表推荐：电磁流量计、涡街流量计。
电能仪表推荐：三相电子式多功能电能表。
注：√表示应配备，△表示宜配备，#表示可选。

由表2-5可知，地下水水质站/供水站主要监测各设施管线温度、压力与液位参数，其中：温度、压力仪表配置与集输处理系统推荐配置相同；液位仪表配置较多，推荐采用分度值为1 cm或最大允许误差优于±(3~5)mm的浮力式、静压式或雷达式液位计；水流量仪表配置较多，推荐采用2.0级及以上的电磁流量计。

表2-6 注水站计量器具配备一览表

序号	功能单元		测量点	仪表类型	测量方式			准确度等级/最大允许误差			备注
					就地	便携	远传	就地	便携	远传	
1	进站水单元	1	总来水流量	流量仪表	√		△	2.5（管径≤250 mm）；2.0（管径>250 mm）			
		2	储罐液位	液位仪表	#		√	分度值1 cm		优于±(3~5)mm	

续表

序号	功能单元	测量点	仪表类型	测量方式 就地	测量方式 便携	测量方式 远传	准确度等级/最大允许误差 就地	准确度等级/最大允许误差 便携	准确度等级/最大允许误差 远传	备注
2	离心注水泵单元	1 注水泵进口流量	流量仪表	√		△	2.5		2.5	
		2 注水泵进口压力	压力仪表	√		√	1.6		0.2	
		3 注水泵出口压力	压力仪表	√		√	1.6		0.2	
		4 注水泵平衡管压力	压力仪表	√		√	1.6		0.2	
		5 注水泵出口温度	温度仪表	√		√	分度值0.1℃		0.2	
		6 机泵电能	电能仪表	√		△	2.0		2.0	
3	冷却水单元	1 注水电机冷却水进口汇管温度	温度仪表	√		√	分度值0.1℃		0.2	
		2 注水电机冷却水出口温度	温度仪表	√		√	分度值0.1℃		0.2	
		3 注水电机冷却水进口汇管压力	压力仪表	√		√	1.6		0.2	
		4 注水电机冷却水出口压力	压力仪表	√		√	1.6		0.2	
		5 注水电机冷却水流量	流量仪表	√		△	2.5		2.5	
		6 冷却水泵出口汇管压力	压力仪表	√		√	1.6		0.2	
		7 稀油站冷却水进水压力	压力仪表	√		√	1.6		0.2	
		8 稀油站冷却水出水压力	压力仪表	√		√	1.6		0.2	
		9 稀油站冷却水流量	流量仪表	√		△	2.5		2.5	
		10 机泵电能	电能仪表	√		△	2.0		2.0	

续表

序号	功能单元		测量点	仪表类型	测量方式			准确度等级/最大允许误差			备注
					就地	便携	远传	就地	便携	远传	
4	润滑单元	1	润滑油箱液位	液位仪表	♯		√	分度值1cm		优于±(3~5)mm	
		2	稀油站供回油温度	温度仪表	√		√	分度0.1℃		0.2	
		3	总油压	压力仪表	√		√	1.6		0.2	
		4	机泵电能	电能仪表	√		△	2.0		2.0	
5	柱塞注水泵单元	1	注水泵进口压力	压力仪表	√		√	1.6		0.2	
		2	注水泵出口压力	压力仪表	√		√	1.6		0.2	
		3	注水出站干管压力	压力仪表	√		√	1.6		0.2	
		4	机泵电能	电能仪表	√		△	2.0		2.0	

某测量点有可共享的测量仪表时，不宜重复配备。
压力仪表推荐：a. 就地：压力表；b. 远传：压力变送器、压力传感器。
温度仪表推荐：a. 就地：棒式玻璃温度计、双金属温度计；b. 远传：温度变送器。
液位仪表推荐：a. 就地：浮力式液位计；b. 远传：静压式液位计、雷达式液位计。
气体流量仪表推荐：孔板流量计、旋进旋涡流量计。
油流量仪表推荐：容积式流量计、速度式流量计。
水流量仪表推荐：电磁流量计、涡街流量计。
电能仪表推荐：三相电子式多功能电能表。
注：√表示应配备，△表示宜配备，♯表示可选。

由表2-6可知，注水站温度、压力仪表主要监测各设施管线温度、压力、液位与流量参数，其中：温度、压力仪表配置与集输处理系统推荐配置相同，柱塞注水泵附近就地仪表推荐具备抗震性；液位仪表配置较多，推荐采用分度值为1cm或最大允许误差优于±(3~5)mm的浮力式、静压式或雷达式液位计；水流量仪表配置较多，推荐采用2.0级及以上的电磁流量计。

2 能源管控系统建设基础条件

表2-7 曝氧站计量器具配备一览表

序号	功能单元		测量点	仪表类型	测量方式			准确度等级/最大允许误差			备注
					就地	便携	远传	就地	便携	远传	
1	进站水单元	1	总来水流量	流量仪表	√		△	2.5（管径≤250 mm）；2.0（管径＞250 mm）			
		2	储罐液位	液位仪表	♯		√	分度值1 cm		优于±(3～5)mm	
2	射流曝氧单元	1	升压水泵出口压力	压力仪表	√		√	1.6		0.2	
		2	射流器进口汇管压力	压力仪表	√		√	1.6		0.2	
		3	射流器出口压力	压力仪表	√		√	1.6		0.2	
		4	外输水泵出口汇管压力	压力仪表	√		√	1.6		0.2	
		5	外输水流量	流量仪表	√		△	2.0		2.0	
		6	机泵电能	电能仪表	√		△	2.0		2.0	

某测量点有可共享的测量仪表时，不宜重复配备。
压力仪表推荐：a. 就地：压力表；b. 远传：压力变送器、压力传感器。
温度仪表推荐：a. 就地：棒式玻璃温度计、双金属温度计；b. 远传：温度变送器。
液位仪表推荐：a. 就地：浮力式液位计；b. 远传：静压式液位计、雷达式液位计。
气体流量仪表推荐：孔板流量计、旋进旋涡流量计。
油流量仪表推荐：容积式流量计、速度式流量计。
水流量仪表推荐：电磁流量计、涡街流量计。
电能仪表推荐：三相电子式多功能电能表。
注：√表示应配备，△表示宜配备，♯表示可选。

由表2-7可知，曝氧站计量器具配置较为简单，主要监测各设施管线温度、压力、液位与流量参数，其中：温度、压力仪表配置与集输处理系统推荐配置相同，柱塞注水泵附近就地仪表推荐具备抗震性；液位仪表配置较多，推荐采用分度值为1 cm或最大允许误差优于±(3～5)mm的浮力式、静压式或雷达式液位计；水流量仪表配置较多，推荐采用2.0级及以上的电磁流量计。

表 2-8 聚合物配制站计量器具配备一览表

序号	功能单元		测量点	仪表类型	测量方式			准确度等级/最大允许误差			备注
					就地	便携	远传	就地	便携	远传	
1	进站水单元	1	总来水流量	流量仪表	√		△	2.5（管径≤250 mm）；2.0（管径＞250 mm）			
		2	储罐液位	液位仪表	#		√	分度值 1 cm		优于±(3～5)mm	
2	供水泵单元	1	供水泵入口汇管压力	压力仪表	√		√	1.6		0.2	
		2	供水泵出口压力	压力仪表	√		√	1.6		0.2	
		3	机泵电能	电能仪表	√		△	2.0		2.0	
3	分散装置单元	1	清水流量	流量仪表	√		△	2.5		2.5	
		2	出口流量	流量仪表	√		△	2.5		2.5	
		3	出口压力	压力仪表	√		√	1.6		0.2	
4	PAM熟化罐单元	1	液位	液位仪表	#		√	分度值 1 cm		优于±(3～5)mm	
5	PAM外输单元	1	泵入口压力	压力仪表	√		√	1.6		0.2	
		2	泵出口压力	压力仪表	√		√	1.6		0.2	
		3	泵出口流量	流量仪表	√		△	2.0		2.0	
		4	机泵电能	电能仪表	√		△	2.0		2.0	
		5	粗过滤器出口压力	压力仪表	√		√	1.6		0.2	
		6	精细过滤器出口压力	压力仪表	√		√	1.6		0.2	
		7	出站阀组压力	压力仪表	√		√	1.6		0.2	
		8	排污池液位	液位仪表	#		√	分度值 1 cm		优于±(3～5)mm	

某测量点有可共享的测量仪表时，不宜重复配备。
压力仪表推荐：a. 就地：压力表；b. 远传：压力变送器、压力传感器。
温度仪表推荐：a. 就地：棒式玻璃温度计、双金属温度计；b. 远传：温度变送器。
液位仪表推荐：a. 就地：浮力式液位计；b. 远传：静压式液位计、雷达式液位计。
气体流量仪表推荐：孔板流量计、旋进旋涡流量计。
油流量仪表推荐：容积式流量计、速度式流量计。
水流量仪表推荐：电磁流量计、涡街流量计。
电能仪表推荐：三相电子式多功能电能表。
注：√表示应配备，△表示宜配备，#表示可选。

由表 2-8 可知，聚合物配制站主要监测各设施管线温度、压力、液位与流量参数，其中：温度、压力仪表配置与集输处理系统推荐配置相同，柱塞注水泵附近就地仪表推荐具备抗震性；液位仪表配置较多，推荐采用分度值为 1 cm 或最大允许误差优于±(3～5)mm 的浮力式、静压式或雷达式液位计；水流量仪表配置较多，推荐采用 2.0 级及以上的电磁流量计。

表 2-9 注入站计量器具配备一览表

序号	功能单元		测量点	仪表类型	测量方式			准确度等级/最大允许误差			备注
					就地	便携	远传	就地	便携	远传	
1	进站水单元	1	总液流量	流量仪表	√		△	2.5（管径≤250 mm）；2.0（管径＞250 mm）			
		2	储罐液位	液位仪表	♯		√	分度值 1 cm		优于±(3～5)mm	
2	柱塞泵单元	1	柱塞泵进口压力	压力仪表	√		√	1.6		0.2	
		2	柱塞泵出口压力	压力仪表	√		√	1.6		0.2	
		3	机泵电能	电能仪表	√		△	2.0		2.0	
		4	出口流量	流量仪表	√		△	2.5		2.5	
3	高压来水单元	1	流量	流量仪表	√		√	2.5		2.5	
		2	管道压力	压力仪表	√		√	1.6		0.2	
4	母液阀组单元	1	单井聚合物母液流量	流量仪表	√		△	1.5		1.5	
5	混合阀组单元	1	单井注水流量	流量仪表	√		△	2.5		2.5	
		2	单井阀组出站压力	压力仪表	√		√	1.6		0.2	
6	母液回收池	1	液位	液位仪表	♯		√	分度值 1 cm		优于±(3～5)mm	

某测量点有可共享的测量仪表时，不宜重复配备。
压力仪表推荐：a. 就地：压力表；b. 远传：压力变送器、压力传感器。
温度仪表推荐：a. 就地：棒式玻璃温度计、双金属温度计；b. 远传：温度变送器。
液位仪表推荐：a. 就地：浮力式液位计；b. 远传：静压式液位计、雷达式液位计。
气体流量仪表推荐：孔板流量计、旋进旋涡流量计。
水流量仪表推荐：电磁流量计、涡街流量计。
聚合物溶液流量仪表推荐：电磁流量计。
电能仪表推荐：三相电子式多功能电能表。
注：√表示应配备，△表示宜配备，♯表示可选。

由表2-9可知，注入站计量器具配置较为简单，主要监测各设施管线温度、压力、液位与流量参数，其中：温度、压力仪表配置与集输处理系统推荐配置相同，柱塞注水泵附近就地仪表推荐具备抗震性；液位仪表配置较多，推荐采用分度值为1cm或最大允许误差优于±(3～5)mm的浮力式、静压式或雷达式液位计；聚合物溶液流量仪表推荐选用2.0级及以上的电磁流量计。

表2-10 二元调配站计量器具配备一览表

序号	功能单元		测量点	仪表类型	测量方式			准确度等级/最大允许误差			备注
					就地	便携	远传	就地	便携	远传	
1	进站水单元	1	总来水流量	流量仪表	√		△	2.5（管径≤250 mm）；2.0（管径＞250 mm）			
		2	储罐液位	液位仪表	♯		√	分度值1 cm		优于±(3～5)mm	
2	低压水单元	1	入口汇管压力	压力仪表	√		√	1.6		0.2	
		2	出口压力	压力仪表	√		√	1.6		0.2	
		3	机泵电能	电能仪表	√		△	2.0		2.0	
3	碳酸钠分散装置单元	1	清水流量	流量仪表	√		△	2.5		2.5	
		2	出口压力	压力仪表	√		√	1.6		0.2	
4	表活剂单元	1	单井聚合物母液流量	流量仪表	√		△	1.5		1.5	
5	混合阀组单元	1	表活剂储罐液位	液位仪表	♯		√	分度值1 cm		优于±(3～5)mm	
		2	稀释表活剂用水流量	流量仪表	√		△	2.5		2.5	
		3	罐内表活剂温度	温度仪表	√		√	分度值0.1℃		0.2	
		4	外输螺杆泵进口汇管压力	压力仪表	√		√	1.6		0.2	
		5	机泵电能	电能仪表	√		△	2.0		2.0	
		6	外输表活剂流量	流量仪表	√		△	2.0		2.0	
		7	低压表活剂泵进口压力	压力仪表	√		√	1.6		0.2	
		8	低压表活剂泵出口压力	压力仪表	√		√	1.6		0.2	
		9	高压表活剂泵进口压力	压力仪表	√		√	1.6		0.2	
		10	高压表活剂泵出口压力	压力仪表	√		√	1.6		0.2	

续表

序号	功能单元		测量点	仪表类型	测量方式			准确度等级/最大允许误差			备注
					就地	便携	远传	就地	便携	远传	
6	碱单元	1	高压来水流量	流量仪表	√		△	2.0		2.0	
		2	碱罐液位	液位仪表	♯		√	分度值1cm		优于±(3～5)mm	
		3	碱卸车泵进出口压力	压力仪表	√		√	1.6		0.2	
		4	碱卸车泵流量	流量仪表	√		△	2.5		2.5	
		5	高压碱泵进口压力	压力仪表	√		√	1.6		0.2	
		6	高压碱泵出口压力	压力仪表	√		√	1.6		0.2	
		7	高压碱液流量	流量仪表	√		△	2.5		2.5	
		8	机泵电能	电能仪表	√		△	2.0		2.0	
7	排污罐单元	1	液位	液位仪表	♯		√	分度值1cm		优于±(3～5)mm	

某测量点有可共享的测量仪表时，不宜重复配备。
压力仪表推荐：a. 就地：压力表；b. 远传：压力变送器、压力传感器。
温度仪表推荐：a. 就地：棒式玻璃温度计、双金属温度计；b. 远传：温度变送器。
液位仪表推荐：a. 就地：浮力式液位计；b. 远传：静压式液位计、雷达式液位计。
气体流量仪表推荐：孔板流量计、旋进旋涡流量计。
水流量仪表推荐：电磁流量计、涡街流量计。
碱液流量仪表推荐：电磁流量计。
电能仪表推荐：三相电子式多功能电能表。
注：√表示应配备，△表示宜配备，♯表示可选。

由表2-10可知，二元调配站与聚合物配制站类似，主要监测各设施管线温度、压力、液位与流量参数，其中：温度、压力仪表配置与集输处理系统推荐配置相同；液位仪表配置较多，推荐采用分度值为1cm或最大允许误差优于±(3～5)mm的浮力式、静压式或雷达式液位计；水流量仪表配置较多，推荐采用2.0级及以上的电磁流量计；碱液流量仪表推荐采用2.0级及以上的电磁流量计。同时，考虑碱液腐蚀性，仪表选用时应考虑耐腐性与专用性。

表 2-11 锅炉房计量器具配备一览表

序号	功能单元		测量点	仪表类型	测量方式			准确度等级/最大允许误差			备注
					就地	便携	远传	就地	便携	远传	
1	热水锅炉及加热炉		参考表2-3加热单元								
2	循环水系统	1	循环水泵出口汇管压力	压力仪表	√		√	1.6		0.2	
		2	水缸压力	压力仪表	√		√	1.6		0.2	
		3	分水缸温度	温度仪表	√		√	分度值0.1℃		0.2	
		4	回水缸压力	压力仪表	√		√	1.6		0.2	
		5	回水缸温度	温度仪表	√		√	分度值0.1℃		0.2	
		6	热水汇管流量	流量仪表	√		△	2.5		2.5	
		7	机泵电能	电能仪表	√		△	2.0		2.0	
3	补水系统	1	软化水流量	流量仪表	√		△	2.5		2.5	
		2	软化水装置进口水压	压力仪表	√		△	1.6		0.2	
		3	生水箱液位	液位仪表	♯		√	分度值1 cm		优于±(3~5)mm	
		4	软化水箱液位	液位仪表	♯		√	分度值1 cm		优于±(3~5)mm	
		5	机泵电能	电能仪表	√		△	2.0		2.0	
4	燃气系统	1	燃气汇管流量	流量仪表	√		△	2.0		2.0	
		2	燃气汇管压力	压力仪表	√		√	1.6		0.2	

某测量点有可共享的测量仪表时,不宜重复配备。
压力仪表推荐:a. 就地:压力表;b. 远传:压力变送器、压力传感器。
温度仪表推荐:a. 就地:棒式玻璃温度计、双金属温度计;b. 远传:温度变送器。
液位仪表推荐:a. 就地:浮力式液位计;b. 远传:静压式液位计、雷达式液位计。
气体流量仪表推荐:孔板流量计、旋进旋涡流量计。
水流量仪表推荐:电磁流量计、涡街流量计。
电能仪表推荐:三相电子式多功能电能表。
注:√表示应配备,△表示宜配备,♯表示可选。

由表 2-11 可知,锅炉房为配套系统,主要监测各设施管线温度、压力、液位参数,其中:温度、压力仪表配置与集输处理系统推荐配置相同;液位仪表配置较多,推荐采用分度值为 1 cm 或最大允许误差优于±(3~5)mm 的浮力式、静压式或雷达式液位计;水流量仪表配置较多,推荐采用 2.0 级及以上的电磁流量计;气体流量仪表推荐采用 2.0 级及以上的孔板流量计、旋进旋涡流量计,用于燃料气计量。

4. 储运系统

储运系统主要包含储运站库,用于油田原油储存与外运,是油田原油流转的最终环节。该系统所需计量器具主要用于交接计量,器具计量性能要求高于前述系统,需尽可能保障油田交接计量精准可靠。储运系统计量器具配备应符合表 2-12 [参考《用能单位能源计量器具配备和管理通则》(GB 17167—2006)、《石油石化行业能源计量器具配备和管理要求》(GB/T 20901—2007)、《能源计量器具配备规范》(Q/SY 1212—2009)、《勘探与生产业务计量器具配备规范 第 1 部分》(Q/SY 1755.1—2009)、《石油化工自动化仪表选型设计规范》(SH/T 3005—2016)、《油田油气集输设计规范》(GB 50350—2015)、《油气田及管道仪表控制系统设计规范》(SY/T 0090—2006)、《油气田及管道工程仪表控制系统设计规范》(GB/T 50892—2013)、《石油天然气交接计量站计量器具配备规范》(SY/T 5398—2017) 等标准规范制定] 的规定。

表 2-12 储运系统计量器具配备一览表

序号	功能单元		测量点	仪表类型	测量方式			准确度等级/最大允许误差			备注
					就地	便携	远传	就地	便携	远传	
1	油量计量单元	1	油品流量	流量仪表	√		√	0.2		0.2	
		2	核查流量	流量仪表	√		√	0.2		0.2	连续输送计量站可按需配置
		3	油品压力	压力仪表	√		√	0.4		0.2	
		4	过滤器前后压差	压力仪表	√		√	1.6		0.2	
		5	油品温度	温度仪表	√		√	0.2		0.2	
		6	油量计算	流量计算仪表			△	0.05		0.05	
		7	机泵电能	电能仪表	√		△	2.0		2.0	
2	品质分析单位	1	油品压力	压力仪表	√		√	0.4		0.2	
		2	油品温度	温度仪表	√		√	0.2		0.2	
		3	密度计	分析仪表	#	√		分度值 0.5 kg/m³		优于 ±0.5 kg/m³	
		4	取样回路流量	流量仪表	√		√	1.0		1.0	

续表

序号	功能单元		测量点	仪表类型	测量方式			准确度等级/最大允许误差			备注
					就地	便携	远传	就地	便携	远传	
3	检定或校准单元	1	在线检定（体积管）	流量仪表			√			重复性：0.02%	
		2	在线检定（标准表）	流量仪表			√			0.1	
		3	油品压力	压力仪表	√		√	0.4		0.2	
		4	油品温度	温度仪表	√		√	0.2		0.2	
4	立式金属罐	1	油品体积	容量仪表			√	100～700 m³：优于0.2% ＞700 m³：优于0.1%			
		2	液面高度	长度仪表	√					分度值1 mm	
		3	油品密度	分析仪表	√		√	±0.5 kg/m³		±0.5 kg/m³	
		4	水分分析	分析仪表	√			分度值0.05 mL			
		5	含水测量	质量仪表	√			最小称量值0.01 g			
		6	油品温度	温度仪表	√		√	0.2		0.2	
5	铁路罐车	1	油品体积	容量仪表	√			优于0.4%			
		2	测水尺	长度仪表	√			分度值1 mm			
6	轨道衡	1	油品质量	质量仪表	√			静态：Ⅲ级；动态：0.5级			
7	配套单元	1	燃料气量	流量仪表	√		√	2.0		2.0	
		2	燃料油量	流量仪表	√		√	1.5		1.5	
		3	交流三相有功电能	电能仪表	√		△	2.0		2.0	
		4	新鲜水量	流量仪表	√		√	2.5		2.5	

某测量点有可共享的测量仪表时，不宜重复配备。
压力仪表推荐：a. 就地：压力表；b. 远传：压力变送器、压力传感器。
温度仪表推荐：a. 就地：棒式玻璃温度计、双金属温度计；b. 远传：温度变送器。
液位仪表推荐：a. 就地：浮力式液位计；b. 远传：静压式液位计、雷达式液位计。
油流量仪表推荐：容积式流量计、速度式流量计。
气体流量仪表推荐：孔板流量计、旋进旋涡流量计。
水流量仪表推荐：电磁流量计、涡街流量计。
质量仪表推荐：天平。
密度计推荐：a. 就地：浮子式；b. 远传：在线密度计。
注：√表示应配备，△表示宜配备，♯表示可选。

由表 2—12 可知，为维护交接计量公平公正，保障自身合法权益，储运系统计量器具计量承担贸易交接计量功能，对计量性能要求较高，主要监测流量参数，其中：就地压力仪表须配置 0.4 级及以上的精密压力表，远传压力仪表须配置 0.2 级及以上的压力变送器，建议配置 0.1 级及以上的压力变送器；就地温度仪表须配置 0.2 级及以上的棒式玻璃温度计或双金属温度计，远传温度仪表须配置 0.2 级及以上的温度变送器，建议配置 0.1 级及以上的温度变送器；油流量仪表须采用 0.2 级的容积式流量计、速度式流量计；密度、含水率等分析仪表，对应计量性能要求为最大允许误差优于 ± 0.5 kg/m^3 与最小称量值为 0.01 g，推荐采用在线密度计与在线含水分析仪。

此外，根据交接方式不同，还应配备如下计量器具：

管输交接，应配置重复性优于 0.02% 的体积管或测量不确定度优于 0.1% 的标准表，用于检定、校准。若有需要，还应配置最大允许误差优于 ± 0.025% 的二等标准金属量器（组）。

大罐交接或大罐核查，应配置立式金属罐：容积小于 700 m^3 的金属罐，测量不确定度应优于 0.2%；容积大于 700 m^3 的金属罐，测量不确定度应优于 0.1%；应配置分度值为 1 mm 的量油尺。

铁路罐车交接，应配置测量不确定度优于 0.4% 的金属罐与分度值为 1 mm 的量油尺。

轨道衡交接，若静态交接，则应配置Ⅲ级轨道衡；动态交接，则应配置 0.5 级及以上的轨道衡。

2.1.5 气田计量器具技术现状

天然气生产和供应企业（也称为气田）主要负责天然气的勘探开发、输配以及区域天然气的销售。计量器具涉及天然气开发、净化、输送和销售等各环节的压力、温度、液位、流量计量，不包括天然气勘探开发过程中使用未纳入国家依法管理计量器具目录的石油专用计量器具。

2.1.5.1 气田计量概况

在日常的生产和销售过程中，需要对天然气的压力、温度、液位、流量等参数进行测量及控制，以便有效指导气田的开发和生产。计量工作是一项贯穿从气田勘探开发到储运销售的基础性工作。

从井口的油套压、温度到用户的调压和流量控制，从天然气净化的脱硫、脱水到出厂检验，各类计量器具是天然气工业生产流程上的"眼睛"和"耳朵",因此计量工作是确保气田安全、平稳运行的基础保障,是控制和检验天然气质量的重要手段,是实现天然气贸易交接依法合规、准确可靠的技术保障。

对天然气生产过程中不同参数的测量,由于计量单位(如欧美压力单位采用 bar、psi,我国法定计量单位采用国际单位制 Pa)、测量误差、计量方法、测试环境等因素的影响,结果不尽一致。因此,气田生产计量需要针对不同生产工况合理配备适应的计量仪表,实现计量单位的统一和数据的准确可靠。

2.1.5.2 气田常规计量器具现状

目前,气田常用的测量仪表主要为机械式和电动式两种,测量方式为人工测量和自动测量相结合,测量结果的准确度根据测量对象的重要程度和需求来确定,以实现气田各生产环节的有效监控。

1. 压力测量仪表

气田常用压力测量仪表主要用于测量天然气生产过程中气体或液体介质的压力,按照工作原理可分为弹性元件式、负荷式和电测式。弹性元件式压力计是根据弹性元件受力变形的原理,将被测压力转换为弹性元件的弹性变形位移来实现测量的,如工业生产中最常用的弹簧管式压力表。负荷式压力计是基于流体静力学平衡原理和帕斯卡定律进行压力测量的,其准确度高,被普遍用作标准仪器对压力检测仪表进行校准或检定,如活塞式压力计。电测式压力计是利用敏感元件将被测压力转换成各种电量(如电阻、电感、电容、电位差),该方法具有较好的动态响应,量程范围大,线性好,便于进行压力的自动控制,如压力传感器、压力变送器等。目前,现场压力测量使用最多的是弹簧管式压力表和电测式压力(差压)变送器。

一般压力表型号规格多为 Y-150,准确度等级为 1.6 级,其结构简单,经济适用,方便巡检操作人员现场读数,如图 2-16 所示。缺点:一是本身准确度较低,适用于观察压力的变化趋势;二是由于内部测量元件属于机械结构,易产生疲劳或滞后现象,需半年 1 次进行周期检定,维护工作量较大;三是不具备远传功能。

图 2-16 弹簧管式压力表

常用压力（差压）变送器准确度等级为 0.050~0.075 级，现场一般使用 0.2 级，气田现场一般通过检定或校准到 0.2 级使用，可就地显示，也可通过 4~20 mA 电流信号接入站控系统，实现远传，如图 2-17 所示。压力（差压）变送器是目前使用最多的自动化压力测量仪表，国产差压变送器的稳定性较差。

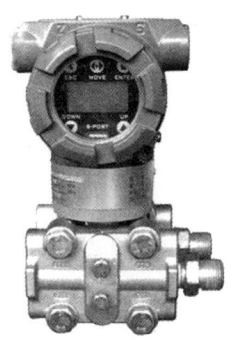

图 2-17 压力（差压）变送器

2. 温度测量仪表

天然气生产常用的测温仪表，如棒式玻璃温度计、双金属温度计、热电偶温度计和铂电阻温度计，均是接触式温度计。接触式温度计具有结构简单、可靠，测量准确度高、便宜等优点。但因测温元件与被测介质之间需要一定时间进行充分的热交换才能达到热平衡，所以接触式温度计存在测温延迟现象。同时受耐高温和耐低温材料的限制，接触式温度计不能应用于极端温度的测量。上述温度计中，棒式玻璃温度计、双金属温度计属于就地显示类仪表，热电偶温度计和铂电阻温度计（见图 2-18）配套温度变送器，可以实现就地和远传功能。

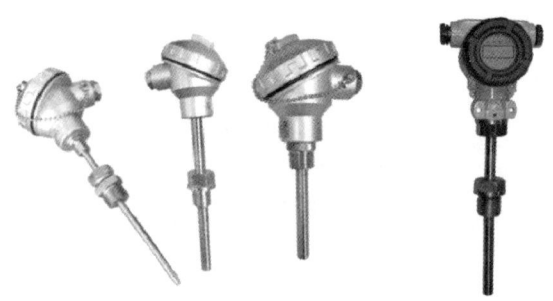

图 2—18　铂电阻温度计和一体化温度变送器

根据测量介质的温度差异，单井、集输配气场站的常温段温度测量一般采用棒式玻璃温度计、双金属温度计和铂电阻温度计。天然气净化装置的高温段一般采用工业廉金属热电偶温度计。铂电阻温度计测量范围为$-20℃\sim100℃$，准确度等级有 AA 级、A 级和 B 级三种，现场多采用 A 级和 B 级，A 级最大允许误差为$\pm0.35℃$，B 级最大允许误差为$\pm0.8℃$。工业热电偶温度计测量范围为$200℃\sim1100℃$，准确度等级有Ⅰ级、Ⅱ级两种，现场多使用Ⅱ级热电偶，其最大允许误差可达到$\pm8.25℃$。

3. 液位测量仪表

天然气生产现场常见的液位测量仪表主要有直读式、浮力式、静压式、声波式和光学式，其工作原理如下：

直读式液位测量仪表是利用连通器原理，通过与被测容器连通的玻璃管或玻璃板来直接显示容器中的液位高度，如玻璃管液位计、玻璃板液位计（含不锈钢玻璃板液位计）等。

浮力式液位测量仪表是依据力平衡原理，利用浮子一类悬浮物的位置随液面的变化而变化来反映液位高度，如浮球式液位计、磁翻板液位计、浮筒式液位计。

静压式液位测量仪表的工作原理是容器内的液位改变时由液柱产生的静压也相应变化，可分为压力式液位测量仪表和差压式液位测量仪表。

声波式液位测量仪表是利用超声波在气体、液体或固体中的传播速度及在不同相界面之间的反射特性来测量物位的，如雷达式液位计。

光学式液位测量仪表是利用液位对光波的遮断和反射原理来进行测量的，如激光液位计。

上述液位测量仪表中除直读式只能就地显示外，其余均能实现就地和远传功能。目前现场最常用的液位测量仪表有磁翻板液位计、双法兰液位计、雷达式液位计、浮筒式液位计和不锈钢玻璃板液位计。

1）磁翻板液位计

磁翻板液位计是目前使用最广泛的液位测量仪表，具有适用范围广、读数直观、体积小、拆卸安装方便、清洗频率低、可靠性高等优点，可通过外置干簧管变送器实现液位的远传，如图 2-19 所示。

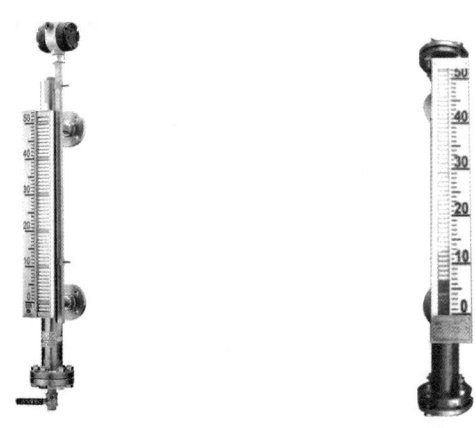

图 2-19　磁翻板液位计

磁翻板液位计的磁性浮子随着液位的变化在浮筒内上、下移动，通过磁性带动指示器上的磁片指示液位的变化，因此不适用于脏污、黏度较高的液体介质，原因是沉积物附着于浮筒内壁会阻碍磁性浮子的移动，使液位测量值失真。

2）双法兰液位计

双法兰液位计是利用液体介质的压力差进行液位测量的仪表，介质不直接与测量仪表接触，而是通过引压毛细管内的隔离介质进行压力传递，因此可以测量有毒、有害的液体介质的液位，通常运用于含硫气井的气液分离气、闪蒸罐等，如图 2-20 所示。

图 2-20　双法兰液位计

由于隔离液的介质密度与被测液体的密度不同，液位计的迁移量程需要计算，因此当被测介质的温度变化较大时，双法兰液位计的测量误差较大。双法兰液位计也不适用于距离过长的液位测量，过长的毛细管会加大压力的传输误差，并且在环境温度变化较大时这种误差更为明显。

3）雷达式液位计

雷达式液位计是基于时间行程原理的测量仪表，通过液面对雷达波的反射来测量液位的变化，因此不需要考虑介质的密度、温度等参数，具有设置简单、使用范围广等优点，如图2-21所示。

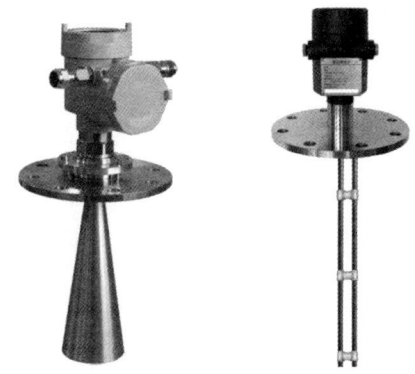

图2-21　雷达式液位计

雷达式液位计的缺点是液位测量的量程范围小，气井开采过程中带出的井底积液介质较脏污，且常含有起泡剂，导致测量误差较大。

4）浮筒式液位计

浮筒式液位计利用浮筒在被测液体介质中受到的浮力大小来测量液位，因此需要考虑介质的密度、温度等参数。

浮筒式液位计主要在需要保持液位的场所使用，如吸收塔液位控制。浮筒式液位计在测量范围的中段准确度较高，在低限或高限误差较大。

5）不锈钢玻璃板液位计

该系列的液位计大多用在压力高、腐蚀性强、温度较高的设备上，安全系数较高。缺点：一是液位计自身比较笨重，安装和拆卸困难；二是由于介质含杂质、油污、气田水、钻井液等，玻璃板易脏污，需定期拆卸清洗，日常维护工作量较大。

4. 天然气流量测量仪表

天然气流量测量仪表的测量对象是管道内的动态可压缩气体，其流体的流动状态、压力、温度以及气质组分和清洁程度均会影响测量的准确度。目前，适用于天然气生产的流量测量仪表按工作原理可分为差压式流量计（标准孔板流量计、文丘里流量计）、容积式流量计（罗茨流量计、膜式燃气表）、速度式流量计（涡轮流量计、旋进旋涡流量计、超声波流量计）和质量流量计（科里奥利质量流量计）等。

目前，生产现场使用的流量计最常用的有标准孔板流量计、超声波流量计、涡轮流量计、罗茨流量计和旋进旋涡流量计。

1）标准孔板流量计

标准孔板流量计是使用最广泛的天然气流量测量仪表之一，无可动部件，结构牢固，性能稳定可靠，测量重复性好，使用寿命长，有大量研究数据支撑，无须实流校准，经几何检定后可直接使用，准确度等级为1.0级（实流校准可更高），测量管内径在50～1000 mm之间，气田常用规格为DN50～DN400；由于一次原件可随时清洗检查，对于恶劣气质条件的适应能力较其他流量计强，因此既可用于贸易交接计量，也可用于含固液杂质的原料气计量，如图2-22所示。缺点：一是不更换孔板的情况下量程比为4∶1，相对较低；二是存在一定的压力损失；三是DN300以上的大口径孔板的清洗检查，现场提取孔板的操作比较困难。

图2-22 标准孔板流量计

2）超声波流量计

超声波流量计是通过测量高频声脉冲传播时间得出气体流量的速度式流量计，常用规格为DN50～DN500，重复性较高，流量和管径越大，准确度越高，大口径最佳准确度等级为0.5级，量程比宽，常用量程比可达50∶1，可实现双向计量；目前主要运用于大宗贸易交接，如图2-23所示。缺点：一是对流体流态要求较高；二是对电磁干扰和噪声干扰比较敏感，严重时无法正常工作；三是需定期进行实流检定。

图 2-23　超声波流量计

3）涡轮流量计

在气流作用下，涡轮流量计的叶轮受力旋转，其转速与气体体积流量成函数关系，常用规格为 DN25～DN200，准确度等级为 1.0～1.5 级，测量范围较宽，大口径量程比可达 40∶1，小口径量程比可达 5∶1；可就地显示，不需要外接供电，如图 2-24 所示。缺点：一是对被测介质清洁度要求高，需安装过滤器；二是受气流分布畸变、旋转流和脉动流的影响较大；三是气体物性（如密度）变化对仪表计量特性，特别是小口径时影响较大；四是难以长期保持校准特性，需要定期校准。

图 2-24　涡轮流量计

4）罗茨流量计

罗茨流量计一般用于城镇燃气中的低压计量，常用准确度等级为 1.0 级，起步流量低，灵敏度高，量程比可达 150∶1，对流态的要求低；可就地显示，不需要外接供电，如图 2-25 所示。缺点：一是对被测介质清洁度要求高，需安装过滤器或定期清洗检查；二是流量计存在转子卡死堵塞管道，无法供气的风险；三是不适用于高低温和高压场合；四是流量计运行时会产生噪声、震动及旋转流、脉动流的流态畸变。

图 2-25　罗茨流量计

5）旋进旋涡流量计

旋进旋涡流量计常用规格为 DN20~DN100，准确度等级为 1.0~2.0 级，量程比可达 20:1，无可动部件，耐用性较好，可适应较为恶劣的测量环境；可就地显示，不需要外接供电，如图 2-26 所示。缺点：一是测量的重复性、稳定性一般；二是起步流量较大，易造成小流量漏失计量；三是脉动流和外界震动对计量性能影响较大，抗干扰能力较差。

图 2-26　旋进旋涡流量计

6）科里奥利质量流量计

CNG 加气枪普遍使用科里奥利质量流量计，可直接测量质量流量，测量准确度较高。受流体的黏度、密度、压力等因素的影响小，对流体流速分布不敏感，可双向计量，如图 2-27 所示。缺点：一是不适用于低密度、低压气体测量；二是零点不稳定，易形成零点漂移；三是对外界震动干扰较为敏感，安装固定要求高。

图 2-27 科里奥利质量流量计

2.1.5.3 气田常用计量器具的量值溯源

为了确保现场使用计量器具的准确、可靠,按照国家计量法律法规要求,结合气田生产实际情况,应定期对在用计量器具开展量值溯源。

1. 压力类测量仪表量值溯源

现场使用的压力类测量仪表需定期进行量值溯源,其使用的标准器具、检定依据和周期如下:

1) 一般压力表

通常使用弹簧管式精密压力表(0.4级及以上)或数字压力表(0.1级及以上)作为主标准器,配套压力泵进行量传,也可使用0.05级活塞式压力计或0.05级及以上数字压力计进行量传。检定依据《弹性元件式一般压力表、压力真空表和真空表》(JJG 52—2013),检定周期一般不超过6个月。

2) 精密压力表

使用0.05级及以上活塞式压力计或0.05级及以上数字压力计作为标准器。检定依据《弹性元件式精密压力表和真空表》(JJG 49—2013),检定周期一般不超过6个月。

3) 压力变送器

使用0.05级及以上活塞式压力计或0.05级及以上数字压力计或过程校验仪作为标准器。检定依据《压力变送器》(JJG 882—2019),检定周期不超过1年。

2. 温度类测量仪表量值溯源

现场使用的温度类测量仪表需定期进行量值溯源,其使用的标准器具、检定依据和周期如下:

1)工作用玻璃液体温度计

使用标准水银温度计或二等标准铂电阻温度计作为标准器,配套电测设备。检定依据《工作用玻璃液体温度计》(JJG 130—2011),检定周期不超过1年。

2)双金属温度计

使用标准水银温度计或二等标准铂电阻温度计作为标准器,配套电测设备。检定依据《双金属温度计》(JJG 226—2001),检定周期不超过1年。

3)工业热电阻温度计

常采用二等标准铂电阻温度计作为主标准器,也可采用二等标准水银温度计,配套使用电测仪表(数字多用表或电桥)以及恒温槽等组合在一起作为成套标准装置。检定依据《工业铂、铜热电阻》(JJG 229—2010),检定周期不超过1年。

4)廉金属热电偶

使用标准铂铑10-铂热电偶(一等或二等)或二等标准铂电阻温度计作为主标准器,配套使用电测仪表(数字多用表或电桥)以及恒温槽等组合在一起作为成套标准装置。检定依据《廉金属热电偶校准规范》(JJF 1637—2017),使用单位可根据实际情况自主决定复核时间间隔,为确保热电偶能在规定的技术性能下使用,建议检定时间间隔不超过半年。

5)温度变送器

使用智能过程校验仪或标准电阻器以及配套的绝缘电阻测试仪、热电偶用补偿导线组合在一起作为成套标准装置。检定依据《温度变送器校准规范》(JJF 1183—2017),建议检定周期一般不超过1年。

3. 液位类测量仪表量值溯源

现场使用的液位类测量仪表需定期进行量值溯源,其使用的标准器具、检定依据和周期如下:

1)压力式液位计

通常使用活塞式压力计作为主标准器,配套过程校验仪进行量传,也可使用数字压力校验仪作为主标准器,配套压力泵进行量传。检定依据《液位计》(JJG 971—2019)和《压力变送器》(JJG 882—2019),检定周期不超过1年。

2）浮力式液位计、反射式液位计

通常使用实标法液位计检定装置或模拟法液位计检定装置作为主标准器，配套游标卡尺、激光测长仪进行量传。检定依据《液位计》(JJG 971—2019)，检定周期不超过1年。

4. 流量类测量仪表量值溯源

现场使用的流量类测量仪表需定期进行量值溯源，其使用的标准器具、检定依据和周期如下：

1）标准孔板流量计

通常可采用几何检定来确定其性能，使用的标准器为万能工具显微镜、表面粗糙度比较样块、刀口尺、游标卡尺、量块外径千分尺、内径百分表、塞尺、平板、角度规等。检定依据《差压式流量计》(JJG 640—2016)，检定周期一般不超过2年。流量计其他配套的差压、压力、温度仪表和积算仪执行相应的检定规程。

2）超声波流量计

0.4 MPa以下的超声波流量计可在常压下检定，一般可选用临界流喷嘴气体流量标准装置、钟罩式气体流量标准装置、标准表法标准装置作为标准器；0.4 MPa及以上的超声波流量计需进行实流检定。检定依据《超声波流量计》(JJG 1030—2007)，检定周期一般不超过2年。

3）罗茨流量计

常用临界流喷嘴气体流量标准装置、钟罩式气体流量标准装置、标准表法标准装置作为标准器。检定依据《气体容积式流量计》(JJG 633—2018)，准确度等级为0.2级和0.5级的检定周期为2年，其余等级的检定周期为3年。

4）涡轮流量计

常用临界流喷嘴气体流量标准装置、钟罩式气体流量标准装置、标准表法标准装置作为标准器。检定依据《涡轮流量计》(JJG 1037—2008)，检定周期一般为2年，准确度等级不低于0.5级的检定周期为1年。

5）旋进旋涡流量计

常用临界流喷嘴气体流量标准装置、钟罩式气体流量标准装置、标准表法标准装置作为标准器。检定依据《旋进旋涡流量计》(JJG 1121—2015)，检定周期一般不超过2年。

6）科里奥利质量流量计

一般选用质量法标准装置作为标准器，也可选用容积法标准装置或标准表法标准装置作为标准器。检定依据《科里奥利质量流量计》（JJG 1038—2008），准确度等级优于 0.5 级的检定周期一般不超过 1 年，0.5 级及以下的不超过 2 年。

2.1.6 气田计量器具配备要求

天然气和非常规天然气（页岩气、致密砂岩气）计量器具的配备，应满足开采、净化、轻烃处理、输送和销售等生产过程中各类参数测量的需求。

2.1.6.1 总则

气田计量器具的配备总原则应满足健康、安全、环保管理的要求，以及能源分类、分项、分级计量的要求。

天然气站场计量器具选型应遵循安全可靠、经济合理、技术先进的原则，同一生产站场，计量器具选型宜统一。

这里提出了对计量器具数量及准确度等级的最低要求。当质量、安全控制有特殊要求时，可适当提高计量器具准确度等级要求。

当天然气介质中的 H_2S 含量大于 20 mg/m^3 时，应选用耐硫计量器具。气中 H_2S 体积含量大于 5％的天然气，应按照《天然气地面设施抗硫化物应力开裂和应力腐蚀开裂金属材料技术规范》（SY/T 0599—2018）选用抗硫材质的计量器具。

用于爆炸和火灾危险场所的电气仪表，应符合《爆炸性环境设备通用要求》（GB 3836.1～20）。当环境温度超过计量器具正常使用范围时，应对计量器具整体或关键部件进行绝热或伴热，或采取其他防护措施。

计量器具的配备应满足《勘探与生产业务计量器具配备规范 第 2 部分：天然气》（Q/SY 1755.2—2014）的要求，用于贸易计量的天然气计量器具，应符合《天然气计量系统技术要求》（GB/T 18603—2014）和《用于天然气贸易计量的流量计选型指南》（Q/SY 196—2007）。油气田主要用能设备的计量器具配备应按照《用能单位能源计量器具配备和管理通则》（GB 17167—2006）的要求执行。

这里适用于股份公司油气生产业务新建及改扩建项目。

2.1.6.2 指导意见

气田开采涉及的采气站、集输气站、增压站、气田水回注站、天然气脱水站、天然气净化厂和轻烃处理站均需根据各自功能单元的需求，配备相应的计量器具。

1. 采气站

采气站包括井口、保温、分离、计量、出站、自耗气、缓蚀剂加注、气田水转运、防冻剂加注等功能单元。

井口单元：主要用来进行开关井操作，在生产时调节压力和产量，并确保压井、测试、打捞、注液等作业的顺利实施。涉及压力、温度、液位的测量。

保温单元：为了防治水合物的形成，堵塞管路和设备，通过水套炉加热来控制天然气的温度。涉及压力、温度、液位、流量的测量。

分离单元：对天然气中含有的凝析油、水、泥沙等杂质进行预处理。涉及温度、压力、温度和液位的测量。

计量单元：对井口产出的天然气流量进行计量。涉及流量的测量。

出站单元：包括出站阀组和清管装置。涉及压力、温度的测量。

自耗气单元：对井站生产和生活使用的天然气进行调压和计量，使用井口含硫气的应先进行脱硫。涉及压力、流量的测量。

缓蚀剂加注单元：加注缓蚀剂，防治金属设备和管道的腐蚀和磨蚀。涉及压力、液位的测量。

气田水转运单元：对天然气生产过程中产生的气田水进行临时储存和转输。涉及压力的测量。

防冻剂加注单元：加注防冻剂，防治水合物的形成。涉及压力、液位的测量。

采气站计量器具配备应符合表2-13的规定。

表2-13 采气站计量器具配备一览表

序号	功能单元		测量点	仪表类型	测量方式			准确度等级			备注
					就地	便携	远传	就地	便携	远传	
1	井口单元	1	油管气流	压力仪表	√	#	√	1.6	0.05	0.25	
		2	油套环空气流	压力仪表	√	#	√	1.6	0.05	0.25	
		3	技术套管与油层套管之间的气流	压力仪表	√			1.6			有技术套管时配备
		4	表层套管与技术套管之间的气流	压力仪表	√			1.6			有表层套管时配备
		5	井口节流前	压力仪表	√		√	1.6		0.25	有节流时配备
		6	井口节流前	温度仪表	√		√	分度值0.1℃		0.5	

续表

序号	功能单元	测量点	仪表类型	测量方式 就地	测量方式 便携	测量方式 远传	准确度等级 就地	准确度等级 便携	准确度等级 远传	备注
1	井口单元	7 井口节流后	压力仪表	√			1.6			
		8 井口节流后	温度仪表	√		√	分度值 0.1℃		0.5	
		9 泡排注剂装置出泵口	压力仪表	√			1.6			泡排气井配备
		10 泡排药剂罐液位	液位仪表	√		△	分度值 1 cm		1.0	
		11 泡排投棒装置药棒筒	压力仪表	√			1.6			
		12 缓蚀剂加注装置	压力仪表	√			1.6			含硫气井配备
		13 井安系统氮气瓶过滤减压器	压力仪表	√			1.6			有井安系统时配备
2	保温单元	1 进水套加热炉加热前气流	压力仪表	√		√	1.6		0.25	有水套加热炉时配备
		2 进水套加热炉加热前气流	温度仪表	√		√	分度值 0.1℃		0.5	
		3 进水套加热炉加热后气流	压力仪表	√		√	1.6		0.25	
		4 进水套加热炉加热后气流	温度仪表	√		√	分度值 0.1℃		0.5	
		5 水套加热炉水	温度仪表	√		△	分度值 0.1℃		0.5	
		6 水套加热炉水	液位仪表	√			分度值 1 cm			
		7 水套加热炉燃料气	压力仪表	√		△	1.6		0.25	
		8 水套加热炉燃料气	流量仪表	√		△	1.5		1.5	
3	分离单元	1 分离器前	压力仪表	√			1.6			有分离器时配备
		2 分离器前	温度仪表	#		#	分度值 0.1℃		0.5	
		3 分离器	压力仪表	√		√	1.6		0.25	
		4 分离器	液位仪表	√		△	分度值 1 cm		1.0	
4	计量单元	1 井口天然气气量	流量仪表	#		√	1.5		1.5	标准参比条件流量
5	出站单元	1 天然气出站球筒	压力仪表	√		#	1.6		0.25	有收发球筒时配备
		2 天然气出站	压力仪表	√		△	1.6		0.25	
		3 天然气出站气流	温度仪表	△		#	分度值 0.1℃		0.5	

续表

序号	功能单元		测量点	仪表类型	测量方式			准确度等级			备注
					就地	便携	远传	就地	便携	远传	
6	自耗气单元（脱硫）	1	脱硫塔上部	压力仪表	√		△	1.6		0.25	有自耗气脱硫装置时配备
		2	脱硫塔中部	温度仪表	√			分度值 0.1℃			
		3	脱硫塔下部	温度仪表	√			分度值 0.1℃			
		4	出脱硫塔过滤器前	压力仪表	√		△	1.6		0.25	
7	自耗气单元（调压计量）	1	调压前	压力仪表	√			1.6			有自耗气时配备
		2		温度仪表	#			分度值 0.1℃			
		3	调压后	压力仪表	√			1.6			
		4		温度仪表	#			分度值 0.1℃			
		5	自耗天然气气量	流量仪表	√		#	1.5		1.5	
8	缓蚀剂加注单元	1	缓蚀剂罐	液位仪表	√			分度值 1 cm			有缓蚀剂注入时配备
				压力仪表	√			1.6			
8	气田水转运单元	1	闪蒸罐	压力仪表	√			1.6			有气田水转运时配备
		2	污水转运泵后	压力仪表	√			1.6			
		3	污水出站	压力仪表	√			1.6			
9	防冻剂加注单元	1	防冻剂罐	液位仪表	√			分度值 1 cm			有防冻剂注入时配备
		2	防冻剂注入泵后	压力仪表	√			1.6			

某测量点有可共享的测量仪表时，不宜重复配备。
压力仪表推荐：a. 就地：压力表；b. 远传：压力变送器、压力传感器。
温度仪表推荐：a. 就地：棒式玻璃温度计、双金属温度计；b. 远传：温度变送器。
液位仪表推荐：a. 就地：浮力式液位计；b. 远传：静压式液位计、雷达式液位计。
流量仪表推荐：所有用于天然气测量的流量仪表应包括流量计及其配套仪表，能获得标准参比条件下的流量或气量。
注：√表示应配备，△表示宜配备，#表示可选。

对采气站测量仪表的补充说明：

压力测量：就地显示压力仪表推荐选用1.6级及以上的精密压力表，远传压力仪表推荐选用0.25级及以上的压力变送器或传感器。

温度测量：就地显示温度仪表推荐选用分度值为0.1℃的棒式玻璃温度计

或双金属温度计，远传温度仪表推荐选用0.5级及以上的温度变送器。

液位测量：就地显示液位仪表推荐选用分度值为1 cm的浮力式液位计，远传液位仪表推荐选用1.0级静压式或雷达式液位计。

流量测量：推荐选用1.5级差压或速度式流量计。

2. 集输气站

集输气站负责收集气井生产的天然气，主要包括进站、分离（过滤或闪蒸）、调压计量、污水转输、出站、自耗气等功能单元。

进站单元：主要包括进站阀组和清管器的收发装置。涉及压力、温度的测量。

分离（过滤或闪蒸）单元：对天然气中含有的凝析油、水、泥沙等杂质进行预处理。涉及压力、液位的测量。

调压计量单元：对天然气压力进行调节，对流量和组分进行测量。涉及压力、温度、流量和组分的测量。

污水转输单元：对天然气生产过程中产生的气田水进行临时储存和转输。涉及压力、液位的测量。

出站单元：包括出站阀组和清管装置。涉及压力、温度的测量。

自耗气单元：对井站生产和生活使用的天然气进行调压和计量。涉及压力、温度的测量。

集输气站计量器具配备应符合表2-14的规定。

表2-14 集输气站计量器具配备一览表

序号	功能单元	测量点	仪表类型	测量方式			准确度等级/最大允许误差			备注
				就地	便携	远传	就地	便携	远传	
1	进站单元	1 进站管线气流	压力仪表	√		√	1.6		0.25	
		2 进站管线气流	温度仪表	#		#	分度值0.1℃		0.5	
		3 收球筒	压力仪表	√			1.6			有收球筒时配备
		4 汇管	压力仪表	√		#	1.6		0.25	有汇管时配备

续表

序号	功能单元		测量点	仪表类型	测量方式			准确度等级/最大允许误差			备注
					就地	便携	远传	就地	便携	远传	
2	分离（过滤）单元	1	进分离器前	压力仪表	√			1.6			有分离（过滤）器时配备
		2	分离器	压力仪表	√		√	1.6		0.25	
		3		液位仪表	√			分度值1 cm			
		4	出分离器后	压力仪表	√			1.6			
		5	分离过滤系统进出口差压测量	差压仪表	#		#	1.6		0.25	
3	分离（闪蒸）单元	1	闪蒸分液罐	压力仪表	√		√	1.6		0.25	有闪蒸分液罐时配备
		2		液位仪表	√		√	分度值1 cm		1.0	
		3	闪蒸分液罐放空管线	压力仪表	√			1.6			
6	调压计量单元	1	流量计量	流量仪表	#			1.5		1.5	根据输气规模按GB/T 18603、Q/SY 196的要求配置
		2	天然气组分测量	气相色谱分析仪			△			定量重复性优于±2%	
		3	天然气H$_2$S含量测量	H$_2$S分析仪			△			±2%f.s.	
		4	天然气水露点测量调压阀前	水露点分析仪			△			±1℃	有调压阀时配备
		5		压力仪表	√			1.6			
		6	调压阀后	温度仪表	#		#	分度值0.1℃		0.5	
		7		压力仪表	√			1.6			
5	污水转输单元	1	污水罐	液位仪表	√		√	分度值1 cm		1.0	防爆
		2		压力仪表	√			1.6			

2 能源管控系统建设基础条件

续表

序号	功能单元	测量点		仪表类型	测量方式			准确度等级/最大允许误差			备注
					就地	便携	远传	就地	便携	远传	
6	出站单元	1	出站管线气流	温度仪表	#		#	分度值0.1℃		0.5	
		2		压力仪表	√		√	1.6		0.25	
		3	发球筒	温度仪表	#		#	分度值0.1℃		0.5	有发球筒时配备；有清管系统时配备
		4		压力仪表	√			1.6			
		5	球筒压力测量	压力仪表	√			1.6			
7	自耗气单元	1	球筒进/出口压力测量	压力仪表	√		√	1.6		0.25	有自耗气时配备
		2	调压前	压力仪表	√		#	1.6		0.25	
		3		温度仪表	#		#	1.5		0.5	
		4	调压后	压力仪表	√		#	1.6		0.25	
		5		温度仪表	#		#	1.5		0.5	

某测量点有可共享的测量仪表时，不宜重复配备。
压力仪表推荐：a. 就地：压力表；b. 远传：压力变送器、压力传感器。
温度仪表推荐：a. 就地：棒式玻璃温度计、双金属温度计；b. 远传：温度变送器。
液位仪表推荐：a. 就地：浮力式液位计；b. 远传：静压式液位计、雷达式液位计。
流量仪表推荐：所有用于天然气测量的流量仪表应包括流量计及其配套仪表，能获得标准参比条件下的流量或气量。
注：√表示应配备，△表示宜配备，#表示可选。

对集输气站测量仪表的补充说明：

压力测量：就地显示压力仪表推荐选用1.6级及以上的精密压力表，远传压力仪表推荐选用0.25级及以上的压力变送器或传感器。

温度测量：就地显示温度仪表推荐选用分度值为0.1℃的棒式玻璃温度计或双金属温度计，远传温度仪表推荐选用0.5级及以上的温度变送器。

液位测量：就地显示液位仪表推荐选用分度值为1 cm的浮力式液位计，远传液位仪表推荐选用1.0级静压式或雷达式液位计。

流量测量：推荐选用1.5级差压或速度式流量计。

天然气组分和硫化氢测量：推荐选用重复性优于±2%的在线分析仪。

3. 增压站

天然气增压站工艺区主要包括增压站进出、计量、自耗气、污水处理等功能单元。

增压站进出单元：主要包括来气单元和输出单元。涉及压力、温度、流量的测量。

计量单元：对进入机组的天然气流量进行测量。涉及流量的测量。

自耗气单元：对井站生产和生活使用的天然气进行调压和计量。涉及压力、温度、流量的测量。

污水处理单元：对生产过程中产生的气田水进行临时储存和转输。涉及压力、液位的测量。

增压站计量器具配备应符合表2-15的规定。

表2-15 增压站计量器具配备一览表

序号	功能单元		测量点	仪表类型	测量方式			准确度等级			备注
					就地	便携	远传	就地	便携	远传	
1	来气单元	1	增压站进口干线	压力仪表	√		√	1.6		0.25	
		2		温度仪表	√		√	分度值0.1℃		0.5	
		3		流量仪表	♯		√	1.5		1.5	有多条干线时配备
2	计量单元	1	机组增压气量	流量仪表	♯		√	1.5		1.5	
3	自耗气单元	1	调压阀前	压力仪表	√			1.6			有调压阀时配备
		2		温度仪表	♯		♯	分度值0.1℃		0.5	
		3	调压阀后	压力仪表	√			1.6			
		4		温度仪表	♯		♯	分度值0.1℃		0.5	
		5	机组自耗气量	流量仪表	√		♯	1.5		1.5	
4	污水处理单元	1	污水收集罐	压力仪表	√			1.6			有污水罐时配备
		2		液位仪表	√			分度值1 cm		1.0	
5	输出单元	1	增压站出口干线	压力仪表	√		√	1.6		0.25	
		2		温度仪表	√		√	分度值0.1℃		0.5	
		3		流量仪表	♯		√	1.5		1.5	有分配计量时配备

本配备一览表中不包含增压机机组本身配备的计量器具。
压力仪表推荐：a. 就地：压力表；b. 远传：压力变送器、压力传感器。
温度仪表推荐：a. 就地：棒式玻璃温度计、双金属温度计；b. 远传：温度变送器。
液位仪表推荐：a. 就地：浮力式液位计；b. 远传：静压式液位计、雷达式液位计。
流量仪表推荐：所有用于天然气测量的流量仪表应包括流量计及其配套仪表，能获得标准参比条件下的流量或气量。
注：√表示应配备，△表示宜配备，♯表示可选。

对增压站测量仪表的补充说明：

压力测量：就地显示压力仪表推荐选用1.6级及以上的精密压力表，远传压力仪表推荐选用0.5级及以上的压力变送器或传感器。

温度测量：就地显示温度仪表推荐选用分度值为0.1℃的棒式玻璃温度计或双金属温度计，远传温度仪表推荐选用0.5级及以上的温度变送器。

液位测量：就地显示液位仪表推荐选用分度值为1cm的浮力式液位计，远传液位仪表推荐选用1.0级静压式或雷达式液位计。

流量测量：推荐选用1.5级差压或速度式流量计。

4. 气田水回注站

气田水回注站由气田水存储、药剂加注、一次处理、二次处理和气田水回注等功能单元组成。

气田水存储单元：对转运来的气田水进行存储和计量。涉及压力和流量的测量。

药剂加注单元：加入化学药剂，使气田水处理后达到回注水质标准。涉及流量和pH值的测量。

一次处理单元：对气田水进行一次过滤处理。涉及压力和液位的测量。

二次处理单元：对气田水进行二次过滤处理。涉及流量、压力和液位的测量。

气田水回注单元：将达到回注水质标准的气田水注入回注井。涉及流量、压力的测量。

气田水回注站计量器具配备应符合表2-16的规定。

表2-16 气田水回注站计量器具配备一览表

序号	功能单元		测量点	仪表类型	测量方式			准确度等级			备注
					就地	便携	远传	就地	便携	远传	
1	气田水存储单元	1	测量气田水处理存储量	流量仪表	√		#	1.5		1.5	
		2		压力仪表	√		#	1.6		0.25	使用密封容器时配备
2	药剂加注单元	1	絮凝剂加注量	流量仪表	√			1.0			
		2	阻凝剂加注量	流量仪表	√			1.0			
		3	阻垢剂加注量	流量仪表	√			1.0			
		4	气田水pH值检测	分析测量仪表	√			0.05			

续表

序号	功能单元	测量点		仪表类型	测量方式			准确度等级			备注
					就地	便携	远传	就地	便携	远传	
3	一次处理单元	1	储水罐1液位	液位仪表	√		√	分度值1 cm		1.0	
		2	压滤后差压	差压仪表	√		♯	1.6		0.25	
		3	压滤器前压力	压力仪表	√		♯	1.6		0.25	
		4	压滤器后压力	压力仪表	√		♯	1.6		0.25	
4	二次处理单元	1	测量气田水过滤处理量	流量仪表	√			1.5			
		2	储水罐2液位	液位仪表	√		√	分度值1 cm		1.0	
		3	储水罐3液位	液位仪表	√		√	分度值1 cm		1.0	
		4	精滤后压差	压力仪表	√		♯	1.6		0.25	
		5	精滤器前压力	压力仪表	√		♯	1.6		0.25	
		6	精滤器后压力	压力仪表	√		♯	1.6		0.25	
5	气田水回注单元	1	测量气田水回注量	流量仪表	√			1.5			
		2	水质浊度检测	分析测量仪表	√			2.0			
		3	回注井油压	压力仪表	√		♯	1.6		0.25	
		4	回注井套压	压力仪表	√		♯	1.6		0.25	
		5	回注泵压力	压力仪表	√		♯	1.6		0.25	
		6	转输泵压力	压力仪表	√		♯	1.6		0.25	

对影响健康、安全或环境的关键参数应设置报警功能。
压力仪表推荐：a. 就地：压力表；b. 远传：压力变送器、压力传感器。
温度仪表推荐：a. 就地：棒式玻璃温度计、双金属温度计；b. 远传：温度变送器。
液位仪表推荐：a. 就地：浮力式液位计；b. 远传：静压式液位计、雷达式液位计。
流量仪表推荐：所有用于天然气测量的流量仪表应包括流量计及其配套仪表，能获得标准参比条件下的流量或气量。
注：√表示应配备，△表示宜配备，♯表示可选。

对气田水回注站测量仪表的补充说明：

压力测量：就地显示压力仪表推荐选用1.6级及以上的精密压力表，远传压力仪表推荐选用0.5级及以上的压力变送器或传感器。

液位测量：就地显示液位仪表推荐选用分度值为1 cm的浮力式液位计，远传液位仪表推荐选用1.0级静压式或雷达式液位计。

流量测量：推荐选用1.5级电磁流量计。

5. 天然气脱水站

目前，天然气脱水站按照脱水工艺主要分为三甘醇脱水和分子筛脱水两类。

1) 三甘醇脱水装置

三甘醇脱水装置由天然气进出站、燃料气、仪表风、甘醇循环4个功能单元组成。

天然气进出站单元：主要包括进出站阀组，过滤分离和吸收塔。涉及压力、温度、流量和液位的测量。

燃料气单元：对重沸器和灼烧炉的燃料气进行调压和计量。涉及压力和流量的测量。

仪表风单元：提供仪表风。涉及压力的测量。

甘醇循环单元：使吸收了天然气中水分的甘醇在塔内自上向下流动，然后进入重沸器加热再生，不断循环，保持脱水装置连续运行。涉及压力、温度、液位和流量的测量。

三甘醇脱水装置计量器具配备应符合表2-17的规定。

表2-17 三甘醇脱水装置计量器具配备一览表

序号	功能单元	测量点	仪表类型	测量方式			准确度等级			备注
				就地	便携	远传	就地	便携	远传	
1	天然气进出站单元	1	进站管线气流	压力仪表	√		√	1.6		0.25	
		2		温度仪表	√		√	分度值 0.1℃		0.5	
		3	过滤分离器前	压力仪表	√			1.6			
		4	过滤分离器	压力仪表	√			1.6			
		5	过滤分离器差压	差压仪表			√			0.25	
		6	过滤分离器	液位仪表	√			分度值 1 cm			
		7	测量吸收塔差压	压力仪表			√			0.25	
		8	吸收塔	液位仪表	√		√	分度值 1 cm		1.0	
		9	出吸收塔干气压力	压力仪表	√			1.6			
		10	干气气量	流量仪表			√			1.5	
		11	干气出站	压力仪表	√			1.6			
		12		温度仪表			√			0.5	

续表

序号	功能单元	测量点	仪表类型	测量方式			准确度等级			备注
				就地	便携	远传	就地	便携	远传	
2	燃料气单元	1	燃料气进站	压力仪表	√			1.6			
		2	燃料气一级调压阀后	压力仪表	√		√	1.6		0.25	
		3	重沸器燃料气	压力仪表	√			1.6			
		4	重沸器燃料气	流量仪表	√			1.5			
		5	汽提气	压力仪表	√			1.6			
		6	汽提气	流量仪表	√			1.5			
		7	灼烧炉燃料气	压力仪表	√		√	1.6		0.25	
		8	灼烧炉燃料气	流量仪表	√			1.5			
3	仪表风单元	1	空压机储气罐	压力仪表	√			1.6			
		2	仪表风罐出口	压力仪表	√		√	1.6		0.25	
4	甘醇循环单元	1	闪蒸罐	压力仪表	√		√	1.6		0.25	
		2	闪蒸罐	液位仪表	√		√	分度值1 cm		1.0	
		3	闪蒸罐闪蒸汽出口	压力仪表			√			0.25	
		4	活性炭过滤器	压力仪表	√			1.6			
		5	活性炭过滤器差压	差压仪表			√			0.25	
		6	机械过滤器差压	压力仪表			√			0.25	
		7	精馏柱换热盘管入口	温度仪表			√			0.5	
		8	精馏柱换热盘管出口	温度仪表			√			0.5	
		9	精馏柱顶	温度仪表			√			0.5	
		10	重沸器	温度仪表			√			0.5	
		11	重沸器	液位仪表	√		√	分度值1 cm		1.0	
		12	缓冲罐	液位仪表	√		√	分度值1 cm		1.0	
		13	缓冲罐	温度仪表	√		√	分度值0.1℃		0.5	
		14	缓冲罐出口	温度仪表	√		√	分度值0.1℃		0.5	
		15	甘醇泵入口	温度仪表	√		√	分度值0.1℃		0.5	
		16	甘醇泵出口	压力仪表	√			1.6			

续表

序号	功能单元	测量点		仪表类型	测量方式			准确度等级			备注
					就地	便携	远传	就地	便携	远传	
4	甘醇循环单元	17	减震缓冲罐	压力仪表	√			1.6			
		18		液位仪表	√			分度值1 cm			
		19	贫甘醇入吸收塔	流量仪表	√			1.5			
		20		温度仪表			√			0.5	
		21	灼烧炉	温度仪表			√			0.5	

对影响健康、安全或环境的关键参数应设置报警功能。
压力仪表推荐：a. 就地：压力表；b. 远传：压力变送器、压力传感器。
温度仪表推荐：a. 就地：棒式玻璃温度计、双金属温度计；b. 远传：温度变送器。
液位仪表推荐：a. 就地：浮力式液位计；b. 远传：静压式液位计、雷达式液位计。
流量仪表推荐：所有用于天然气测量的流量仪表应包括流量计及其配套仪表，能获得标准参比条件下的流量或气量。
注：√表示应配备，△表示宜配备，♯表示可选。

对三甘醇脱水装置测量仪表的补充说明：

压力测量：就地显示压力仪表推荐选用1.6级及以上的精密压力表，远传压力仪表推荐选用0.5级及以上的压力变送器或传感器。

温度测量：就地显示温度仪表推荐选用分度值为0.1℃的棒式玻璃温度计或双金属温度计，远传温度仪表推荐选用0.5级及以上的温度变送器。

液位测量：就地显示液位仪表推荐选用分度值为1 cm的浮力式液位计，远传液位仪表推荐选用1.0级静压式或雷达式液位计。

流量测量：推荐选用1.5级差压或速度式流量计。

2）分子筛脱水装置

分子筛脱水装置主要包括吸附、再生、仪表风和燃料气4个功能单元。

吸附单元：湿天然气进入吸附塔后，天然气中的水分子被塔内的分子筛吸附。涉及压力、温度、液位、流量和水露点的测量。

再生单元：加热分子筛，清除水蒸气，冷却后使分子筛恢复吸附水的功能。涉及温度、压力、温度和液位的测量。

仪表风单元：提供仪表风。涉及压力的测量。

燃料气单元：对直燃炉的燃料气进行计量。涉及温度、压力和流量的测量。

分子筛脱水装置计量器具配备应符合表2-18的规定。

表 2-18 分子筛脱水装置计量器具配备一览表

序号	功能单元		测量点	仪表类型	测量方式			准确度等级			备注
					就地	便携	远传	就地	便携	远传	
1	吸附单元	1	湿气原料气	压力仪表	√			1.6			
		2		温度仪表	#		√	分度值0.1℃			
		3	吸附塔进塔管线气流	压力仪表	√		√	1.6		0.25	
		4		温度仪表	#		√	分度值0.1℃		0.5	
		5	过滤分离器	液位仪表	√		√	分度值1cm		1.0	
		6		压力仪表	√			1.6			
		7	去直燃炉流量	流量仪表			√			1.5	
		8	吸附塔出塔管线气流	压力仪表	√		√	1.6		0.25	
		9		温度仪表			√			0.5	
		10	干气计量	压力仪表	√		√	1.6		0.25	
		11		流量仪表	#		√	1.5		1.5	
		12		露点测量仪表	√			1.5		1.5	
2	再生单元	1	再生塔进塔管线气流	压力仪表	√		√	1.6		0.25	
		2		温度仪表	#		√	分度值0.1℃		0.5	
		3	再生分离器	液位仪表	√		√	分度值1cm		1.0	
		4	再生冷却器出口气流	温度仪表			√			0.5	
3	仪表风单元	1	仪表风罐	压力仪表	√		√	1.6		0.25	
4	燃料气单元	1	直燃炉进气	温度仪表			√			0.5	
		2	直燃炉出气	温度仪表			√			0.5	
		3	直燃炉炉室	温度仪表			√			0.5	
		4	直燃炉炉身	温度仪表			√			0.5	
		5	直燃炉燃料气	压力仪表	√		√	1.6		0.25	
		6	直燃炉燃料气	流量仪表	#		√	1.5		1.5	

某测量点有可共享的测量仪表时,不宜重复配备。
压力仪表推荐:a. 就地:压力表;b. 远传:压力变送器、压力传感器。
温度仪表推荐:a. 就地:棒式玻璃温度计、双金属温度计;b. 远传:温度变送器。
液位仪表推荐:a. 就地:浮力式液位计;b. 远传:静压式液位计、雷达式液位计。
流量仪表推荐:所有用于天然气测量的流量仪表应包括流量计及其配套仪表,能获得标准参比条件下的流量或气量。
注:√表示应配备,△表示宜配备,#表示可选。

对分子筛脱水装置测量仪表的补充说明：

压力测量：就地显示压力仪表推荐选用1.6级及以上的精密压力表，远传压力仪表推荐选用0.5级及以上的压力变送器或传感器。

温度测量：就地显示温度仪表推荐选用分度值为0.1℃的棒式玻璃温度计或双金属温度计，远传温度仪表推荐选用0.5级及以上的温度变送器。

液位测量：就地显示液位仪表推荐选用分度值为1 cm的浮力式液位计，远传液位仪表推荐选用1.0级静压式或雷达式液位计。

流量测量：推荐选用1.5级差压或速度式流量计。

6. 天然气净化厂

天然气净化厂包括过滤分离、脱硫脱碳、脱水、硫黄回收、尾气处理、硫黄成型、火炬及放空系统、污水处理、循环冷却水系统、蒸汽及凝结水系统、燃料气系统、空气氮气系统、消防等功能单元。天然气净化厂计量器具配备应符合表2-19～表2-29的规定。

过滤分离单元：采用重力分离和过滤分离等方法去除原料天然气中夹带的化学药剂、游离水、固体杂质等物质。涉及压力、温度和液位的测量。

表2-19 天然气净化厂过滤分离单元计量器具配备一览表

序号	功能单元		测量点	仪表类型	测量方式			准确度等级			备注
					就地	便携	远传	就地	便携	远传	
1	过滤分离单元	1	进站界区阀前原料气管线	压力仪表	√			1.6			
		2		温度仪表	√			分度值 0.1℃			
		3	进站联锁阀前原料气管线	压力仪表	√		√	1.6		0.2	用于控制
		4		压力仪表			√			0.2	用于联锁
		5		温度仪表	√			分度值 0.1℃			
		6	原料气重力分离器	压力仪表	√			1.6			
		7		液位仪表	√		√	分度值 1 cm		0.2	
		8	原料气过滤分离器	压力仪表	√			1.6			
		9		差压仪表			√			0.2	
		10	吸收塔原料气进气管线	流量仪表			√			1.5	
		11	污液罐	压力仪表	√			1.6			
		12		液位仪表	√			分度值 1 cm			

续表

某测量点有可共享的测量仪表时，不宜重复配备。 压力仪表推荐：a. 就地：压力表；b. 远传：压力变送器、压力传感器。 温度仪表推荐：a. 就地：棒式玻璃温度计、双金属温度计；b. 远传：温度变送器。 液位仪表推荐：a. 就地：浮力式液位计；b. 远传：静压式液位计、雷达式液位计。 流量仪表推荐：所有用于天然气测量的流量仪表应包括流量计及其配套仪表，能获得标准参比条件下的流量或气量。 注：√表示应配备，△表示宜配备，♯表示可选。

对过滤分离单元测量仪表的补充说明：

压力测量：就地显示压力仪表推荐选用 1.6 级及以上的精密压力表，远传压力仪表推荐选用 0.5 级及以上的压力变送器或传感器，差压仪表推荐选用 0.2 级及以上的差压变送器或传感器。

温度测量：就地显示温度仪表推荐选用分度值为 0.1℃ 的棒式玻璃温度计或双金属温度计。

液位测量：就地显示液位仪表推荐选用分度值为 1cm 的浮力式液位计，远传液位仪表推荐选用 0.2 级静压式或雷达式液位计。

流量测量：推荐选用 1.5 级差压或速度式流量计。

脱硫脱碳单元：通过气液吸收等方法除去天然气中的含硫化合物和部分二氧化碳。涉及压力、温度、液位和流量的测量。

表 2—20 天然气净化厂脱硫脱碳单元计量器具配备一览表

序号	功能单元	测量点	仪表类型	测量方式			准确度等级/最大允许误差			备注
				就地	便携	远传	就地	便携	远传	
2	脱硫单元	脱硫吸收塔	压力仪表	√			1.6			
			差压仪表			√			0.2	
			液位仪表	√			0.25			
			液位仪表			√			0.25	用于控制
			液位仪表			√			0.25	用于联锁
		脱硫吸收塔湿净化气出口管线	温度仪表			√			0.2	
		湿净化气分离器	压力仪表	√			1.6			
			液位仪表	√		√	0.25		0.25	

续表

序号	功能单元	测量点	仪表类型	测量方式			准确度等级/最大允许误差			备注
				就地	便携	远传	就地	便携	远传	
2	脱硫单元	9	湿净化气分离器净化气出口管线	压力仪表			√			0.2	用于控制
		10		压力仪表			√			0.2	用于联锁
		11		H₂S在线分析仪			√			±2%	
		12	入脱硫吸收塔贫液管线	流量仪表			√			1.5	用于控制
		13		流量仪表			√			1.5	用于联锁
		14	脱硫吸收塔底部富液出口管线	温度仪表			√			0.2	
		15	MDEA闪蒸塔	压力仪表	√			1.6			
		16		液位仪表	√		√	0.25		0.25	
		17	MDEA闪蒸塔精馏柱	差压仪表			√			0.2	
		18	闪蒸塔顶部出口闪蒸气管线	压力仪表			√			0.2	
		19		流量仪表			√			1.5	
		20	进MDEA闪蒸塔贫液管线	压力仪表	√			1.6			
		21		流量仪表			√			1.5	
		22	MDEA预过滤器富液进口管线	压力仪表	√			1.6			
		23	MDEA预过滤器	差压仪表			√			0.2	
		24	MDEA预过滤器富液出口管线	压力仪表	√			1.6			
		25	MDEA活性炭过滤器富液进口管线	压力仪表	√			1.6			
		26	MDEA活性炭过滤器	差压仪表			√			0.2	
		27	MDEA活性炭过滤器富液出口管线	压力仪表	√			1.6			
		28	MDEA后过滤器富液进口管线	压力仪表	√			1.6			
		29	MDEA后过滤器	差压仪表			√			0.2	

续表

序号	功能单元	测量点	仪表类型	测量方式 就地	测量方式 便携	测量方式 远传	准确度等级/最大允许误差 就地	准确度等级/最大允许误差 便携	准确度等级/最大允许误差 远传	备注
2	脱硫单元	30	MDEA 后过滤器富液出口管线	压力仪表	√			1.6			
		31	MDEA 贫富液交换器富液进口总管线	温度仪表			√			0.2	
		32	MDEA 贫富液交换器富液进口管线管道过滤器前	压力仪表	√			1.6			
		33	MDEA 贫富液交换器富液进口管线管道过滤器后	压力仪表	√			1.6			
		34	MDEA 贫富液交换器富液出口管线	压力仪表	√			1.6			
		35	MDEA 贫富液交换器富液出口总管线	温度仪表			√			0.2	
		36	MDEA 再生塔	压力仪表	√			1.6			
		37		差压仪表			√			0.2	
		38		液位仪表	√		√	0.25		0.25	
		39	MDEA 再生塔底部贫液出口管线	温度仪表			√			0.2	
		40	MDEA 贫富液交换器贫液进口管线管道过滤器前	压力仪表	√			1.6			
		41	MDEA 贫富液交换器贫液进口管线管道过滤器后	压力仪表	√			1.6			
		42	MDEA 贫富液交换器贫液出口管线	压力仪表	√			1.6			
		43	MDEA 贫富液交换器贫液出口总管线	温度仪表			√			0.2	

续表

序号	功能单元		测量点	仪表类型	测量方式			准确度等级/最大允许误差			备注
					就地	便携	远传	就地	便携	远传	
2	脱硫单元	44	MDEA贫液后冷器贫液进口管线	温度仪表			√			0.2	
		45	MDEA贫液后冷器循环水进口管线	温度仪表	√			分度值0.1℃		0.2	
		46	MDEA贫液后冷器贫液出口管线	温度仪表			√			0.2	
		47	MDEA贫液后冷器循环水出口管线	温度仪表	√		√	分度值0.1℃		0.2	
		48	MDEA溶液循环泵入口管道过滤器进口	压力仪表	√			1.6			
		49	MDEA溶液循环泵出口	压力仪表	√			1.6			
		50	MDEA贫液总管线	压力仪表			√			0.2	
		51	MDEA再生塔顶部酸气出口管线	温度仪表			√			0.2	用于控制
		52		温度仪表			√			0.2	用于监视
		53	酸气空冷器酸气出口管线	温度仪表			√			0.2	
		54	酸气后冷器酸气出口管线	温度仪表			√			0.2	
		55	酸气后冷器循环水出口管线	温度仪表	√			分度值0.1℃			
		56	酸气分离器	压力仪表	√		√	1.6		0.2	
		57		液位仪表	√		√	0.25		0.25	
		58	出酸气分离器到酸气放空调节的酸气管线上	流量仪表			√			1.5	
		59	酸水回流泵出口	压力仪表	√			1.6			
		60	酸水回流泵出口管线	流量仪表			√			1.5	
		61	MDEA再生塔重沸器半贫液进口管线	温度仪表			√			0.2	

续表

序号	功能单元	测量点		仪表类型	测量方式			准确度等级/最大允许误差			备注
					就地	便携	远传	就地	便携	远传	
2	脱硫单元	62	MDEA 再生塔重沸器贫液出口管线	温度仪表			√			0.2	
		63	MDEA 再生塔重沸器蒸汽进口管线	压力仪表	√		√	1.6		0.2	
		64		流量仪表			√			1.5	
		65	凝结水分离器	压力仪表	√			1.6			
		66		液位仪表	√		√	0.25		0.25	
		67	凝结水分离器出口管线	压力仪表	√			1.6			
		68	MDEA 储罐	液位仪表	√			0.25			
		69	MDEA 储罐氮气保护自力式调压阀前氮气管线	压力仪表	√			1.6			
		70	MDEA 储罐氮气保护自力式调压阀后氮气管线	压力仪表	√			1.6			
		71	MDEA 低位罐	液位仪表	√		♯	0.25		0.25	
		72	MDEA 溶液补充泵出口	压力仪表	√			1.6			
		73	工厂风系统至MDEA 低位池管线	压力仪表	√			1.6			

某测量点有可共享的测量仪表时，不宜重复配备。
压力仪表推荐：a. 就地：压力表；b. 远传：压力变送器、压力传感器。
温度仪表推荐：a. 就地：棒式玻璃温度计、双金属温度计；b. 远传：温度变送器。
液位仪表推荐：a. 就地：浮力式液位计；b. 远传：静压式液位计、雷达式液位计。
流量仪表推荐：所有用于天然气测量的流量仪表应包括流量计及其配套仪表，能获得标准参比条件下的流量或气量。
注：√表示应配备，△表示宜配备，♯表示可选。

对脱硫脱碳单元测量仪表的补充说明：

压力测量：就地显示压力仪表推荐选用1.6级及以上的精密压力表，远传压力仪表推荐选用0.5级及以上的压力变送器或传感器，差压仪表推荐选用0.2级及以上的差压变送器或传感器。

温度测量：就地显示温度仪表推荐选用分度值为0.1℃的棒式玻璃温度计或双金属温度计，远传温度仪表推荐选用0.2级及以上的温度变送器。

液位测量：就地显示和远传液位仪表推荐选用 0.25 级静压式或雷达式液位计。

流量测量：推荐选用 1.5 级差压或速度式流量计。

硫化氢测量：推荐选用重复性优于±2%的 H_2S 在线分析仪。

脱水单元：通过甘醇、分子筛等方法脱除天然气中的水分。涉及压力、温度、液位和流量的测量。

表 2-21 天然气净化厂脱水单元计量器具配备一览表

序号	功能单元	序号	测量点	仪表类型	测量方式 就地	测量方式 便携	测量方式 远传	准确度等级 就地	准确度等级 便携	准确度等级 远传	备注
3	脱水单元	1	TEG 预过滤器	差压仪表			√			0.2	
		2	TEG 预过滤器富液出口管线	压力仪表	√			1.6			
		3	TEG 活性炭过滤器富液入口管线	压力仪表	√			1.6			
		4	TEG 活性炭过滤器	差压仪表			√			0.2	
		5	TEG 活性炭过滤器富液出口管线	压力仪表	√			1.6			
		6	TEG 后过滤器富液入口管线	压力仪表	√			1.6			
		7	TEG 后过滤器	差压仪表			√			0.2	
		8	TEG 后过滤器富液出口管线	压力仪表	√			1.6			
		9	TEG 贫富液换热器富液入口管道过滤器前	压力仪表	√			1.6			
		10	TEG 贫富液换热器富液入口管道过滤器后	压力仪表	√			1.6			
		11	TEG 贫富液换热器富液入口管线	温度仪表			√			0.2	
		12	TEG 贫富液换热器富液出口管线	温度仪表			√			0.2	
		13	TEG 再生器	温度仪表	√			分度值 0.1℃			
				温度仪表			√			0.2	用于控制
				温度仪表			√			0.2	用于控制
		14		液位仪表	√		√	0.25		0.25	

续表

序号	功能单元		测量点	仪表类型	测量方式			准确度等级			备注
					就地	便携	远传	就地	便携	远传	
3	脱水单元	15	TEG 缓冲罐	液位仪表	√		√	0.25		0.25	
		16	TEG 贫富液换热器贫液入口管线	压力仪表	√			1.6			
		17		温度仪表			√			0.2	
		18	TEG 贫富液换热器贫液出口管线	压力仪表	√			1.6			
		19		温度仪表			√			0.2	
		20	TEG 循环泵出口管线	压力仪表	√			1.6			
		21	TEG 套管换热器贫液进口管线	温度仪表	√			分度值 0.1℃			
		22	TEG 套管换热器循环水进口管线	压力仪表	√			1.6			
		23		温度仪表	√			1.5			
		24	TEG 套管换热器循环水出口管线	温度仪表			√			0.2	
		25	精馏柱换热盘管富液进口管线	温度仪表			√			0.2	
		26	精馏柱换热盘管富液出口管线	温度仪表			√			0.2	
		27	进 TEG 再生器汽提气管线	压力仪表	√			1.6			
		28		流量仪表			√			1.5	
		29	进 TEG 再生器加热燃料气管线	压力仪表	√		√	1.6		0.2	
		30		流量仪表			√			1.5	
		31	精馏柱顶部	温度仪表			√			0.2	
		32	TEG 重沸器/再生器排气烟囱	温度仪表			√			0.2	
		33	TEG 再生气分液罐	液位仪表	√			0.25			
		34	进 TEG 再生气焚烧炉燃料气管线	压力仪表	√			1.6			系统燃料气压力
		35		流量仪表			√			1.5	
				压力仪表	√			1.6			点火燃料气压力

续表

序号	功能单元	测量点		仪表类型	测量方式			准确度等级			备注
					就地	便携	远传	就地	便携	远传	
3	脱水单元	36	再生气焚烧炉	压力仪表	√			1.6			
		37		温度仪表			√			0.2	炉膛温度
				温度仪表			√			0.2	烟道温度
		38	TEG 储罐	液位仪表	√			0.25			
		39	TEG 储罐氮气保护自力式调压阀前氮气管线	压力仪表	√			1.6			
		40	TEG 储罐氮气保护自力式调压阀后氮气管线	压力仪表	√			1.6			
		41	TEG 低位罐	液位仪表	√		♯	0.25		0.25	
		42	TEG 溶液补充泵出口管线	压力仪表	√			1.6			

某测量点有可共享的测量仪表时,不宜重复配备。
压力仪表推荐:a. 就地:压力表;b. 远传:压力变送器、压力传感器。
温度仪表推荐:a. 就地:棒式玻璃温度计、双金属温度计;b. 远传:温度变送器。
液位仪表推荐:a. 就地:浮子式液位计;b. 远传:静压式液位计、雷达式液位计。
流量仪表推荐:所有用于天然气测量的流量仪表应包括流量计及其配套仪表,能获得标准参比条件下的流量或气量。
注:√表示应配备,△表示宜配备,♯表示可选。

对脱水单元测量仪表的补充说明:

压力测量:就地显示压力仪表推荐选用 1.6 级及以上的精密压力表,远传压力仪表推荐选用 0.5 级及以上的压力变送器或传感器,差压仪表推荐选用 0.2 级及以上的差压变送器或传感器。

温度测量:就地显示温度仪表推荐选用分度值为 0.1℃的棒式玻璃温度计或双金属温度计,远传温度仪表推荐选用 0.2 级及以上的温度变送器。

液位测量:就地显示和远传液位仪表均推荐选用 0.25 级静压式或雷达式液位计。

流量测量:推荐选用 1.5 级差压或速度式流量计。

硫黄回收单元:对脱硫、尾气处理和酸水汽提单元产生的酸气进行处理,回收硫黄。涉及压力、温度、液位和流量的测量。

表 2−22 天然气净化厂硫黄回收单元计量器具配备一览表

序号	功能单元	测量点		仪表类型	测量方式			准确度等级/最大允许误差			备注
					就地	便携	远传	就地	便携	远传	
4	硫黄回收单元	1	酸气分液罐	压力仪表	√			1.6			
		2		液位仪表	√		√	0.25		0.25	
		3	酸水压送罐	液位仪表	√			0.25			
		4	进主燃烧炉主路酸气管线	压力仪表	√		√	1.6		0.2	
		5		温度仪表	√		√	分度值 0.1℃		0.2	
		6		流量仪表			√			1.5	用于控制
		7		流量仪表			√			1.5	用于联锁
		8	进一级再热炉支路酸气管线	流量仪表			√			1.5	
		9	主风机空气进口管线	压力仪表	√			1.6			
		10		流量仪表			√			1.5	
		11	主风机出口	压力仪表	√			1.6			
		12	主风机出口阀后管线	压力仪表	√		√	1.6		0.2	
		13	主风机出口空气汇管	压力仪表			√			0.2	
		14	空气总管线	压力仪表			√			0.2	
		15		温度仪表			√			0.2	
		16	主路空气管线	流量仪表			√			1.5	用于控制
		17		流量仪表			√			1.5	用于联锁
		18	支路空气管线	流量仪表			√			1.5	用于控制
		19		流量仪表			√			1.5	用于联锁
		20	进主燃烧器燃料气管线	流量仪表			√			1.5	
		21	进主燃烧器空气管线	压力仪表			√			0.2	
		22	主燃烧炉	压力仪表	√			1.6			
		23		差压仪表			√			0.2	
		24		温度仪表			√			0.2	热电偶
		25		温度仪表			√			0.2	辐射温度计
		26	进主燃烧器吹扫氮气管线	流量仪表			√			1.5	用于控制
		27		流量仪表			√			1.5	用于联锁
		28	进主燃烧器降温蒸汽管线	流量仪表			√			1.5	

续表

序号	功能单元		测量点	仪表类型	测量方式			准确度等级/最大允许误差			备注
					就地	便携	远传	就地	便携	远传	
4	硫黄回收单元	29	主燃烧器火检通道氮气吹扫管线	流量仪表	√			1.5			每个火检通道设置1个吹扫流量计
		30	主燃烧室高温辐射计检测通道氮气吹扫管线	流量仪表	√			1.5			
		31	主燃烧器点火枪氮气吹扫管线	流量仪表	√			1.5			
		32	主燃烧器火焰探窗空气吹扫管线	流量仪表	√			1.5			每个探窗通道设置1个吹扫流量计
		33	废热锅炉	压力仪表	√			1.6			
		34		液位仪表	√			0.25			冗余配置
		35		液位仪表			√			0.25	用于联锁
		36		液位仪表			√			0.25	用于控制
		37	废热锅炉给水管线	温度仪表	√			分度值0.1℃			
		38	出废热锅炉低压蒸气管线	压力仪表			√			0.2	
		39		流量仪表			√			1.5	
		40	出废热锅炉过程气管线	温度仪表			√			0.2	
		41	进一级再热炉燃烧器空气管线	流量仪表			√			1.5	
		42	进一级再热炉燃烧器燃料气管线	流量仪表			√			1.5	
		43	一级再热炉	压力仪表	√			1.6			
		44		差压仪表	√			1.6			
		45	一级再热炉燃烧器火检氮气吹扫管线	流量仪表	√			1.5			
		46	一级再热炉点火枪氮气吹扫管线	流量仪表	√			1.5			
		47	一级再热炉燃烧器火焰探窗空气吹扫管线	流量仪表	√			1.5			

续表

序号	功能单元		测量点	仪表类型	测量方式			准确度等级/最大允许误差			备注
					就地	便携	远传	就地	便携	远传	
4	硫黄回收单元	48	进一级反应器过程气管线	温度仪表			√			0.2	
		49	一级反应器上床层	温度仪表			√			0.2	
		50	一级反应器中床层	温度仪表			√			0.2	
		51	一级反应器下床层	温度仪表			√			0.2	
		52	进一级硫冷凝器过程气管线	温度仪表			√			0.2	
		53	一、二级硫冷凝器	压力仪表	√			1.6			
		54		液位仪表	√		√	0.25		0.25	
		55	出一级硫冷凝器过程气管线	温度仪表			√			0.2	
		56	进二级再热炉燃烧器空气管线	流量仪表			√			1.5	
		57	进二级再热炉燃烧器燃料气管线	流量仪表			√			1.5	
		58	二级再热炉	压力仪表	√			1.6			
		59		差压仪表	√			1.6			
		60	二级再热炉燃烧器火检氮气吹扫管线	流量仪表	√			1.5			
		61	二级再热炉燃烧器点火枪氮气吹扫管线	流量仪表	√			1.5			
		62	二级再热炉燃烧器火焰探窗空气吹扫管线	流量仪表	√			1.5			
		63	进二级反应器过程气管线	温度仪表			√			0.2	
		64	二级反应器上床层	温度仪表			√			0.2	
		65	二级反应器中床层	温度仪表			√			0.2	

续表

序号	功能单元	测量点		仪表类型	测量方式			准确度等级/最大允许误差			备注
					就地	便携	远传	就地	便携	远传	
4	硫黄回收单元	66	二级反应器下床层	温度仪表			√			0.2	
		67	进二级硫冷凝器过程气管线	温度仪表			√			0.2	
		68	出二级硫冷凝器过程气管线	温度仪表			√			0.2	
		69	进三级再热炉燃烧器空气管线	流量仪表			√			0.6	
		70	进三级再热炉燃烧器燃料气管线	流量仪表			√			1.5	
		71	三级再热炉	压力仪表	√			1.6			
		72		差压仪表	√			1.6			
		73	三级再热炉燃烧器火检氮气吹扫管线	流量仪表	√			1.5			
		74	三级再热炉燃烧器点火枪氮气吹扫管线	流量仪表	√			1.5			
		75	三级再热炉燃烧器火焰探窗空气吹扫管线	流量仪表	√			1.5			
		76	进三级反应器过程气管线	温度仪表			√			0.2	
		77	三级反应器上床层	温度仪表			√			0.2	
		78	三级反应器中床层	温度仪表			√			0.2	
		79	三级反应器下床层	温度仪表			√			0.2	
		80	出三级反应器过程气管线	温度仪表			√			0.2	
		81	出三级反应器过程气管线超克过程气硫化氢、二氧化硫含量	过程气在线分析仪			√			H_2S优于±2%；SO_2优于±2%	

续表

序号	功能单元	测量点		仪表类型	测量方式			准确度等级/最大允许误差			备注
					就地	便携	远传	就地	便携	远传	
4	硫黄回收单元	82	进四级再热炉燃烧器空气管线	流量仪表			✓			1.5	
		83	进四级再热炉燃烧器燃料气管线	流量仪表			✓			1.5	
		84	四级再热炉	压力仪表	✓			1.6			
		85		差压仪表	✓			1.6			
		86	四级再热炉燃烧器火检氮气吹扫管线	流量仪表	✓			1.5			
		87	四级再热炉燃烧器点火枪氮气吹扫管线	流量仪表	✓			1.5			
		88	四级再热炉燃烧器火焰探窗空气吹扫管线	流量仪表	✓			1.5			
		89	进静态混合室空气管线	压力仪表			✓			0.2	
		90		温度仪表			✓			0.2	
		91		流量仪表			✓			1.5	
		92	进超克反应器过程气管线	温度仪表			✓			0.2	
		93	超克反应器上床层	温度仪表			✓			0.2	冗余配置用于联锁
		94		温度仪表			✓			0.2	
		95	超克反应器中床层	温度仪表			✓			0.2	冗余配置用于联锁
		96		温度仪表			✓			0.2	
		97	超克反应器下床层	温度仪表			✓			0.2	冗余配置用于联锁
		98		温度仪表			✓			0.2	
		99	进超克硫冷凝器过程气管线	温度仪表			✓			0.2	
		100	超克硫冷凝器	压力仪表	✓			1.6			
		101		液位仪表	✓		✓	0.25		0.25	
		102	出超克硫冷凝器过程气管线	温度仪表			✓			0.2	
		103	进蒸汽冷凝器蒸汽管线	温度仪表			✓			0.2	

续表

序号	功能单元	测量点		仪表类型	测量方式			准确度等级/最大允许误差			备注
					就地	便携	远传	就地	便携	远传	
4	硫黄回收单元	104	出蒸汽冷凝器蒸汽管线	压力仪表			√			0.2	
		105		温度仪表			√			0.2	
		106	进液硫池搅拌空气管线	压力仪表			√			0.2	
		107		流量仪表			√			1.5	
		108	液硫池	液位仪表			√			0.25	
		109	液硫池底部温度	温度仪表			√			0.2	
		110	液硫池顶部温度	温度仪表			√			0.2	
		111	液流泵出口	压力仪表	√			1.6			
		112	进硫黄回收装置氮气总管线	流量仪表			√			1.5	
		113	进硫黄回收装置燃料气总管线	压力仪表			√			0.2	用于监测
		114		压力仪表			√			0.2	用于联锁
		115		流量仪表			√			1.5	

某测量点有可共享的测量仪表时,不宜重复配备。
压力仪表推荐:a.就地:压力表;b.远传:压力变送器、压力传感器。
温度仪表推荐:a.就地:棒式玻璃温度计、双金属温度计;b.远传:温度变送器。
液位仪表推荐:a.就地:浮力式液位计;b.远传:静压式液位计、雷达式液位计。
流量仪表推荐:所有用于天然气测量的流量仪表应包括流量计及其配套仪表,能获得标准参比条件下的流量或气量。
注:√表示应配备,△表示宜配备,♯表示可选。

对硫黄回收单元测量仪表的补充说明:

压力测量:就地显示压力仪表推荐选用1.6级及以上的精密压力表,远传压力仪表推荐选用0.5级及以上的压力变送器或传感器。

温度测量:就地显示温度仪表推荐选用分度值为0.1℃的棒式玻璃温度计或双金属温度计,远传温度仪表推荐选用0.2级及以上的温度变送器。

液位测量:就地显示和远传液位仪表推荐选用0.25级及以上静压式或雷达式液位计。

流量测量:推荐选用1.5级差压或速度式流量计。

过程气在线分析仪:H_2S和SO_2推荐选用重复性优于±2%的在线分析仪。

尾气处理单元:对硫黄回收装置的尾气做进一步处理以达到大气污染物排

放要求。涉及压力、温度和流量的测量。

表 2-23 天然气净化厂尾气处理单元计量器具配备一览表

序号	功能单元		测量点	仪表类型	测量方式			准确度等级/最大允许误差			备注
					就地	便携	远传	就地	便携	远传	
5	尾气处理单元	1	尾气灼烧炉风机进口管线	压力仪表	√			1.6			
		2		流量仪表			√			1.5	
		3	灼烧炉风机出口管线	压力仪表	√		√	1.6		0.2	
		4	进尾气灼烧炉燃烧器主路空气管线	流量仪表			√			1.5	用于控制
		5		流量仪表			√			1.5	用于联锁
		6	进尾气灼烧炉燃烧器支路空气管线	流量仪表			√			1.5	
		7	进尾气灼烧炉燃烧器燃料气管线	压力仪表			√			0.2	用于监测
		8		压力仪表			√			0.2	用于联锁
		9		流量仪表			√			1.5	
		10	进尾气灼烧炉燃烧器氮气总管线	流量仪表			√			1.5	
		11	尾气灼烧炉前部	温度仪表			√			0.2	
		12	尾气灼烧炉尾部	温度仪表			√			0.2	
		13	尾气灼烧炉燃烧器火检通道氮气吹扫管线	流量仪表	√			1.5			每个火检通道设置1个吹扫流量计
		14	尾气灼烧炉燃烧器点火枪通道氮气吹扫管线	流量仪表	√			1.5			
		15	尾气灼烧炉燃烧器探窗通道空气吹扫管线	流量仪表	√			1.5			每个探窗通道设置1个吹扫流量计
		16	尾气烟道	温度仪表			√			0.2	用于监测
		17		温度仪表			√			0.2	用于联锁
		18		二氧化硫在线分析仪			√			±2%	

续表

> 某测量点有可共享的测量仪表时，不宜重复配备。
> 压力仪表推荐：a. 就地：压力表；b. 远传：压力变送器、压力传感器。
> 温度仪表推荐：a. 就地：棒式玻璃温度计、双金属温度计；b. 远传：温度变送器。
> 流量仪表推荐：所有用于天然气测量的流量仪表应包括流量计及其配套仪表，能获得标准参比条件下的流量或气量。
> 注：√表示应配备，△表示宜配备，♯表示可选。

对尾气处理单元测量仪表的补充说明：

压力测量：就地显示压力仪表推荐选用1.6级及以上的精密压力表，远传压力仪表推荐选用0.5级及以上的压力变送器或传感器。

温度测量：远传温度仪表推荐选用0.2级及以上的温度变送器。

流量测量：推荐选用1.5级差压或速度式流量计。

二氧化硫测量：推荐选用重复性优于±2%的SO_2在线分析仪。

硫黄成型单元：对来自硫黄回收单元的液硫进行脱气、储存、冷却、成型、计量与包装，形成硫黄产品。涉及压力、流量、温度和液位的测量。

表2-24 天然气净化厂硫黄成型单元计量器具配备一览表

序号	功能单元	测量点	仪表类型	测量方式			准确度等级/最大允许误差			备注
				就地	便携	远传	就地	便携	远传	
6	硫黄成型单元	1	液硫储罐灭火氮气管线	压力仪表	√			1.6			
		2	液硫储罐保温蒸汽管线	压力仪表	√		√	1.6		0.2	
		3		流量仪表			√			1.5	
		4	液硫储罐	温度仪表	√		√	分度值0.1℃		0.2	
		5		液位仪表			√			0.25	
		6	液硫储罐上部	温度仪表			√			0.2	
		7	液硫储罐下部	温度仪表	√		√	分度值0.1℃		0.2	
		8	液硫中间罐	液位仪表			√			0.25	
		9	液硫中间罐灭火氮气管线	压力仪表	√			1.6			
		10	液硫中间罐保温蒸汽管线	压力仪表	√			1.6			

续表

序号	功能单元		测量点	仪表类型	测量方式			准确度等级/最大允许误差			备注
					就地	便携	远传	就地	便携	远传	
6	硫黄成型单元	11	液硫中间罐液硫泵出口管线	压力仪表	√			1.6			
		12	进硫黄结片机液硫总管	压力仪表	√			1.6			
		13	硫黄成型装置循环水泵出口管线	压力仪表	√			1.6			
		14	循环水过滤前	压力仪表	√			1.6			
		15	循环水过滤后	压力仪表	√			1.6			
		16	进硫黄结片机循环水总管	压力仪表	√			1.6			
		17		温度仪表	√			分度值 0.1℃			
		18		流量仪表			√			1.5	
		19		电导仪			#			±0.1%	
		20		浊度仪			#			±2%	
		21		pH计			#			±0.1%	
		22	出硫黄结片机循环水管线	压力仪表	√			1.6			

某测量点有可共享的测量仪表时，不宜重复配备。
压力仪表推荐：a. 就地：压力表；b. 远传：压力变送器、压力传感器。
温度仪表推荐：a. 就地：棒式玻璃温度计、双金属温度计；b. 远传：温度变送器。
液位仪表推荐：a. 就地：浮力式液位计；b. 远传：静压式液位计、雷达式液位计。
流量仪表推荐：所有用于天然气测量的流量仪表应包括流量计及其配套仪表，能获得标准参比条件下的流量或气量。
注：√表示应配备，△表示宜配备，#表示可选。

对硫黄成型单元测量仪表的补充说明：

压力测量：就地显示压力仪表推荐选用1.6级及以上的精密压力表，远传压力仪表推荐选用0.5级及以上的压力变送器或传感器。

温度测量：就地显示温度仪表推荐选用分度值为0.1℃的棒式玻璃温度计或双金属温度计，远传温度仪表推荐选用0.2级及以上的温度变送器。

液位测量：远传液位仪表推荐选用0.25级静压式或雷达式液位计。

流量测量：推荐选用1.5级差压或速度式流量计。

电导测量：推荐选用重复性优于±0.1%的在线分析仪。

浊度测量：推荐选用重复性优于±2%的在线分析仪。

pH 值测量：推荐选用重复性优于±0.1%的在线分析仪。

火炬及放空系统单元：处理工厂开车、停车及紧急事故情况下排出的原料气、湿净化气、不合格净化气、酸气等，通过火炬燃烧排放，有效减少对环境的污染。涉及压力、液位和流量的测量。

表 2-25 天然气净化厂火炬及放空系统单元计量器具配备一览表

序号	功能单元		测量点	仪表类型	测量方式			准确度等级/最大允许误差			备注
					就地	便携	远传	就地	便携	远传	
7	火炬及放空系统单元	1	放空天然气分液罐	压力仪表	√			1.6			
		2		液位仪表	√		#	0.25		0.25	
		3	放空酸气分液罐	压力仪表	√			1.6			
		4		液位仪表	√		#	0.25		0.25	
		5	含硫污水压送罐	压力仪表	√			1.6			
		6		液位仪表	√		#	0.25		0.25	
		7	进含硫污水压送罐氮气管线	压力仪表	√			1.6			
		8	火炬燃气总管	压力仪表	√			1.6			
		9		流量仪表			√			1.5	
		10	点火燃料气管线	压力仪表	√			1.6			
		11	点火空气管线	压力仪表	√			1.6			
		12	进火炬及放空系统新鲜水总管	压力仪表	√			1.6			

某测量点有可共享的测量仪表时，不宜重复配备。
压力仪表推荐：a. 就地：压力表；b. 远传：压力变送器、压力传感器。
液位仪表推荐：a. 就地：浮力式液位计；b. 远传：静压式液位计、雷达式液位计。
流量仪表推荐：所有用于天然气测量的流量仪表应包括流量计及其配套仪表，能获得标准参比条件下的流量或气量。
注：√表示应配备，△表示宜配备，#表示可选。

对火炬及放空系统单元测量仪表的补充说明：

压力测量：就地显示压力仪表推荐选用 1.6 级及以上的精密压力表。

液位测量：就地显示和远传液位仪表推荐选用 0.25 级静压式或雷达式液位计。

流量测量：推荐选用 1.5 级差压或速度式流量计。

污水处理单元：对生产过程中排出的污水进行集中处理以达到国家排放标准，并力争达到中水回用要求。涉及压力、液位和流量的测量。

表 2-26 天然气净化厂污水处理单元计量器具配备一览表

序号	功能单元	测量点	仪表类型	测量方式 就地	测量方式 便携	测量方式 远传	准确度等级/最大允许误差 就地	准确度等级/最大允许误差 便携	准确度等级/最大允许误差 远传	备注
8	污水处理单元	1	进好氧反应池空气管线	流量仪表	√			1.5			
		2	污泥回流泵出口	压力仪表	√			1.6			
		3	污泥回流泵出口总管	流量仪表			√			1.5	
		4	过滤给水泵出口	压力仪表	√			1.6			
		5	过滤给水泵出口总管	流量仪表			√			1.5	
		6	保险池	液位仪表			√			0.25	
		7	外排水	pH 计			√			±0.1%	
		8	中水回用泵出口	压力仪表	√			1.6			
		9	中水回用泵出口总管	流量仪表			√			1.5	
		10	外排水泵出口	压力仪表	√			1.6			
		11	外排水泵出口总管	流量仪表			√			1.5	
		12	外排水 COD	COD 在线分析仪						±5%	
		13	湿污泥池	液位仪表			√			0.25	
		14	污泥提升泵出口	压力仪表	√			1.6			
		15	污泥提升泵出口总管	流量仪表			√			1.5	

某测量点有可共享的测量仪表时,不宜重复配备。
压力仪表推荐:a. 就地:压力表;b. 远传:压力变送器、压力传感器。
液位仪表推荐:a. 就地:浮力式液位计;b. 远传:静压式液位计、雷达式液位计。
流量仪表推荐:所有用于天然气测量的流量仪表应包括流量计及其配套仪表,能获得标准参比条件下的流量或气量。
注:√表示应配备,△表示宜配备,♯表示可选。

对污水处理单元测量仪表的补充说明:

压力测量:就地显示压力仪表推荐选用 1.6 级及以上的精密压力表,远传压力仪表推荐选用 0.5 级及以上的压力变送器或传感器。

液位测量：远传液位仪表推荐选用 0.25 级静压式或雷达式液位计。

污水流量测量：推荐选用 1.5 级电磁流量计。

pH 值测量：推荐选用重复性优于±0.1％的在线分析仪。

外排水 COD 监测：推荐选用重复性优于±5％的在线分析仪。

循环冷却水系统单元：为整个净化装置提供合格的冷却用水。涉及压力、温度、液位和流量的测量。

表 2-27 天然气净化厂循环冷却水系统单元计量器具配备一览表

序号	功能单元	测量点	仪表类型	测量方式			准确度等级/最大允许误差			备注
				就地	便携	远传	就地	便携	远传	
9	循环冷却水系统单元	1	装置循环回水总管	压力仪表	√			1.6			
		2		温度仪表	√		√	分度值 0.1℃		0.2	
		3		流量仪表			√			1.5	
		4	循环水处理装置新鲜水补充管线	流量仪表			√			1.5	
		5	循环水池	液位仪表	√		√	0.25		0.25	
		6	循环水泵出口	压力仪表	√			1.6			
		7	出循环水处理装置循环水总管	压力仪表			√			0.2	
		8		温度仪表	√		√	分度值 0.1℃		0.2	
		9		流量仪表			√			1.5	
		10		电导仪			√			±0.1％	
		11		浊度仪			√			±2％	
		12		pH 计			√			±0.1％	

某测量点有可共享的测量仪表时，不宜重复配备。
压力仪表推荐：a. 就地：压力表；b. 远传：压力变送器、压力传感器。
温度仪表推荐：a. 就地：棒式玻璃温度计、双金属温度计；b. 远传：温度变送器。
液位仪表推荐：a. 就地：浮力式液位计；b. 远传：静压式液位计、雷达式液位计。
流量仪表推荐：所有用于天然气测量的流量仪表应包括流量计及其配套仪表，能获得标准参比条件下的流量或气量。
注：√表示应配备，△表示宜配备，#表示可选。

对循环冷却水系统单元测量仪表的补充说明：

压力测量：就地显示压力仪表推荐选用 1.6 级及以上的精密压力表，远传压力仪表推荐选用 0.5 级及以上的压力变送器或传感器。

温度测量：就地显示温度仪表推荐选用分度值为 0.1℃的棒式玻璃温度计

或双金属温度计,远传温度仪表推荐选用0.2级及以上的温度变送器。

液位测量:就地显示和远传液位仪表推荐选用0.25级静压式或雷达式液位计。

水流量测量:推荐选用1.5级电磁或速度式流量计。

电导测量:推荐选用重复性优于±0.1%的在线分析仪。

浊度测量:推荐选用重复性优于±2%的在线分析仪。

pH值测量:推荐选用重复性优于±0.1%的在线分析仪。

蒸汽及凝结水系统单元:负责供给全装置生产所需的蒸汽,并回收蒸汽凝结水。涉及压力、温度、液位和流量的测量。

表2-28 天然气净化厂蒸汽及凝结水系统单元计量器具配备一览表

序号	功能单元	序号	测量点	仪表类型	测量方式			准确度等级/最大允许误差			备注
					就地	便携	远传	就地	便携	远传	
10	蒸汽及凝结水系统单元	1	进锅炉装置新鲜水管线	流量仪表			√			1.5	
		2	软水储罐	液位仪表	√		√	0.25		0.25	
		3	除盐水罐	液位仪表	√		√	0.25		0.25	
		4	除盐水泵出口	压力仪表	√			1.6			
		5	进除氧装置除盐水管线	流量仪表			√			1.5	
		6	装置返回凝结水管线	压力仪表	√		√	1.6		0.2	
		7		温度仪表			√			0.2	
		8	凝结水回水器	压力仪表	√			1.6			
		9		温度仪表	√			分度值0.1℃			
		10		液位仪表	√		√	0.25		0.25	
		11	锅炉给水泵出口	压力仪表	√			1.6			
		12	锅炉给水总管	压力仪表	√		√	1.6		0.2	
		13		硬度分析仪			√			±5%	
		14	至废热锅炉给水管线	流量仪表			√			1.5	

续表

序号	功能单元		测量点	仪表类型	测量方式			准确度等级/最大允许误差			备注
					就地	便携	远传	就地	便携	远传	
10	蒸汽及凝结水系统单元	15	进锅炉给水管线调节阀前	压力仪表	√			1.6			
		16		温度仪表			√			0.2	
		17		流量仪表			√			1.5	
		18	进锅炉给水管线调节阀后	压力仪表	√			1.6			
		19	进锅炉装置燃料气总管过滤器前	压力仪表	√			1.6			
		20	进锅炉装置燃料气总管过滤器后	压力仪表	√			1.6			
		21	进锅炉装置燃料气总管调压阀后	压力仪表	√		√	1.6		0.2	
		22		温度仪表			√			0.2	
		23	进锅炉燃料气管线	压力仪表	√			1.6			
		24		流量仪表			√			1.5	
		25	锅炉	压力仪表	√		√	1.6		0.2	
		25		液位仪表	√		√	0.25		0.25	冗余配备
		27		液位仪表	√		√	0.25		0.25	
		28	出锅炉蒸汽管线	压力仪表	√		√	1.6		0.2	
		29		流量仪表			√			1.5	
		30	去装置蒸汽总管	压力仪表	√		√	1.6		0.2	用于负荷控制
		31		压力仪表	√		√	1.6		0.2	用于放空蒸汽压力控制
		32	锅炉烟道	温度仪表			√			0.2	
		33	连续排污扩容器	压力仪表	√			1.6			
		34		液位仪表	√			0.25			

某测量点有可共享的测量仪表时,不宜重复配备。
压力仪表推荐:a. 就地:压力表;b. 远传:压力变送器、压力传感器。
温度仪表推荐:a. 就地:棒式玻璃温度计、双金属温度计;b. 远传:温度变送器。
液位仪表推荐:a. 就地:浮力式液位计;b. 远传:静压式液位计、雷达式液位计。
流量仪表推荐:所有用于天然气测量的流量仪表应包括流量计及其配套仪表,能获得标准参比条件下的流量或气量。
注:√表示应配备,△表示宜配备,♯表示可选。

对蒸汽及凝结水系统单元测量仪表的补充说明:

压力测量:就地显示压力仪表推荐选用1.6级及以上的精密压力表,远传压力仪表推荐选用 0.5 级及以上的压力变送器或传感器。

温度测量：就地显示温度仪表推荐选用分度值为 0.1℃ 的棒式玻璃温度计或双金属温度计，远传温度仪表推荐选用 0.2 级及以上的温度变送器。

液位测量：就地显示和远传液位仪表推荐选用 0.25 级静压式或雷达式液位计。

流量测量：推荐选用 1.5 级差压或速度式流量计。

水硬度测量：推荐选用重复性优于 ±5% 的在线分析仪。

燃料气系统单元：为全装置提供燃料气，用于锅炉、燃烧炉、放空火炬等。涉及压力、液位和流量的测量。

空气氮气系统单元：为全装置提供工厂风、仪表风和氮气。涉及压力、温度和流量的测量。

消防单元：根据生产特点，在全厂范围内设置消防水池、消防水泵、消防水管网，配备各种消防器材及设施。涉及压力、液位和流量的测量。

表 2-29 天然气净化厂燃料气系统、空气氮气系统和消防单元计量器具配备一览表

序号	功能单元	测量点	仪表类型	测量方式			准确度等级/最大允许误差			备注
				就地	便携	远传	就地	便携	远传	
11	燃料气系统单元	1	脱硫闪蒸气进燃料气储罐管线	压力仪表	√			1.6			
		2	脱水闪蒸气进燃料气储罐管线	压力仪表	√			1.6			
		3	补充燃料气进储罐管线	压力仪表	√			1.6			
		4	开工燃料气进储罐管线	压力仪表	√			1.6			
		5	燃料气储罐	压力仪表	√		√	1.6		0.2	
		6	燃料气储罐	液位仪表	√			0.25			
		7	燃料气储罐出口管线	流量仪表			√			1.5	

续表

序号	功能单元		测量点	仪表类型	测量方式			准确度等级/最大允许误差			备注
					就地	便携	远传	就地	便携	远传	
12	空气氮气系统单元	1	压缩空气缓冲罐	压力仪表	√			1.6			
		2	工厂风储罐	压力仪表	√			1.6			
		3	仪表风储罐	压力仪表	√			1.6			
		4	氮气储罐	压力仪表	√			1.6			
		5	工厂风储罐出口	压力仪表			√			0.2	
		6		压力仪表			√			0.2	
		7	仪表风储罐出口	温度仪表	√			分度值0.1℃			
		8		流量仪表			√			1.5	
		9		压力仪表			√			0.2	
		10	氮气储罐出口管线	温度仪表	√			分度值0.1℃			
		11		流量仪表			√			1.5	
13	消防单元	1	消防水池补充水管线	压力仪表	√			1.6			
		2		流量仪表			√			1.5	
		3	消防水池	液位仪表			√			0.25	
		4	消防泵出口	压力仪表	√		√	1.6		0.2	

某测量点有可共享的测量仪表时，不宜重复配备。
压力仪表推荐：a. 就地：压力表；b. 远传：压力变送器、压力传感器。
温度仪表推荐：a. 就地：棒式玻璃温度计、双金属温度计；b. 远传：温度变送器。
液位仪表推荐：a. 就地：浮子式液位计；b. 远传：静压式液位计、雷达式液位计。
流量仪表推荐：所有用于天然气测量的流量仪表应包括流量计及其配套仪表，能获得标准参比条件下的流量或气量。
注：√表示应配备，△表示宜配备，#表示可选。

对燃料气系统、空气氮气系统和消防单元测量仪表的补充说明：

压力测量：就地显示压力仪表推荐选用1.6级及以上的精密压力表，远传压力仪表推荐选用0.5级及以上的压力变送器或传感器。

温度测量：就地显示温度仪表推荐选用分度值为0.1℃的棒式玻璃温度计或双金属温度计。

液位测量：就地显示和远传液位仪表推荐选用0.25级静压式或雷达式液位计。

流量测量：推荐选用1.5级差压或速度式流量计。

7. 轻烃处理站

轻烃处理站包括脱水、精馏、增压、储存和公用 5 个功能单元。

脱水单元：通过甘醇、分子筛等方法脱除天然气中的水分。涉及压力、温度和流量的测量。

精馏单元：利用两塔或三塔精馏，分离出合格的液化石油气和稳定轻烃等产品。涉及压力、温度和流量的测量。

增压单元：利用增压机对天然气增压以满足膨胀机运行及天然气外输压力要求。涉及压力、温度和流量的测量。

储存单元：以球罐、卧式罐储存液化石油气和稳定轻烃。涉及压力和温度的测量。

公用单元：包含锅炉、循环水、空氮系统、消防系统等，为整个轻烃装置提供热源、冷却水、仪表风、消防保障等。涉及压力、温度和流量的测量。

轻烃处理站计量器具配备应符合表 2-30 的规定。

表 2-30 轻烃处理站计量器具配备一览表

序号	功能单元		测量点	仪表类型	测量方式			准确度等级/最大允许误差			备注
					就地	便携	远传	就地	便携	远传	
1	脱水单元	1	原料气入口	压力仪表	√		√	1.6		0.2	
		2		温度仪表	△		√	分度值 0.1℃		0.5	
		3	干气出口	压力仪表	√		√	1.6		0.2	
		4		温度仪表	△		√	分度值 0.1℃		0.5	
		5	粉尘过滤器	压力仪表	√		√	1.6		0.2	
		6	再生气水分离器压力	压力仪表	√		√	1.6		0.2	
		7		温度仪表	△		√	分度值 0.1℃		0.5	
		8	分子筛 A 塔入口	温度仪表	△		√	分度值 0.1℃		0.5	
		9	分子筛 A 塔出口	温度仪表	△		√	分度值 0.1℃		0.5	
		10	分子筛 B 塔入口	温度仪表	△		√	分度值 0.1℃		0.5	
		11	分子筛 B 塔出口	温度仪表	△		√	分度值 0.1℃		0.5	

续表

序号	功能单元		测量点	仪表类型	测量方式			准确度等级/最大允许误差			备注
					就地	便携	远传	就地	便携	远传	
1	脱水单元	12	空冷器出口	温度仪表	△		√	分度值0.1℃		0.5	
		13	干气出脱水装置管线	流量仪表			√			1.0	
		14	再生气管线	流量仪表			√			2.0	
2	精馏单元	1	低温分离器	压力仪表	√		√	1.6		0.2	
		2		温度仪表	△		√	分度值0.1℃		0.5	
		3	膨胀机膨胀端	压力仪表	√		√	1.6		0.2	
		4		温度仪表	△		√	分度值0.1℃		0.5	
		5	膨胀机增压端	压力仪表	√		√	1.6		0.2	
		6		温度仪表	△		√	分度值0.1℃		0.5	
		7	脱乙烷塔	压力仪表	√		√	1.6		0.2	
		8		温度仪表	△		√	分度值0.1℃		0.5	
		9	脱丁烷塔	压力仪表	√		√	1.6		0.2	
		10		温度仪表	△		√	分度值0.1℃		0.5	
		11	液化气回流泵出口	压力仪表	√		√	1.6		0.2	
		12	脱乙烷塔塔底蒸汽	温度仪表	△		√	分度值0.1℃		0.5	
		13	脱丁烷塔塔底蒸汽	温度仪表	△		√	分度值0.1℃		0.5	
		14	干气进冷箱	温度仪表	△		√	分度值0.1℃		0.5	
		15	干气出冷箱	温度仪表	△		√	分度值0.1℃		0.5	
		16	脱乙烷塔来气进冷箱	温度仪表	△		√	分度值0.1℃		0.5	
		17	脱乙烷塔来气出冷箱	温度仪表	△		√	分度值0.1℃		0.5	
		18	低温凝液进冷箱	温度仪表	△		√	分度值0.1℃		0.5	
		19	低温凝液出冷箱	温度仪表	△		√	分度值0.1℃		0.5	

续表

序号	功能单元		测量点	仪表类型	测量方式			准确度等级/最大允许误差			备注
					就地	便携	远传	就地	便携	远传	
2	精馏单元	20	进脱乙烷塔底重沸器蒸汽管线	流量仪表			√			2.0	
		21	进脱丁烷塔底重沸器蒸汽管线	流量仪表			√			2.0	
		22	进脱丁烷塔液化气回流管线	流量仪表			√			2.0	
		23	轻质油至罐区管线	流量仪表			√			1.0	
		24	液化气至罐区管线	流量仪表			√			1.0	
3	增压单元	1	产品气压缩机A台入口	压力仪表	√		√	1.6		0.2	
		2		温度仪表	△		√	分度值0.1℃		0.5	
		3	产品气压缩机B台入口	压力仪表	√		√	1.6		0.2	
		4		温度仪表	△		√	分度值0.1℃		0.5	
		5	产品气压缩机A台出口	压力仪表	√		√	1.6		0.2	
		6		温度仪表	△		√	分度值0.1℃		0.5	
		7	产品气压缩机B台出口	压力仪表	√		√	1.6		0.2	
		8		温度仪表	△		√	分度值0.1℃		0.5	
		9	循环水出口	压力仪表	√		√	1.6		0.2	
		10		温度仪表	△		√	分度值0.1℃		0.5	
		11	循环水入口	压力仪表	√		√	1.6		0.2	
		12		温度仪表	△		√	分度值0.1℃		0.5	
		13	烟气出口	温度仪表	△		√	分度值0.1℃		0.5	
		14	产品气压缩机A台入口	流量仪表			√			2.0	
		15	产品气压缩机B台入口	流量仪表			√			2.0	
		16	产品气压缩机燃料气	流量仪表			√			2.0	

续表

序号	功能单元		测量点	仪表类型	测量方式			准确度等级/最大允许误差			备注
					就地	便携	远传	就地	便携	远传	
4	储存单元	1	液化气储罐A	压力仪表	√		√	1.6		0.2	
		2		温度仪表	△		√	分度值 0.1℃		0.5	
		3	液化气储罐B	压力仪表	√		√	1.6		0.2	
		4		温度仪表	△		√	分度值 0.1℃		0.5	
		5	轻油储罐A	压力仪表	√		√	1.6		0.2	
		6		温度仪表	△		√	分度值 0.1℃		0.5	
		7	轻油储罐B	压力仪表	√		√	1.6		0.2	
		8		温度仪表	△		√	分度值 0.1℃		0.5	
5	公用单元	1	循环水进循环水池	压力仪表	√		√	1.6		0.2	
		2		温度仪表	△		√	分度值 0.1℃		0.5	
		3	循环水出循环水池	压力仪表	√		√	1.6		0.2	
		4		温度仪表	△		√	分度值 0.1℃		0.5	
		5	锅炉	压力仪表	√		√	1.6		0.2	
		6		温度仪表	△		√	分度值 0.1℃		0.5	
		7	凝结水进凝结水回收器	温度仪表	△		√	分度值 0.1℃		0.5	
		8	去装置蒸汽管线	流量仪表			√			2.0	
		9	锅炉燃料气管线	流量仪表			√			2.0	
		10	循环水入口管线	流量仪表			√			2.0	
		11	冷却塔进水管线	流量仪表			√			2.0	
		12	循环冷水池排污水管线	流量仪表			√			2.0	

某测量点有可共享的测量仪表时，不宜重复配备。
压力仪表推荐：a. 就地：压力表；b. 远传：压力变送器、压力传感器。
温度仪表推荐：a. 就地：棒式玻璃温度计、双金属温度计；b. 远传：温度变送器。
液位仪表推荐：a. 就地：浮压式液位计；b. 远传：静压式液位计、雷达式液位计。
流量仪表推荐：所有用于天然气测量的流量仪表应包括流量计及其配套仪表，能获得标准参比条件下的流量或气量。
注：√表示应配备，△表示宜配备，#表示可选。

对轻烃处理站测量仪表的补充说明：

压力测量：就地显示压力仪表推荐选用1.6级及以上的精密压力表，远传压力仪表推荐选用0.5级及以上的压力变送器或传感器。

温度测量：就地显示温度仪表推荐选用分度值为0.1℃的棒式玻璃温度计或双金属温度计，远传温度仪表推荐选用0.5级及以上的温度变送器。

流量测量：推荐选用2.0级及以上差压、速度或容积式流量计。

2.2 网络及通信技术

网络是能源管控数据信息传递的基本载体和运行基础，快速发展的通信技术是能源管控通信扩展能力的有力支撑。选择安全、适宜的网络基础环境和通信技术是能源管控建设需要重点关注的内容。

2.2.1 网络基础

能源管控首要的基础性业务管理需求是开展能源计量仪表数据采集系统的适应性接入改造。基于已有自动化系统（SCADA、DCS、PLC及电力保障系统等），完善数据采集网络和工业主干网络，在满足安全性和隔离性技术的要求下，实现将能源计量数据、能源系统操作和质量数据、关键生产数据统一采集到能源管理中心。随着信息化的深入建设和基础设施的提升完善，油气田企业以光纤主干网络构建了作为能源管控基础通信承载媒介的局域网络，并依据网络承载业务需求、数据传输速率、安全管理等级等因素，采用逻辑或物理隔离方式划分出不同安全等级和数据传输能力的网络，大体归纳为办公网络、生产网络、视频监控网络三大类型。

办公网络主要承载油气田智能化建设过程中各类应用系统和不同业务层级之间日常办公业务的网络运行管理，主要传输各类业务文件、管理信息和统计分析数据等。在能源管控建设中，决策分析、计划调度、绩效考核等管理类功能往往部署在这个网络环境中。

生产网络主要承载油气田实现各类场站生产过程中SCADA、DCS、PLC等工控生产管理系统运行的独立网络环境，主要传输生产过程中温度、压力、流量、液位和机泵等各类生产过程监视与控制数据的运行状态参数，是能源管控计量数据实时传输、控制指令下达和远程优化参数调控的关键基础运行环境。其对网络安全防护等级要求最高，应严格采用物理隔离或单向安全网闸等强化安全防护方式区别于办公网络进行独立部署。生产网络没有联锁控制需求的各 SCADA、DCS、PLC 工控生产管理系统应相对独立运行，不能连接任何与生产控制管理无关的设备。各工控单元集中管控宜以组态软件采用独立服务器、存储设备和反逆向操作安全防护设置进行数据的集中采集和分析展示。

视频监控网络主要服务于油气田生产场站的视频监控系统和安防视频监控，可用于传输各类生产场站作业现场的视频数据，亦可通过独立组网方式并入生产网络，依靠集中管控平台进行一体化集成可视化管理（与生产网络间独立运行，不发生数据往来）。

2.2.1.1 组网方式

组网方式应以"有线为主，WiFi 为辅，微波、卫星、电信运营链路和其他无线技术为补"的原则，结合地域地形分布条件进行建设。主干链路宜采用光纤信道环形组网星型拓展，结合生产管理架构相对应的网络层级划分，按照核心层、汇聚层、接入层的层次化拓扑结构进行构建。安装时应确保弱电线缆与强电线缆分开，光纤与网线分开。核心设备和汇聚设备应保证双设备冗余和双链路冗余，并应分布在不同机房内。因条件限制，同处一个机房的冗余设备应使用不同供电电路供电。

网络实施过程可借鉴以下思路：首先，鉴于现在通信技术的发展，所采用的通信网络的组网技术应采用"全光"（即光纤+光交换设备）技术设备，并逐步替换系统中到达服役年限的设备，使整个通信网络实现全光路传输。其次，对已建网络进行调整、升级，如已建光缆线芯不足，宜采用工业无源光纤网络（PON）、分组传送网（PTN）及波分等经济可行的成熟技术。应遵循低成本原则，除特殊生产工艺及流程要求外，宜采用国内主流技术和国产设备。再次，应按照中共中央办公厅、国务院办公厅印发的《推进互联网协议第六版（IPv6）规模部署行动计划》，提出适应企业发展需求的网络升级改造方案，实现企业内部网络逐步升级为 IPv6。典型的能源管控网络架构如图 2－28 所示。

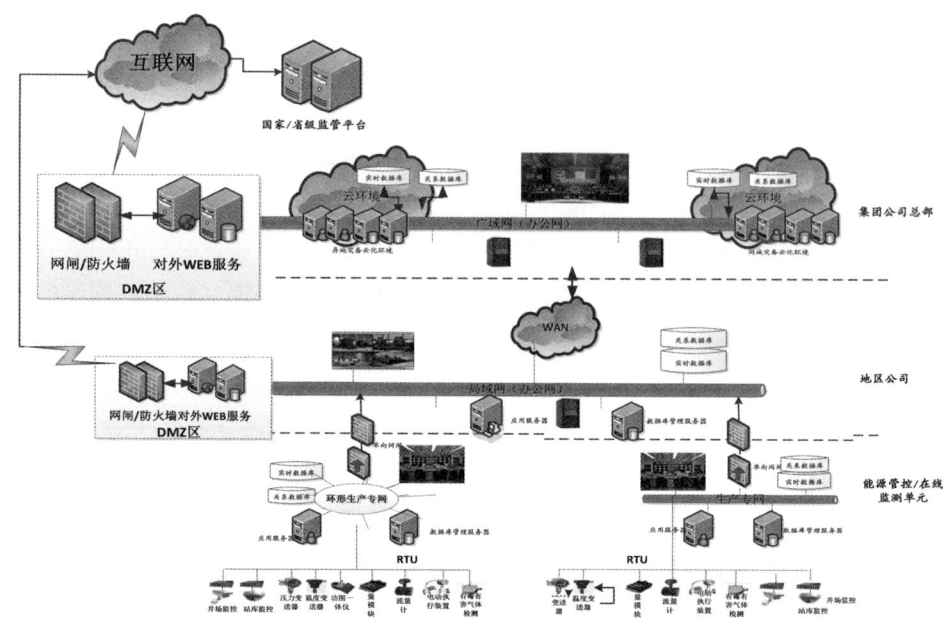

图 2-28 典型的能源管控网络架构

随着物联网、云平台、边缘计算等网络业务模型的飞速发展,传统的 C/S 架构的网络业务模型正在向分布式网络业务模型转变,网络流量将在用户和数据中心以及各数据中心之间发生。业务模型的改变也带来了整个广域网网络结构的转型,未来的网络结构将是以数据中心(DC)为核心的多级网络(见图 2-29)。以中石油为例,先后在北京、吉林、克拉玛依三地建立了中石油数据中心(昌平)、中石油数据中心(勘探院)、中石油数据中心(吉林)和中石油数据中心(克拉玛依)四个集团级数据中心。除以上四个核心数据中心外,还建设了西安区域、兰州区域、华东区域、华南区域、大庆区域、大连区域、吉林区域、北京区域、新疆区域、辽河区域、西南区域和京外区域等共计 12 个区域中心。各数据中心之间由不同电信运营商以统一规划的私有 IP 地址进行独立组网,提供高带宽、冗余双链路的高可靠性保障,在广域范畴内已具备雄厚的基础实力。这为跨行政地域的油气田企业就近接入中石油内网,建立分布式能源管控系统的部署奠定了广域链路基础。

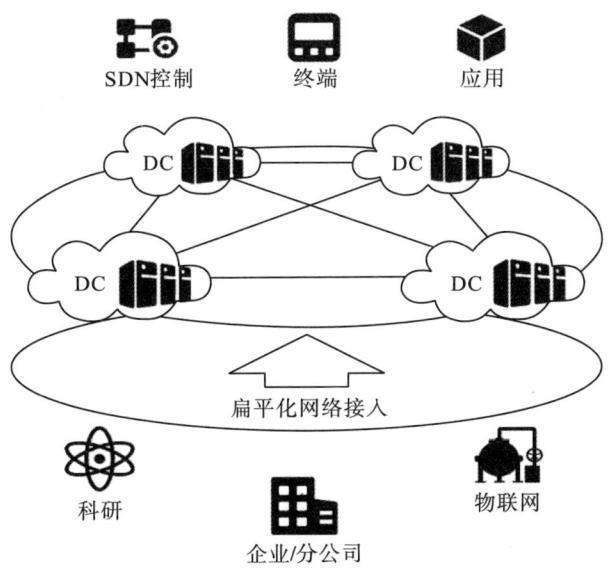

图 2-29 以数据中心（DC）为核心的多级网络

2.2.1.2 网络性能要求

有线传输网络性能要求应根据各油气田井站数量、传输频率等进行估算。单站库生产数据有线传输速率需求估算过程见表 2-31。

表 2-31 单站库生产数据有线传输速率需求估算过程

类型	一般最大数量	估算数	数据包大小（kB）	数据包总量（kB）	数据包合计（kB）	发送间隔（s）	传输速率需求（kB/s）
单井	100	200	80	16000	18990	3	6330
计量间	5	10	200	2000			
站库	1	1	990	990			

无线传输网络在传输实时生产数据时，应根据各油气田井场数量、数据采集频率、单井单次采集数据量等因素估算传输速率需求。单井生产数据无线传输速率需求估算过程见表 2-32。

表 2-32　单井生产数据无线传输速率需求估算过程

数据包大小（kB）	采集点数量	数据包总量（MB）	估算数据量（MB）	冗余度	采集间隔（s）	传输速率需求（kB/s）
80	30	2.4	2.88	20%	600	4.8
	60	4.8	5.76	20%	600	9.6
	120	9.6	11.52	20%	600	19.2
	30	2.4	3	25%	3	1000
	60	4.8	6	25%	3	2000
	120	9.6	12	25%	3	4000

2.2.2 IPv6 网络协议

基于互联网协议第四版（IPv4）的全球互联网面临网络地址消耗殆尽、服务质量难以保证等制约性问题，IPv6 能够提供充足的网络地址和广阔的创新空间，是全球公认的下一代互联网商业应用解决方案。2017 年 11 月 26 日，中共中央办公厅、国务院办公厅印发了《推进互联网协议第六版（IPv6）规模部署行动计划》，计划用 5 到 10 年时间建成全球最大规模的 IPv6 商业应用网络，成为全球下一代互联网发展的重要主导力量；2021 年 7 月，中央网信办、国家发展改革委、工业和信息化部印发《关于加快推进互联网协议第六版（IPv6）规模部署和应用工作的通知》，围绕落实"十四五"目标指标，聚焦 IPv6 部署应用的关键环节，部署了 10 个方面 30 项重点任务。一是强化网络承载能力，强调提升 IPv6 网络性能和服务水平，增强 IPv6 网络互联互通能力，积极推进 IPv6 单栈网络部署，加快广电网络 IPv6 改造。二是优化应用服务性能，强调强化应用基础设施业务承载能力，推动 IPv6 与新型基础设施融合发展。三是提升终端支持能力，强调补齐家庭网络终端 IPv6 接入短板，完善智慧家庭 IPv6 产业生态，强化物联网终端 IPv6 部署应用。四是拓展行业融合应用，强调深化中央企业、金融行业系统 IPv6 演进升级，推动 IPv6 与工业互联网、数字乡村、教育新型基础设施融合发展，拓展数字医疗健康、社会保障信息化、交通水利数字化设施、自然资源与生态环保信息化、媒体等行业 IPv6 融合应用。五是加快政务应用改造，强调推动电子政务公共平台 IPv6 改造，深化政府网站及政务服务平台 IPv6 改造。六是深化商业应用部署，强调推进商业平台 IPv6 全面深度改造，强化商业应用 IPv6 入口管理。七是培育创新产业生态，强调推动 IPv6 产业链协同创新，开展 IPv6 应用创新。八是加强关键技术研发，强调开展 IPv6 关键核心技术研发，加强 IPv6 技术创新。九是推动标准规范制定，强调构建 IPv6 标准体系，积极参与 IPv6 国际标准制定。十是强化安全保障能力，强调构筑 IPv6 网络安全防护体系，提升新兴领域安全保障能力。IPv6 正在成为下一代互联网创新的起点和平台，成为万物互联时代的基石，在新型基础设施建设中发挥着关键性、基础性作用。中石油新修订的《广域网建设与运行维护规范》（Q/SY 10333—2021）明确定义了"使用统一的原则进行 IPv4 地址和 IPv6 地址的分配。生产专网一般使用 IPv6 地址，服务器地址段、管理地址段和业务地址段一般使用 IPv4 地址"，进一步为后续网络建设明确了发展方向。

能源管控建设基础依托大量的计量仪器仪表的实时数据采集传输，随着管控节点的增加会消耗大量的 IP 地址；大力发展基于 IPv6 的下一代工业互联网络、物联网络、生产专网，有助于显著提升企业能源生产管控的承载能力和服务水平，赢得未来发展先机；遵循典型应用先行、移动固定并举、增量带动存量的发展路径；新增网络设备、应用、终端全面支持 IPv6，带动存量设备和应用加速替代，实现下一代互联网各环节平滑演进升级；推广移动和固定终端应用；新增移动终端和固定终端全面支持 IPv6，引导不支持 IPv6 的存量终端逐步退网。

2.3 能源管控系统的信息安全管理

近年来，随着工业和信息化进程的快速推进，工业互联网、工业云等新兴技术的兴起，关键设备设施工业控制系统的数字化、智能化、网络化发展，网络安全威胁向工业领域加速渗透，针对此类关键基础设施的网络攻击呈不断上升态势。出于地缘政治、军事、经济目的，个别敌对组织、国家及恐怖分子可能把工业系统作为攻击目标。工业控制系统所面临的挑战越来越严峻。

目前，已有超过一亿的控制系统暴露在互联网上，攻击者能够随时随地对关键基础设施控制系统发起攻击，而且难以判断和掌握攻击来源。有关研究显示，有 35% 的工业网络故障是由网络攻击引发的，能源和公用事件（市政）领域仍然是工业信息安全的"主战场"。随着工业控制系统、智能仪器仪表、物联网设备和优化自动控制系统的广泛应用，实现智能化能源管控建设的工业信息安全愈发重要。2019 年 5 月，《信息安全技术　网络安全等级保护基本要求》（GB/T 22239—2018）（简称等保2.0）正式发布，在强化网络和信息系统体系化纵深防护能力建设的同期，进一步完善了《信息安全技术 网络安全等级保护基本要求 第5部分：工业控制系统安全扩展要求》（GA/T 1390.5—2017）的相关管理要求，明确了关键信息基础设施要在网络安全等级保护制度的基础上实行重点保护。尤其在国家颁布实施《网络安全法》之后，网络安全管理已上升到法律层面。因此，在构建相应能源管控实施建设的规划设计前期，要充分考虑数据接入、传输、管控的网络边界和防护措施，要着力解决安全问题。

能源管控系统建设作为信息系统的一种特殊子类，是工业与信息化不断深入融合的产物，正在逐步实现系统从单一环境向互联互通，从封闭独立向数据集成应用，从传统工控系统向智能优化联动的巨大变革。随着能源管控从计量、监测、分析、优化到智能五个能力等级的螺旋递升，能力提升的同期增加了许多诸如数据建模自动优化调参、远程启停、自动注水等以往人力所不能达的额外能力。这在显著提升生产效率、管理水平的同时，也增大了安全风险。另外，能源管控系统建设涉及众多专业的协同，配套信息系统建设也涉及现有生产管理系统、工控系统、通信网络等多种集成因素，这种高复杂性、开放性和异构性加剧了能源管控系统建设面临的安全风险。建设单位与各参建厂商在建设过程中又迫于资金压力、工期进度，一般更多关注系统功能和展现形式的实现，对信息系统自身安全和新生产运行模式带来的潜在安全风险认知和重视程度不足。加之参建厂商能力水平良莠不齐，有些甚至作为"单纯"的软件开发商，能源管控项目建设自始至终没有网络工程师、信息安全工程师的介入，缺乏系统集成建设基本的安全防护建设能力。一旦忽略建设过程中的信息安全建设，将导致潜在安全风险，影响能源管控系统的长期稳定运行。如发生病毒、内外部黑客侵入破坏行为，将给企业带来难以估量的经济损失。因此，在建设中应从保护数据信息、提升生产工控系统设施设备可靠性、建立统一安全保障体系、强化培训提升人员安全意识和应急防护技能等角度，同步规划、同步建设和同步运行。

能源管控系统的信息安全防护体系设计应以《信息安全技术 网络安全等级保护安全设计技术要求》（GB/T 25070—2019）、《信息安全技术 工业控制系统安全控制应用指南》（GB/T 32919—2016）等国家标准和相关行业标准为指导思想，构建集技术、管理和服务于一体的全面的安全防护体系。应遵循的设计原则：基于安全需求原则、先进成熟技术原则、分级保护原则、纵深防御原则、动态调整原则。

2.3.1 网络边界的划分与防护

能源管控系统应用需通过生产网与办公网单向隔离、防火墙和入侵检测技术实现访问边界的安全隔离。等保2.0明确了工业控制系统在对外边界处需要采用单向隔离技术，工业控制系统与企业管理系统之间应划分两个区域，区域间应采用有效的隔离技术手段（见图2-30）。禁止任何穿越区域边界的E-Mail、Web、Telnet、FTP等通用网络服务。在隔离网关和防火墙选型上，需选用工业级安全防护设备。在核心区域的核心节点上，建议通过审计和检测技术实现对外部入侵特别是新型攻击的防范，实施动态防护及时调整安全策略。

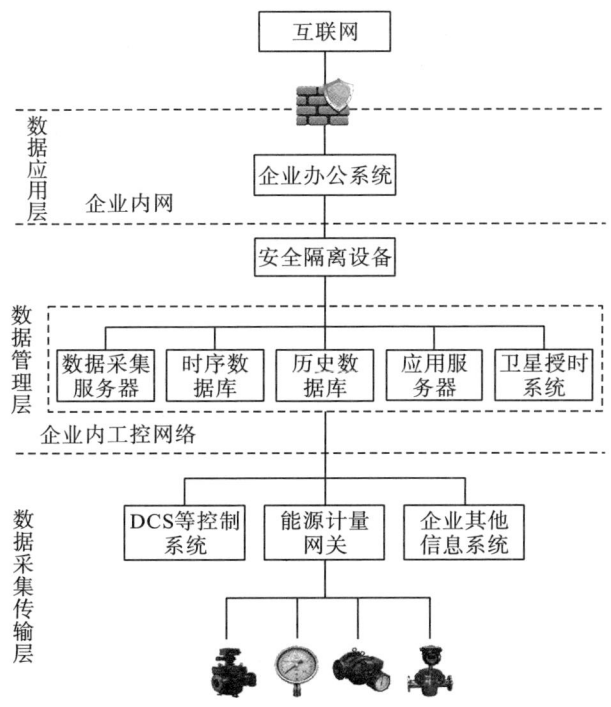

图2-30 企业能源管控网络边界划分拓扑示意图

2.3.2 访问控制策略和日常监控

能源管控系统的信息安全防护，对外，要保证系统内部数据或设备不被外部非法用户访问或破坏；对内，要确保各个子系统的安全运行，其通信资源不应被其他业务占用而使信息传递受到干扰或影响。在管理措施上，应采取最高等级的安全管理防护措施（等保2.0对涉及工业控制系统的相关信息系统建设对应测评要求和一般意义上的信息系统略有区别，要求相关信息系统建设技术和管理采取"就高"原则），并注重日常安全巡检和防护策略的修订完善。

（1）能源管控系统的建设和应用涉及计量仪器仪表数据远传、计划调度信息上传下达、共享数据集成应用和控制命令回传操作等多种数据往来。需要在边界路由、防火墙、核心交换处设置 ACL（访问控制策略）和 NAT 转换，所有允许规则应该包含 IP 地址和 TCP/UDP 指定端口。

（2）根据数据资源安全防护等级划分不同 VLAN，严格界定特定资源的访问路径，设置点对点或特定 IP 地址段的授权访问，隔离措施应能检测工业控制协议并阻断办公网向生产网发起任何异常控制协议。

（3）在边界处部署基于流量的恶意代码检测和漏洞采用监测措施，注重安全日志的日常监控，发现异常访问及时报警，应对调整。

（4）杜绝生产网络任何互联网的接入和访问行为（即使有防火墙防护），采用微服务架构进行系统搭建或后期服务升级均不得连接互联网进行操作，需要经过第三方进行技术指导和系统维护的建设单元不得私设 VPN，运维厂商不得采用任何手段远程调试系统。

（5）应部署工控主机终端安全管控系统，利用其计算机接口和外设识别能力，从技术上对 USB、IEEE 1394 等接口进行封堵或审计，有特殊需求要进行移动介质连接数据传输时应检查是否满足该区域安全需要。

除技术层面的访问控制策略制定外，对于系统应用应以最小化授权为指导思想进行操作行为的功能权限设置，生产控制相关反向操作应当包含一个独立、安全管理的网络或者多因素认证的加密网络，确保安全可控、责任到人。

2.3.3　安全管理策略

采取必要的安全防护措施和技术手段是保障能源管控系统建设和系统稳定长期运营的基础。同时，需要建立健全由安全管理制度、安全管理机构、人员安全管理、系统建设管理、系统运维管理、设施设备物理安全管理等组成的安全管理防护体系并持续完善。针对信息安全的威胁攻击手段日益多样化、隐蔽化，是一个不断动态变化的过程，如果管理制度、人员、措施落实不到位，系统安全只能成为空谈。能源管控系统安全性的提升，需要持续建设有效的安全保障体系（见图 2-31），一方面采用先进的安全技术与措施，另一方面注重落实对人的管理。只有将安全技术与有效的人员管理相结合，维持常态化的运维服务体系以及应急和恢复体系，才能让系统运行处于高可靠、高可用、高可控的水平。在能源管控系统各建设阶段，要强化信息与业务部门的紧密合作，增强网络安全治理（Govern）、保护（Protect）、检测（Detect）和响应恢复（Respond & Recover）的总体性功能、管理能力以及协同工作，通过安全保护和检测能力的整合，全面提升整体防护能力。

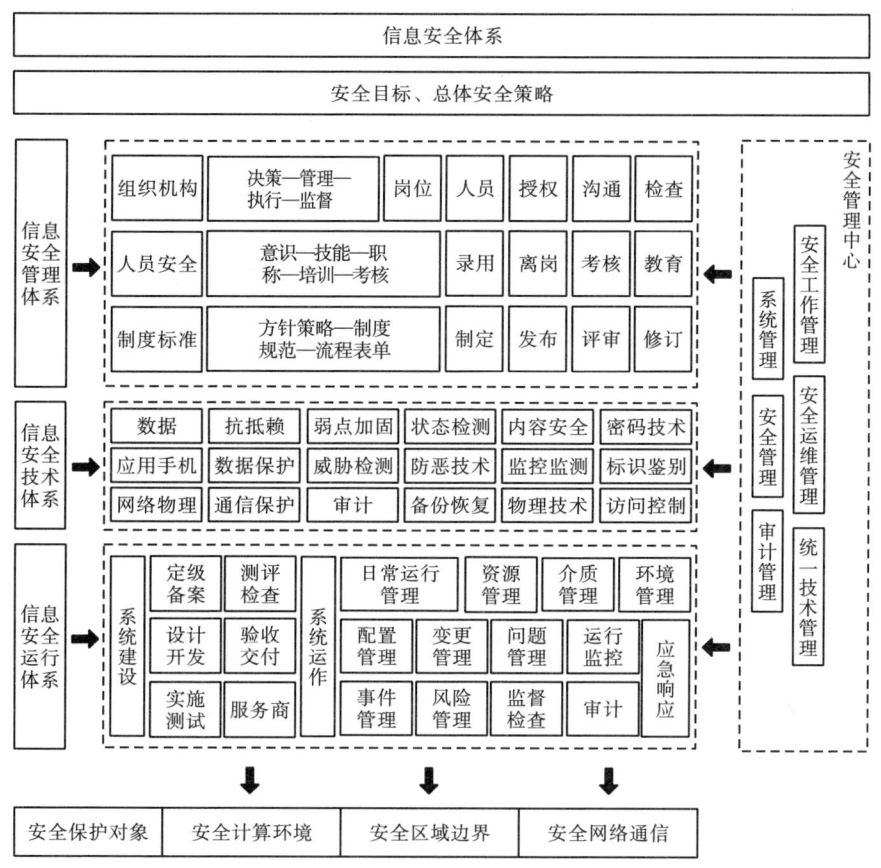

图 2-31 信息安全防护框架

在面对工业控制安全的极大脆弱性、可能爆发大量安全事件的情况下，能源管控系统建设要通过持续的监管工作机制，基于企业的业务特点，建立以数据资产为核心的安全保障技术体系，通过安全产品+运营服务的动态模式保障工业控制安全。同时，从设计之初的架构安全、被动防御、积极防御到威胁预警，整体建设、完善工业控制安全保障体系。应包含网络安全、服务器安全、数据安全、软件安全、制度安全等相关内容，通过采取相应的安全措施达到安全要求。

2.3.3.1 物理安全防护

能源管控系统的中心机房、设备间和办公场地应选择在具有防震、防风和防雨等功能,供配电有充足保障的建筑内。中心机房等敏感场地各出入口应安排专人值守或配置电子门禁系统,控制、鉴别和记录人员的进出情况;中心机房和分布式部署的设备间要设置监控报警系统、避雷装置,建立备用供电系统等;终端数据采集设备的物理位置应选择安全可靠的环境,必要时对重点井、重点装置、高危/敏感场所加装外围护栏、远程视频监控装置,对物理环境的出入访问控制、防盗窃和防破坏、防雷击、防火、防水、电力供应等进行有效防护;根据生产环境确定设备所需工作温度、防爆等级和防护等级。对有防爆要求的环境,应满足 GB 3836 中的相关规定。

2.3.3.2 网络安全防护

保证主要网络设备具备冗余空间,满足设备异常或故障业务不中断的需要;在网络边界部署单向控制网闸等访问控制设备,根据业务数据流明确拒绝非生产网的逆向访问。在网络边界处监视端口扫描、强力攻击、木马后门攻击、网络蠕虫攻击等异常流量,在发生严重入侵事件时及时提供报警并上报网络安全运行部门;采用网络准入、终端控制和可信计算等技术手段对非授权设备或内部用户私自联到内部网络的行为进行及时、准确的定位并有效阻断;在业务终端与业务服务器之间进行路由控制以建立安全的访问路径,网络环境的设备移入移出均需要进行审查备案。

2.3.3.3 主机安全防护

主机应专机专用,关闭非本机服务所需的应用端口和协议。应安装防病毒软件或独立部署恶意代码防护设备,并及时更新防病毒软件版本和病毒代码库,更新前要进行安全性和兼容性测试;以设定终端接入方式、网络地址范围等条件限制终端登录,根据安全策略设置登录终端的操作超时锁定;登录操作系统和数据库系统的用户需采用统一身份验证,在最小授权范围内受控访问相关系统信息;应规范移动存储介质的使用范围,并确保专盘专用、非必要不用,禁止非授权 U 盘、光盘、移动硬盘等存储介质接入主机系统;应保护审计进程,并记录入侵信息,避免受到未预期的中断。在发生严重入侵事件时提供报警和溯源工作。

2.3.3.4 应用安全防护

制定严格的访问控制和权限功能,依据安全策略控制不同用户对象对文件、数据库表等的访问;依据安全策略严格控制用户对有敏感标记的重要信息资源的操作。提供覆盖每个用户的安全审计功能,对应用系统的用户登录、账户增删、权限变更等重要安全事件进行日志审计。

2.3.3.5 **数据安全防护**

采用加密或其他有效措施实现系统管理数据、鉴别信息和重要业务数据传输、存储的保密性;提供数据本地备份与恢复功能,应至少每天一次完全数据备份,备份介质做到场外存放;提供主要网络设备、通信线路和数据处理系统的硬件冗余,保证系统的高可用性。详细内容参见第四章相关内容。

在保证系统可用性的前提下,能源管控系统数据安全防护工作可借鉴以下思路展开:

(1)"垂直分层,水平分区":垂直分层是将工业控制系统的垂直方向分为四层,即现场设备层、现场控制层、监督控制层、生产管理层;水平分区指各工业控制系统之间应该从网络上隔离开,处于不同的安全区。

(2)"边界控制,内部监测":边界控制是指对系统边界即各操作站、工业控制系统连接处、无线网络等进行边界防护和准入控制;内部监测是指对工业控制系统内部,要监测网络流量数据,以便及时发现业务异常、访问关系异常和流量异常等。

(3)系统面临的主要安全威胁来自黑客攻击,病毒蠕虫等恶意代码,非授权接入、移动介质、弱口令、操作系统漏洞、误操作和业务异常等越权访问。因此,其安全防护应在以下方面予以重点完善和强化:入侵检测及防御;恶意代码防护;内部网络异常行为的检测;边界访问控制和系统访问控制策略;工业控制系统开发与维护的安全;身份认证和行为审计;账号唯一性和口令安全,尤其是管理员账号和口令的管理;操作站操作系统安全;移动存储介质的标记、权限控制和审计;设备物理安全。

油气生产物联网(简称物联网系统)经过多年的建设和实施,已具备完善的数据采集、网络传输、安全防护等基础条件,依托于现有物联网实时数据采集建设成果和配套基础设施建设,能够在较大程度上满足能源管控的需求。在能源管控系统的建设过程中,只需依托现有物联网的数据采集现状,补充必要的仪器仪表,即可在现有的物联网平台基础之上构建能源管控系统。这不但节省了大量的工业控制网络基础设施、安全防护措施和机房、大屏幕等的重复投入，物联网现有的实时数据采集设施也能对能源管控数据采集提供有效支撑，以进一步缩短能源管控系统的建设周期和资金投入。建议企业能源管控系统尽量依托于物联网系统进行建设，减少对上述几类基础设施的重复投入。在此基础上，各油气田企业应理清在能源管控系统建设中需要增补的参数采集仪器仪表和终端设备，可参考《油气生产物联网系统建设规范》中提到的采集设备和通信协议的选型。将油气田开发生产流程各工艺环节与物联网技术、远传计量技术、网络通信技术等先进信息技术深度融合，实现对油气生产能耗数据的实时监测与预警、指标分析与管控；通过节能宏观管理与微观操作的衔接，实现能耗精细化管控的需要。

2.4 信息化与数字化转型的融合

目前，国际石油公司普遍认为能源管控建设不但是数据采集、生产流程的数字化，更是针对业务更高层次的整合与流程再造。夏志杰教授在《工业互联网：体系与技术》中提出了万物感知技术、信息传输技术、平台构造技术、数据分析技术四大关键技术在工业运营中的价值体现：第一是提高能源的使用效率，包括油、气、电等；第二是提高工业系统与设备的维修和维护效率；第三是优化并简化运营，提高运营效率；第四是通过引入人工智能分析能力，改进产品设计，优化生产过程，提高生产效率。能源管控作为工业互联、"两化融合"的建设实例，恰是这些技术应用的价值体现。

2020年9月发布的《信息化和工业化融合生态系统参考架构》（GB/T 23004—2020）和《信息化和工业化融合管理体系 咨询服务指南》（GB/T 23005—2020）给出了两化融合的作用主体（组织生态）、作用对象（价值网络）和作用空间（信息物理空间）三个分析视角，数据、技术、业务流程和组织结构四个构成要素及其相互作用关系，数字化、网络化和智能化三个发展历程（见图2-32）；阐释了通过推动三个视角的协调互动和融合创新，系统推进组织管理变革、价值体系变革和技术变革；以数据为驱动，推动技术、业务流程和组织结构的互动创新和持续优化，实现作用主体的管理变革、作用对象的价值创造和作用空间的技术创新；明确两化融合是一个循序渐进、螺旋式发展的历程，组织推进两化融合的目标理念、重点任务和机制模式应与时俱进。这为企业全面认知和系统推进两化深度融合提供了理论和方法。

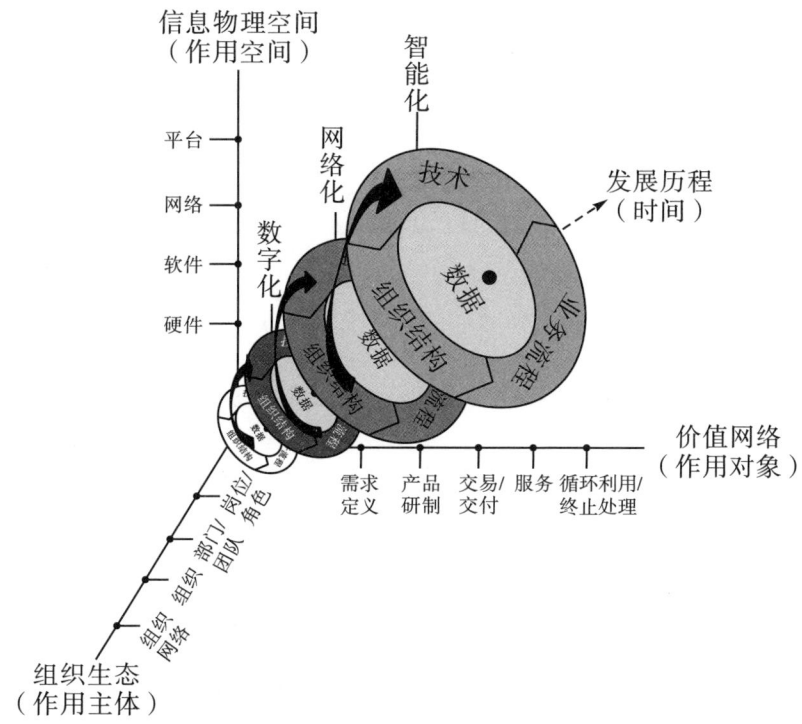

图 2-32 两化融合生态系统参考架构

工信部两化融合专家组原组长王安耕先生对两化融合的过程有个观察：先是某些工作采用计算机来完成，逐渐过渡到部门之间的业务协同，再发展到企业之间的产业链协同。随着油气生产物联网实时数据和其他海量设计类工业大数据的密度增大，油气田企业数字化建设的数据完备性得到显著提升，为智能化推进、业务协同创造了机会。从技术角度看，能用数字化描述企业的实时运行，把企业当作一个 CPS，为业务数字建模、数字孪生的应用创造条件，为能源管控的优化控制与应用提供动力。

能源管控系统作为能源管控建设成果的可视化展现载体，通过对先进节能技术的集成和优化应用，使企业达到节能减排、提高经济效益的目标。信息系统负责数字信息的媒介传输、数据集成加工、业务建模和辅助分析。随着能源管控建设能力等级由计量级向智能级迭代，能源管控系统也会从起初的数据集中管理者逐步向数据的联动判断预警者、数据的分析诊断者、工艺环节的优化措施建议者、能源管理的智能管控者递进性演变，角色作用的重要性逐步递增。同时数据背后的业务效益的潜力挖掘、降本增效是能源管控建设实施的核心价值体现。在能源管控系统建设中，一定要把握住信息系统服务于业务应用这根弦，不能盲目地将数据不加甄别就堆积上来搞"形象工程"，要本着数据是时间轴上信息的凝聚，用数据讲述业务故事，让数据来源于业务、服务于业务。

3 能源管控成熟度模型

参照能源管理体系核心理念与主流项目管理成熟度模型，本章提出了油气田企业能源管控的等级定义和能源管控配套系统模型以及能源管控单元评估方法，规范了能源管控绩效计算方法及采集要求，使能源管控工作融入组织的日常活动，以有效提高油气田企业能源科学化管理水平。

3.1 能源管控理论基础

本节简述了能源管控工作流程和能源管控成熟度，参照主流项目管理成熟度模型，提出了油气田企业能源管控的等级定义。

3.1.1 循环改进理论

能源管控工作以能源管理体系为核心，基于 PDCA 循环，即计划（Plan）—实施（Do）—检查（Check）—改进（Action）的持续完善模式，使能源管控融入组织的日常活动。PDCA 循环是美国质量管理专家休哈特博士首先提出的，由戴明采纳、宣传，并获得广泛认可，所以又称戴明环。全面质量管理的思想基础和方法依据就是 PDCA 循环。

3.1.1.1 PDCA 循环的含义

PDCA 循环在管理中有很广泛的用途，目前已经被运用到生产质量管理、企业经营费用管理、工厂项目管理、培训管理等各类型领域。PDCA 循环的实施可以推动各项行动工作更加标准化、规范化，便于执行结果的跟踪与改善。PDCA 循环是一个不断循环前进的过程，在执行中可分为四个环节：

第一环节：P阶段，即计划阶段。在该阶段，要进行详细的调研、分析、思考，明确存在的问题及要达到的目标，并依据实际情况制定对策，提出相应的解决方案。

第二环节：D阶段，即实施阶段。在该阶段，要对第一环节中形成的策划方案按照预定的计划开展实际工作，从而完成前期确定的目标。

第三环节：C阶段，即检查阶段。在该阶段，要对前一环节实施后的效果进行采集，评估是否按照既定的计划进行、是否实现了预定目标，分析其中可能存在的不足。

第四环节：A阶段，即改进阶段。该阶段是对前面所有环节工作的集中反思、复盘，对于好的反馈进行标准化，对于效果不显著的问题进行总结，并为下一循环提供依据。

3.1.1.2 PDCA循环的特点

PDCA循环有三个主要特点：

特点一：大环套小环。在PDCA循环的执行过程中，会设定整体性的目标，为了完成这个目标设定循环过程，同时为了更好地完成这个循环，对整个目标进行逐级分解细化，使其成为多个层级的小循环，通过每个层级的小循环的竞争执行来推动上一层大循环的前进。如果一个企业的某项工作作为一个大循环，在执行时就需要分解到各个部门、各个班组，甚至具体的员工去执行，大循环控制下级小循环的范围，小循环推动大循环的完成。

特点二：阶梯式上升。每成功执行一次PDCA循环，就代表在计划阶段提出的问题得到了有效解决，取得了一定成果。这种循环不是在一个水平线上进行的，而是以上次的循环为基础积累经验进行的下一次的循环。其同样会制定新的循环目标，不断向上提升。

特点三：重视循环的处理阶段。每进行一次PDCA循环都要重点进行本次循环的复盘处理。A阶段是对整个循环的成果进行验证，要对结果进行深刻思考才能找出问题所在，才能推动下一次循环的有效开展，因此可以说A阶段起到了承上启下的关键作用，是持续完善的核心环节。

3.1.1.3 PDCA循环的发展

PDCA循环自出现以来，在各行各业都得到了广泛应用，尤以在工业企业中的应用最为深刻和全面。20世纪70年代，日本企业通过积极运用PDCA循环进行质量管理，大大提高了产品的质量水平，使日本一跃成为工业大国。

PDCA 循环现已在工业企业的新产品研发、生产过程管理、售后管理等多个过程有了深入应用，能源管理作为企业的一个重点管理业务，也需要应用 PDCA 工具。PDCA 循环这种计划—实施—检查-改进多过程处理模型对于企业的用能改善有着很高的借鉴意义。

1. 策划阶段——P 阶段

策划阶段的首要工作是通过对企业各项用能数据的统计、现有用能制度的搜集、企业能源意识访谈等路径来了解企业用能数据、能源管理现状以及存在的问题，并结合企业的发展战略来制定能源目标、能耗指标以及能源控制计划等。这个阶段的一个关键基础是企业的最高管理者要重视企业的能源管理建设，要做出管理承诺。

2. 实施与执行阶段——D 阶段

在实施和执行阶段，要对上一阶段确定的方案按照既定计划来执行，综合考量各种影响企业用能的因素（包括人员、工艺、设备、材料等），采取管理节能、技术节能等一系列节能举措来达到节能减排的效果。

3. 检查和纠正阶段——C 阶段

检查和纠正阶段的主要工作是检查能源管理是否按照既定的计划在执行，能耗指标是否达到预定的要求，着眼于每个具体的过程，对用能指标进行评估。

4. 管理评审阶段——A 阶段

管理评审阶段的主要工作是基于整体建设情况对建设效果进行评估，将好的结果形成管理规范标准，分析没有达到预期效果的原因，通过下一次循环进行改善。

油气田企业能源管控工作应充分借鉴 PDCA 循环模式，工作流程如图 3-1 所示。

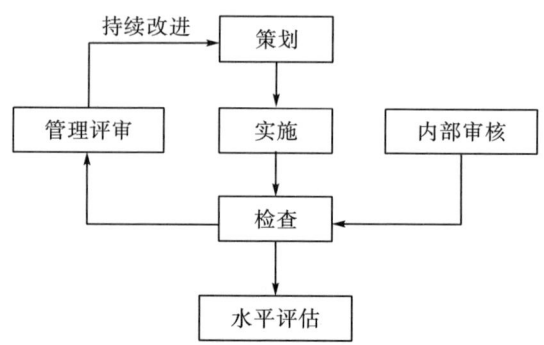

图 3-1 油气田企业能源管控工作流程

3.1.2 通用成熟度模型

所有企业都期望能在项目管理中达到成熟和卓越的效果,但很少有人了解现代意义上的"项目成功"是一个非常苛刻的标准。著名的项目管理学家 Kerzner 博士对"项目成功"的定义做出了新的诠释,就是不仅要满足传统的项目时间、费用和性能的三大目标,客户或用户定义的质量标准,还要满足具有最少的或者双方同意的范围变更、没有干扰组织的企业文化或者价值观、没有干涉组织的日常工作进程等。

所谓的"成熟",简单说就是在项目管理中达到成熟与卓越的效果。首先应该明确的是,并不是应用了项目管理就能达到好的效果。Kerzner 博士指出:"肤浅地应用项目管理,即使持续很长一段时间,也不会达到什么出色的效果;相反,这会导致重复错误,并且更糟糕的是,你所学习的是你自己的错误而不是别人的错误。"

为了更广泛地评价所有行业、企业的项目执行能力,世界上正在开展关于项目管理成熟度模型(Project Management Maturity Model,PMMM)的研究。PMMM 是参考软件工程中的软件过程成熟度模型(Capability Maturity Model,CMM)及项目管理知识体系(Project Management Body of Knowledge,PMBOK)而提出的。

项目管理成熟度模型包括组织项目管理的能力和相应的结果、评估能力的方法、提升能力的顺序三个基本组成部分,如图 3-2 所示。

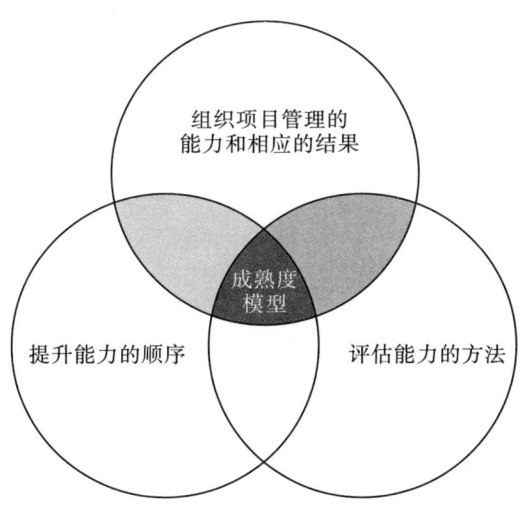

图 3-2 项目管理成熟度模型

不同的成熟度模型有不同的表述,下面简要介绍几种比较流行的模型。

3.1.2.1 PMI 的 OPM3 模型

PMI 的 OPM3 模型是一个三维模型,第一维是成熟度的 4 个梯级,第二维是项目管理的 9 个领域和 5 个基本过程,第三维是组织项目管理的 3 个版图。如图 3-3 所示,成熟度的 4 个梯级分别是标准化的、可测量的、可控制的、持续改进。

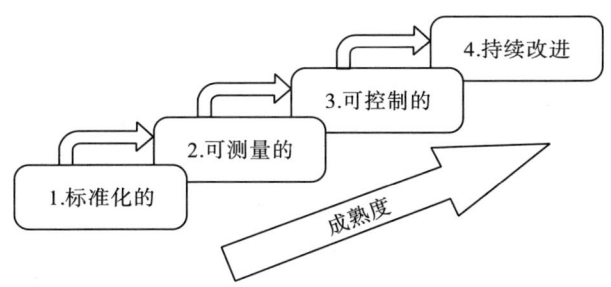

图 3-3 OPM3 模型成熟度的 4 个梯级

项目管理的 9 个领域指项目整体管理、项目范围管理、项目时间管理、项目费用管理、项目质量管理、项目人力资源管理、项目沟通管理、项目风险管理和项目采购管理。项目管理的 5 个基本过程是指启动过程、计划编制过程、执行过程、控制过程和收尾过程。组织项目管理的 3 个版图是单个项目管理、项目组合管理和项目投资组合管理。

3.1.2.2 Kerzner 的项目管理成熟度模型

Kerzner 博士提出的项目管理成熟度模型分为 5 个梯级，如图 3-4 所示。

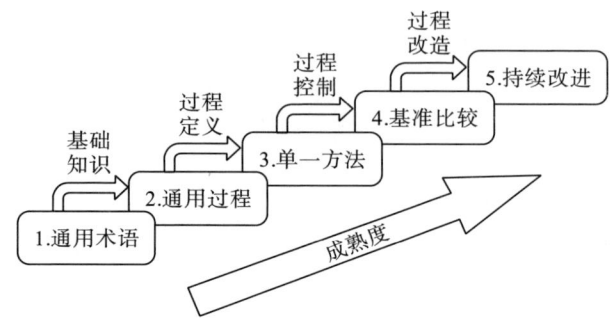

图 3-4 Kerzner 模型成熟度的 5 个梯级

第 1 级通用术语：在组织的各层次、各部门使用共同的管理术语。

第 2 级通用过程：在一个项目上成功应用的管理过程，可重复用于其他项目。

第 3 级单一方法：组织认识到了把公司所有方法结合成一个单一方法所产生的协同效应，其核心就是项目管理。用项目管理来综合 TQM、风险管理、变革管理、协调设计等各种管理方法。

第 4 级基准比较：组织认识到，为了保持竞争优势，过程改进是必要的。将自己与其他企业及其管理因素进行比较，提取比较信息，以项目办公室来支持这些工作。

第 5 级持续改进：用从基准比较中获得的信息建立经验学习文档，组织经验交流，在项目办公室的指导下改进项目管理战略规划。

每个梯级都有评估方法和评估题，可以汇总评估本梯级的成熟度，分析不足和制定改进措施，再确定是否进入下一梯级。

3.1.2.3 SEI 的 CMM 模型

软件工程学会（Software Engineering Institute，SEI）的 CMM 模型成熟度的 5 个梯级如图 3-5 所示。

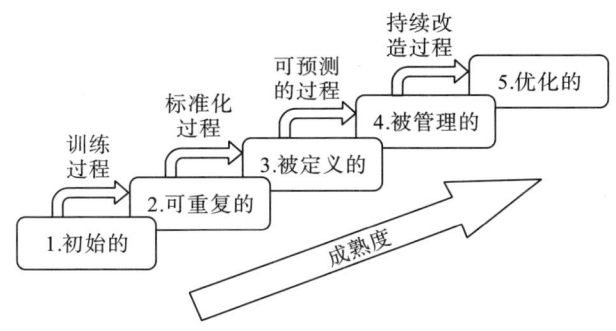

图 3-5　CMM 模型成熟度的 5 个梯级

第 1 级初始的：在这一成熟度水平的组织，其软件开发过程是临时的，有时甚至是混乱的。没有几个过程是被定义的，常常靠个人的能力来取得成功。

第 2 级可重复的：在这一成熟度水平的组织建立了基本的项目管理过程来跟踪软件项目的成本、进度和功能。这些管理过程和方法可供重复使用，把过去成功的经验用于当前和今后类似的项目。

第 3 级被定义的：在这一成熟度水平，管理活动和工程活动的软件过程被文档化、标准化，并被集成到组织的标准软件过程之中。在该组织中，所有项目都使用一个经批准的、特制的标准过程版本。

第 4 级被管理的：在这一成熟度水平，组织收集软件过程和产品质量的详细措施。软件过程和产品都被置于定量的掌控之中。

第 5 级优化的：在这一成熟度最高水平，组织能够运用从过程、创意和技术中得到的定量反馈来对软件开发过程进行持续改进。

3.1.2.4　Jugdev & Thomas 的项目管理成熟度模型

Jugdev 和 Thomas 提出的项目管理成熟度模型是从 SEI 的 CMM 模型借鉴而来的，也分为 5 个梯级，如图 3-6 所示。

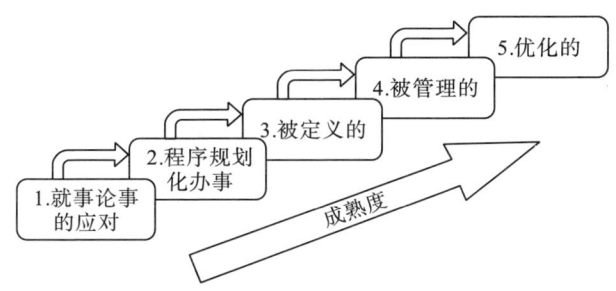

图 3-6　Jugdev & Thomas 模型成熟度的 5 个梯级

纵观上述几个项目管理成熟度模型，PMI 的 OPM3 模型和 Kerzner 的项目管理成熟度模型是最具有代表性的。但 PMI 的 OPM3 模型才刚刚设计出来，还没有大量的实践经验，因此适用性还有待证明。Kerzner 的项目管理成熟度模型运用广泛，是目前主流的项目管理成熟度模型。

3.1.3 能量系统优化理论

近年来，全局能量系统综合优化技术日益被国内外企业所重视，很多生产工艺从技术层面上来讲差别较小，各公司间竞争的实质是系统技术。更少的投资和更低的能量消耗主要取决于高度集成化的全局能量系统的综合改进，因此，能量系统的合理高效优化配置是提高产业经济效益和环境质量、降低单位能耗的有效途径，也是国内外工业领域节能降耗的重点研究方向。

3.1.3.1 相关背景

能量系统优化工程在"十一五"期间被列为国家"重点节能工程"，在钢铁、炼油等重点工业行业得到卓有成效的推广应用。2008 年 8 月成立的全国能量系统标准化技术委员会组织制定了《能量系统绩效评价通则》《炼油生产过程能量系统优化实施指南》《钢铁生产过程能量系统优化实施指南》等国家标准。"十二五"期间，能量系统优化作为推动工业节能降耗的重要抓手，被明确列入《国民经济和社会发展第十二个五年规划纲要》。当前，炼油、化工、造纸、钢铁等行业均已推广应用能量系统优化技术。

随着节能工作的深入，在设备节能及工艺节能技术难有突破性发展的情况下，西方工业发达国家近十几年的综合技术经验就是应用能量系统优化方法来设计最佳工况，以提高生产效率、降低消耗，最终达到占领市场的目的。目前，国际先进的油田生产管理系统是对油田生产过程进行建模（建立油藏、机采、油气集输、注水生产、热采、污水处理和电力系统等模型），然后通过开放模拟环境将油田生产模型集成起来，形成完整的油田生产整体模型，即虚拟油田生产系统。近年来，美国、西欧等国家有多家石油公司在实施流程模拟、先进控制与过程优化项目，以避免热值损失、优化生产、节省能耗、减少生产故障，如 Shell、AGIP 等石油企业都相继建立了综合优化系统。

3.1.3.2 能量系统优化技术

能量系统优化（Process Integration），也称过程能量优化、过程能量集成等，是以能量系统为主线，以科学用能理论为指导，研究能流与物流的最佳结合关系，用多种技术集成实现最优技术条件的科学方法。

系统优化技术是计算机技术与过程工业科学技术相结合的产物，是过程系统工程的一部分。过程系统工程技术是建立在应用数学、计算机科学和最优化技术最新发展的基础上，以模型化和模拟、系统分析及系统综合为手段，以期达到系统设计、操作和控制优化的目标。近年来，随着生产扩大化和集约化，系统优化技术成为一种有深刻理论基础的应用技术和方法论科学。

能量系统优化技术是多种节能技术的深化综合，它侧重于在一定物料流程方案的前提下全局能量子环节的综合利用、流程结构之间的权衡以及相应设备工况参数的优化选择，同时考虑系统的经济性、操作性、安全性等，以实现资源和资金的最优配置。能量系统优化技术的应用对工业能量体系中单一技术向多项技术协同综合发展、简单过程向复杂过程深入发展起到了促进和指导作用。

该技术的核心是在准确模拟生产过程的基础上，应用过程系统工程技术以及先进的优化分析方法，结合实际生产管理及操作经验，对过程能量进行系统分析，找出用能的瓶颈所在，提出改善能量利用的优化方案，在实现设备效率最大化、操作条件最优化、系统运行最佳化，以及提高企业经济效益的同时，实现节能降耗。

一般来说，能量系统优化包含三个步骤：一是根据提出的最优化问题，建立最优化问题的数学模型，确定变量，列出约束条件和目标函数；二是对所建立的数学模型进行具体分析和研究，选择合适的最优化方法；三是根据最优化方法的算法列出程序框图和编写程序，用计算机求出最优解，并对算法的收敛性、通用性、简便性、计算效率及误差等做出评价。能量系统优化是一个系统工程，由一系列不断发展的技术组成。

1. 数学建模技术

当前油田开发生产使用的相关数学建模公式多来自国外，且多数经验关系式形成于20世纪，于21世纪得到修正的经验关系式较少。即是说，各种经验关系式多由国外学者通过大量的国外油田油品数据不断修正而得。例如2004年，Birol Dindoruk 等根据来自爱尔兰的100多个PVT数据报告得到新的原油黏度经验关系式；Lasater 关联式是基于加拿大、美国西部和中部、南美的黑油数据得出的。由于经验公式的形成与油品物性有很大关系，大多数来自国外的经验公式不包含中国油品特性，因此在一定程度上影响了模拟精度。

另外，自计算机技术高速发展以来，各软件公司开发的工程计算工具发展迅速，但也多来自国外大公司。当前油田企业使用的相关国际知名软件中，国内常用的多相流模拟软件主要有 Pipephase、Pipesys、Pipesim 等，其中 Pipephase 为中石油统一购置的标准化黑油模型计算软件，通用于各大油田设计院油气集输专业；国内常用的组分流体模拟软件主要有 Aspen 公司的 HYSYS、SIMSCI 公司的 PRO/II 等。中国本土自主开发软件根据国内各油田物性，从一定程度上修正了部分经验公式，或根据不同生产环境不同类型油品配套筛选对应的经验公式，提高了模拟精度。

2. 三环节优化技术

国外学者 Grossmann 等将全局系统划分为三个子系统：过程系统、热回收网络和公用工程，并详细表述了其间的相互影响关系。过程系统所需加热和冷却的工艺物流在热回收网络子系统中完成，过程系统所需的动力、电力、热负荷及工艺蒸汽等公用工程量必须由公用工程子系统提供，热回收网络除工艺物流本身换热外，还需要冷、热公用工程支持，它们之间既相互影响又相互制约。

国内华南理工大学的华贲教授从能量在全局系统中发挥的不同功能入手，提出了"三环节"结构模型和基于㶲经济学的"三环节"方法。他认为，能量在整个工艺过程中的消耗和降质是在三个环节中逐步发生的，三个环节之间存在着密切的联系和相互制约。而"三环节"方法不仅归纳了各种复杂能量结构的用能本质，更建立了严格的计算方法和通用模型。

三环节优化技术的基本原理是根据各设备在工艺过程中的功能不同而划分为能量转换、能量利用和能量回收三个环节，以"环节"为分析单元，同时又将各环节关联为一个整体进行用能分析。各环节之间各有侧重，但又相互制约和相互影响。该方法的突出优点是，能清楚地展示三个环节的用能状况，并能对此进行分析和评价。

3. 三箱分析法

三箱分析法的主要特点是根据系统、各组成单元或设备在工艺过程中的能耗状况，分别采用灰箱方法、黑箱方法和白箱方法对系统及主要耗能设备的用能状况进行评价。其主要优点是，可以准确地判别系统或设备的用能薄弱环节，并据此提出改进建议。

近年来，国内某些工程根据三环节与三箱用能分析方法的不同作用特点，将二者有机结合，建立了一种新的用能分析方法，即三环节—三箱组合分析法。该方法综合了三环节优化技术和三箱分析法的优点，互为补偿：装置分析评价以三环节方法为主，环节和设备分析以三箱方法为主。实际应用结果表明，该组合分析法能更全面地分析、评价装置或系统的用能情况，为装置或系统的节能技改提供可靠依据。

4. 夹点技术

夹点技术是针对能量系统优化研究展开的最早、较为完善的方法之一，由 B. Linnhoff 于 20 世纪 70 年代末提出。其以热力学为基础，从宏观的角度分析过程系统中能量流沿温度的分布。该方法最先应用于热网络的工程调优，随后扩大应用于公用工程、化学反应与分离、水处理等诸多过程系统，在不同程度上反映了系统不同部分的能量特征及相互间的关系。其作用主要有两个：一是对现有设备的用能状况进行诊断以发现其用能的缺陷和薄弱环节；二是对设计方案用能状况进行诊断，分析其"瓶颈"并加以改进提高。夹点技术着重于换热网络合成优化，但却未能给出严格的定量数学模型，而且系统子环节的划分也没能准确反映其能量结构的功能本质，仅关注能耗最小值的优化而忽略了能耗费用和投资费用之间的平衡关系，以至于不能得到确切的全局费用函数最优方案，这些都是该方法的应用弊端。

5. 㶲分析法

自 20 世纪 70 年代能源危机发生以来，㶲的研究在国外得到了广泛关注。㶲分析对过程的热力学分析、工艺过程节能和新工艺开发设计都有十分重要的作用。目前，国内外在冶金、石化、动力、制冷等技术领域都广泛应用以㶲分析为指导的用能实践方法。但其自身仍存在一些显著缺陷：第一，㶲分析法以㶲效率为准则，追求能量品位的最佳匹配，却未给出㶲成本及其形成规律；第二，片面强调降低㶲损而忽视其对实际过程的推动作用，而推动力的减少也会直接导致设备投资增加；第三，在接近环境态时，环境温度 T_0 的变化对㶲值影响较大，准确性降低。

早在 20 世纪 30 年代初，麻省理工学院的 J. H. Keenan 教授就开始进行基于热力学第二定律的成本计算研究，并在研究热电联产装置的电和热价格时首先提出了㶲经济成本的概念。直到 60 年代初，美国加州大学的 M. Tribus 和 R. B. Evans 在研究海水淡化装置的过程中，将工程经济学与㶲分析计算结合起来，并称其为"Thermoeconomics"（热经济学），才使其得到广泛认同并流行起来。热经济学应用于能量系统故障诊断的方法，主要包括㶲经济学和扰动理论。Arena 和 Verda 等研究了产品㶲的不同组成和生产结构对热经济学诊断的影响，发现当系统划分越详细时，得到的诊断结果越精确。

华北电力大学的杨勇平等建立了在热力学第二定律基础上的㶲分析法与热经济学法，并将其应用于能量系统的故障诊断，还证明了其对系统中发生的故障具有更高的敏感度，且以某火电机组为例建立了协助诊断能量系统故障的㶲分析模型与热经济学分析模型。

自 20 世纪 90 年代开始，能量系统优化技术的发展逐步从单纯分析方法向整体优化综合的发展过渡，为进行复杂能量系统的全局优化奠定了坚实基础，运用的方法一般都是在热力学分析的基础上进行系统经济优化。

3.1.4 常规节能技术

3.1.4.1 机采系统

机械采油是一个复杂的系统工程，以抽油机井（抽油机井占机采井的 88％以上）为例，包括供液的油藏，杆、管、泵等井筒举升设备，电机、抽油机、控制柜等地面装置。地层产液由地面设备提供动力，通过井下杆管泵系统抽汲到地面。机械采油过程是能量不断传递和转化的过程，在不断传递中把地面电能转化为井下液的举升能，每一个传递和转化环节都有一定的能量损失。若保持有机协调运行，则能量损失降低，能量利用率提高；反之，则能量损失增加，能量利用率降低。

整体上讲，提高机采系统效率可以从两方面着手：一是采用或更换效率更高的节能设备，如节能抽油机、节能电机、智能控制柜、高效泵等，从设备性能方面减少各环节的能量损失。目前这些高效节能设备在各油田的普及率已达 50％以上。二是通过机杆泵与地层产能的科学合理配置和不断的生产参数优化，使抽油系统与油层产能始终处于供排协调状态，实现机采系统的提效降耗和节能减排。

对于机采井，无论是否采用了高效节能设备，其系统优化都是操作简单、投资更少、更具潜力的提效降耗和节能减排手段，主要从以下两方面着手：一是对新投产井和检泵作业井开展油藏—井筒—地面一体化设计，实现抽油设备与油层供液的协调运行。科学合理的机杆泵配置，优化的泵深、泵径、冲程、冲次等生产参数会使机采系统各环节协调运行，减小能耗，提高系统效率。二是对机采井进行生产参数动态调整，保证油井长期处于最优状态。生产过程中，油井生产动态会发生变化，在油井全生命周期中需要经常性、及时地进行生产参数的调整，使油井长期处于最优生产状态，否则系统效率会不升反降。尤其调参、调平衡、工况诊断，更是保障油井最佳工况的日常措施。

3.1.4.2 集输处理系统

国内在集输处理系统优化方面所开展的研究主要是针对进入开发后期的油田进行的，包括游离水脱除、不加热输送、油气混输等工艺及其配套技术研究，以提高集输系统效率、节能降耗、降低运行成本。

国内各油田根据各自的特点进行了多方面研究。在油气集输与处理方面：研究和应用变频调速技术以适应液量不断变化的现状，减少电能的消耗；研究和应用混输泵，简化工艺流程，降低工程投资；研究和应用大罐抽气等密闭设施及密闭工艺，提高油气集输密闭率，减少油气损耗；研究和应用高效的三相分离器、游离水脱除器等，实现常温分离，减少热能消耗。

油田地面工程技术发展的总体目标在不同时期有不同的侧重点。当前，油田开发技术已进入一个新的发展阶段，油田油气集输处理技术也在向深层次、新高度发展。目前，油气集输主体工艺的总体要求是以"三全、两配套、一化"为目标："三全"即油、气、水系统全密闭，油、气、水产物全处理，油、气、水质量全合格；"两配套"即配套高效低耗工艺、高效节能设备；"一化"即生产管理自动化。其中，以高效低耗工艺、高效节能设备配套的高效工艺系统是近期工作的重点。近几年，部分油田通过低耗节能集输技术攻关，采用了不加热集输、密闭流程、低温脱水、低温污水处理、变频调速、高效输油泵、高效三相分离器等多项高效集输处理工艺和高效设备，使其能耗和效率指标都达到了高效集输与处理系统的要求，取得了显著的经济效益。

与国外相比，国内油田集输系统仍存在问题及差距：生产运行设备效率不高，工艺流程不尽合理，能耗较高。通过研究集输及处理的先进工艺技术，优化集输工艺流程，提高集输处理系统效率，降低生产能耗及运行费用。

综上所述，国内外油田地面工艺技术的发展趋势主要是针对不同性质采出液，研究、开发应用新的处理工艺技术和方法。具体体现在以下几个方面：开发具有较强针对性的高效油水分离设备，并且注重与此相关的基础理论的研究，以提供基础理论方面的支持；注重地面工艺技术配套，提高集输系统的工艺技术水平和运行效率，达到高效节能的目的；注重系统研究，避免"头痛医头、脚痛医脚"，从大系统角度，并且借用各种现代化工具，提高技术的综合应用水平；国内将研制、引进和消化相结合，加快关键技术、设备的国产化，并在原基础上有所改进和提高。

3.1.4.3 注水系统

国内油田的注水工艺根据压力、水质的要求,逐渐形成了多种形式的注水流程,包括单管多井配水、单管单井配水、双管(注水、洗井)多井配水、分压注水、增压注水、密闭短流程、集中处理分散注水流程以及单干管小支线注水流程等。

国外油田的注水系统形式灵活多样,基本遵循简化原则,减少中间环节,提高整体效率。其中有直接把注水泵装在井口的,有取消配水间直接由管线配水的,有的油田不洗井注水数年仍运转良好,有的油田注水系统实现了无人值守。

国内外油田注水泵均采用离心泵和柱塞泵。国外离心泵泵效略高、规格齐全,方便使用,国内缺少高扬程、大流量离心泵。国内采用的柱塞泵的效率与国外差距不大,多数泵效可达 85%,但可靠性略差,无故障运行周期较短。通过优化系统、调整运行工况、使用高效注水泵,泵管压差及管网损失均有效降低,系统运行效率有所提高,注水单耗和操作成本有所降低。

3.2 能源管控成熟度分级

2015 年以来,中石油下辖油气田企业尝试开展能源管控系统建设工作,对油气生产过程用能进行了集中管控和智能分析,并采取了相应的管理措施及技术改造,取得了较好的节能效果。但是总体而言,能源管控系统推广应用的主要障碍在于其投资回报周期长、需要专业的能源管理人才,特别是油气田企业现场能源计量网络布局不够合理,能源管控试点建设工作难度大,只能依靠单点的技改措施进行节能。

油气田企业能源管控成熟度模型基于主流项目管理成熟度模型,分为计量级、监测级、分析级、优化级和智能级 5 个等级,并由计量级向智能级发展,如图 3-7 所示。

计量级应实现能源的有效计量,监测级应实现能耗状况的实时监测,分析级应实现能效水平的有效分析和主要用能问题的合理解决,优化级应实现能源消耗目标的科学设定和优化方案的在线计算,智能级应实现能源使用全过程的闭环优化管理。油气田企业能源管控等级目标及相应能力见附录 4。

3 能源管控成熟度模型

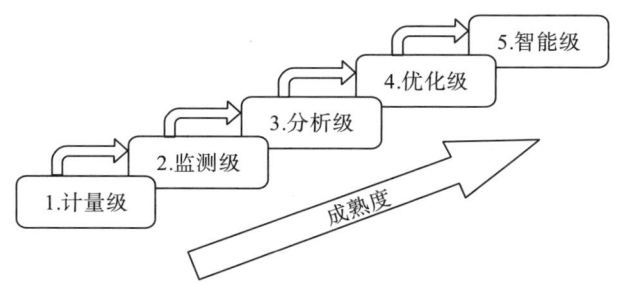

图 3-7 油气田企业能源管控成熟度模型的 5 个等级

能源管控应与组织的生产运行、科技研发、信息化建设等紧密结合，在其他工作开展的过程中充分考虑能源管控的实施要求，避免重复建设。能源管控不同成熟度等级的信息系统功能设计参见第 4 章的相关内容。

3.2.1 计量级

3.2.1.1 目标

对油田公司、采油（气）厂、作业区、站队和重点用能设备等能源管控单元的主要能源实物消耗量和主要生产工艺参数进行准确计量。为按照生产系统、管理层级、能源类型等不同维度的离线或在线能耗统计和能源绩效参数计算提供完整、准确的数据基础，为监测级能源管控系统建设和各项功能实现提供数据支撑。

具备为实现上述目标的完善的计量器具全生命周期管理制度，具备翔实的离线或在线计量器具台账以及维护、检定、校准、更换记录供查询。

3.2.1.2 技术要求

1. 机采系统

机采系统宜按照抽油机、电潜泵、螺杆泵等不同举升方式单独计量，可按采油队（站或工区）、电力线路、变压器平台或井组划分为不同的计量单元，不同计量单元单独计量能耗。井口有电伴热的，宜将电伴热一并计入机采系统耗电。

气田业务的采气站、配气站的能耗应按能源实物类型分类单独计量。

2. 集油系统

油田业务的转油站、脱水站、联合站应按能源实物类型分类单独计量。

气田业务的集输气站、天然气增压站、气田水回注站、脱水站等生产工艺能耗应按能源实物类型分类单独计量。

3. 处理系统

油田业务的原稳站、污水站、油气储运站库等应按能源实物类型分类单独计量。若多个生产工艺集中在一个站内，则应实现各生产工艺的单独计量；若生产工艺不在一个站内，生产工艺应按能源实物类型分类单独计量。

气田业务的天然气净化的主体装置，脱水（烃）、脱硫（碳）、硫黄回收、污水处理、轻烃回收、外输等工艺单元应按能源实物类型分类单独计量。

4. 注入系统

配置站、注入站（注聚合物、注水、注蒸汽、注天然气、注二氧化碳）各生产工艺能耗应按能源实物类型分类单独计量。对于多压力等级的注水站，各压力等级应单独计量。

5. 储运系统

储运站库的各类能源消耗总量应分别计量。

6. 供配电系统

对于油气田企业通用的供配电系统：供配电线路（6 kV、10 kV、35 kV 线路）、配电站、变电所能耗单独计量。

7. 信息采集与更新

计量器具配备率：建议综合配备率达到95％以上，重点用能设备计量器具配备率实现100％覆盖。

采集和存储频率：建议计量器具采集频率不低于1秒/次，数据存储频率不低于5分钟/次；抽油机示功图一个采油周期的采集点数可达到1000点，建议周期内采集和存储频率不低于40毫秒/次。

计量器具信息更新频率：建议计量器具台账以及维护、检定、校准、更换记录信息更新频率不低于3个月/次。

各类能源计量器具准确度等级要求见表3–1。

表 3-1 能源计量器具准确度等级要求

计量器具类别	计量用途		准确度等级要求
衡器	进出用能单位燃料的静态计量		0.1
	进出用能单位燃料的动态计量		0.5
电能表	进出用能单位有功交流电能计量	Ⅰ类用户	0.5
		Ⅱ类用户	0.5
		Ⅲ类用户	1.0
		Ⅳ类用户	2.0
		Ⅴ类用户	2.0
	进出用能单位的直流电能计量		2.0
油流量表（装置）	进出用能单位的液体能源计量		成品油 0.5
			重油、渣油及其他 1.0
气体流量表（装置）	进出用能单位的气体能源计量		煤气 2.0
			天然气 2.0
			水蒸气 2.5
水流量表（装置）	进出用能单位的水量计量	管径不大于 250 mm	2.5
		管径大于 250 mm	1.5
温度仪表	用于液态、气态能源的温度计量		2.0
	与气体、蒸汽质量计算相关的温度计量		1.0
压力仪表	用于气态、液态能源的压力计量		2.0
	与气体、蒸汽质量计算相关的压力计量		1.0

注：当计量器具是由传感器（变送器）、二次仪表组成的测量装置或系统时，表中给出的准确度等级应是装置或系统的准确度等级。装置或系统未明确给出其准确度等级时，可用传感器与二次仪表的准确度等级按误差合成方法合成。
运行中的电能计量装置按其所计量电能量的多少，将用户分为五类。Ⅰ类用户为月平均用电量为 500 万千瓦时及以上或变压器容量为 10000 千伏安及以上的高压计费用户；Ⅱ类用户为小于Ⅰ类用户用电量（或变压器容量）但月平均用电量为 100 万千瓦时及以上或变压器容量为 2000 千伏安及以上的高压计费用户；Ⅲ类用户为小于Ⅱ类用户用电量（或变压器容量）但月平均用电量为 10 万千瓦时及以上或变压器容量为 315 千伏安及以上的计费用户；Ⅳ类用户为负荷容量为 315 千伏安以下的计费用户；Ⅴ类用户为单相供电的计费用户。
用于成品油贸易结算的计量器具的准确度等级应不低于 0.2。
用于天然气贸易结算的计量器具的准确度等级应符合《天然气计量系统技术要求》（GB/T 18603—2014）附录 A 和附录 B 的要求。

3.2.2 监测级

3.2.2.1 目标

建设满足国家重点用能单位能耗在线监测系统基本要求的数字化能源管控系统，实现对油田公司、采油（气）厂、作业区、站队和重点用能设备等能源管控单元的主要能源实物消耗量、主要生产工艺参数和能源绩效参数的在线监测和数字化管理，实现计量器具台账以及维护、检定、校准、更换过程的信息化管理。在计量级提供的完整、准确的数据基础之上，提高管控单元的能源管理效率和数字化水平。

3.2.2.2 技术要求

1. 能源可视化与数据查询

设置油田公司、采油（气）厂、作业区、站队和重点用能设备等能源管控单元各层级的在线监测看板，以表格、曲线、饼图、柱状图以及设备、工艺流程 2D/3D 模型等可视化方式展示实时生产运行和能耗统计数据。可按照时间、能源类型、管理层级等不同维度进行能耗统计数据查询，查询结果以报表、曲线、柱状图等方式展示以及导出。

具体技术参数要求：

生产与能耗数据上传频率：建议计量器具上传频率不低于 10 秒/次，上位机数据存储频率不低于 5 分钟/次。

在线监测看板数据刷新频率：建议在线监测看板数据刷新频率不低于 5 分钟/次。

能耗统计数据刷新频率：建议能耗统计数据刷新频率不低于 15 分钟/次。

单个页面可查询最大数据量：建议单个页面可查询最大数据量不少于 30000 个。

2. 数据在线计算

1) 能耗统计数据在线计算

能源管控单元应统计的能源和能源介质类型见表 3-2。

能耗统计数据的周期应包含小时、日、月、年，可根据需要增加周、季、每日峰平谷时段、非自然日、非自然月等。能耗统计数据建议每 5 分钟计算并更新一次,每小时应更新不少于 4 次。

表 3-2 能源管控单元应统计的能源和能源介质类型

能源种类		单 位
电力		kW·h
固态能源	煤炭	t
	焦炭	t
液态能源	原油	t
	成品油(柴油/汽油)	t
	重油	t
	渣油	t
气态能源	天然气	m^3
	液化气	m^3
	煤气	m^3
能源介质	蒸汽	kW
	水	t
可回收利用的余能		kW

2)能源绩效参数在线计算

能源管控单元的能源绩效参数应包括以下几项:

综合能耗指标:综合能源消费量、能源消耗量等。

单耗或系统能耗指标:单位原油(气)生产综合能耗、单位原油(气)液量生产综合能耗、单位气田生产综合能耗及吨液百米耗电、吨液集输综合能耗、原油脱水综合能耗、污水处理综合能耗、注水单耗、单位产品天然气综合能源等。

主要生产系统能耗指标:机采系统、集输系统、处理系统、注入系统和供电系统能耗指标参数见表 3-3。

能源管控单元综合能耗指标和单耗指标宜每天计算一次,每周不少于一次;主要生产系统能源指标宜每周计算一次,每月不少于一次。

表 3-3 主要生产系统能耗指标参数

系　　统	指标名称	采集参数
机采系统	抽油机井采液单耗	耗电量
		产液量
	电泵井采液单耗	耗电量
		产液量
	螺杆泵井采液单耗	耗电量
		产液量
	抽油机井系统效率	耗电量
		产液量
		泵挂高度
	电泵井系统效率	耗电量
		产液量
		泵挂高度
	螺杆泵井系统效率	耗电量
		产液量
		泵挂高度
	机采系统平均效率	—
集输系统	油田集输综合能耗	处理液量
		耗气量
		耗电量
	气田集输综合能耗	集气量
		耗电量
		耗气量
	加热炉平均效率	—
	输油泵机组效率	—
	掺水泵机组效率	—
	压缩机效率	—
	风机机组效率	—

续表

系　统	指标名称	采集参数
处理系统	原油处理综合能耗	净化油量
		耗电量
		耗气量
	单位含油污水处理电耗	污水处理量
		耗电量
	单位产品天然气综合能耗	处理气量
		耗电量
		耗气量
	单位产品天然气新鲜水量	气处理量
		新鲜水用量
	压缩机组效率	—
	加热炉平均效率	—
	锅炉平均效率	—
	注水泵机组效率	—
	风机机组效率	—
注入系统	注水单耗	注水量
		耗电量
	注汽单耗	注汽量
		耗气量
		耗电量
	注水泵机组平均效率	—
	注水系统效率	—
	锅炉效率	—
供电系统	网损率	电流
		电压
	功率因数	有功功率
		视在功率

3. 监测数据越限告警

可通过设置限定值进行越限告警的数据包括在线监测的生产运行数据、能耗统计数据和能源绩效参数。

4. 生产运行数据越限告警

可针对每个能源管控单元实现在线监测的生产运行数据设定限定值,包括但不限于电流、电压、有功功率、功率因数、频率、压力、温度、瞬时流量、平衡度。

可根据能源管控单元制定的相关规范设定生产运行数据的限定值,也可根据能源管控单元近一段时间实际运行及客观影响因素的历史数据回归计算,或根据生产运行计划进行人工设定。应结合生产运行数据的日常管理规程、历史数据及经验,设定可接受的限定值变化范围。

告警方案最多可设置两个限定值的越限方向,即越上限和越下限,并可划分多个告警等级。例如,针对抽油机平衡度应同时设置越上限和越下限的告警方案,低于上限值10%为三级告警,与上限值相同为二级告警,超出上限值5%为一级告警,高于下限值10%为三级告警,与下限值相同为二级告警,低于下限值5%为一级告警。

某生产运行数据的告警方案可批量应用于其他能源管控单元的同类生产运行数据,避免重复创建告警方案。

当在线监测的生产运行数据达到相应告警方案中某个等级的告警条件时,能源管控系统应立即报警,可通过 Web 页面弹窗、邮件、短信、移动 App 中的一种或多种方式主动通知指定的负责用户。用户也可在系统中查询已产生的告警事件详情,包括发生时间、能源管控单元名称、生产运行数据名称、限定值和告警值、告警等级、事件状态等信息,点击告警信息后可逐级追溯至出现异常的重点设备的其他关键生产参数。

5. 能耗统计数据越限告警

可针对每个能源管控单元的电、水、天然气、汽油、柴油等能源或能源介质类型设定限定值,限定值可按照年、月、日统计周期分别设定。

可根据能源管控单元制定的相关规范设定能耗统计数据的限定值,也可根据能源管控单元近一段时间能耗及客观影响因素的历史数据回归计算,或根据未来生产计划进行人工设定。应结合能耗统计数据的日常管理规程、历史数据及经验,设定可接受的限定值变化范围。

告警方案可划分多个告警等级,告警等级随在线监测的能耗统计数据与限定值的接近程度的增加而提高。例如,低于限定值20%为三级告警,与限定值相同为二级告警,超出限定值10%为一级告警。

某能源或能源介质类型的告警方案可批量应用于其他能源管控单元的同类能耗统计数据,避免重复创建告警方案。

当在线监测的能耗统计数据达到相应告警方案中某个统计周期的某个等级的告警条件时,能源管控系统应立即报警,可通过Web页面弹窗、邮件、短信、移动App中的一种或多种方式主动通知指定的负责用户。用户也可在系统中查询已产生的告警事件详情,包括发生时间、能源管控单元名称、能源或能源介质类型、统计周期、限定值和告警值、告警等级、事件状态等信息,点击告警信息后可逐级追溯至出现异常的关键生产参数和重点设备参数。

6. 能源绩效参数越限告警

需要设定限定值的能源绩效参数包括能源管控单元的综合能耗指标、单耗指标、主要生产系统的能源指标。

宜根据《油田生产系统节能监测规范》(GB/T 31453—2015)规定的监测合格指标设定能源绩效参数的限定值,也可根据能源管控单元近一段时间能耗及客观影响因素的历史数据回归计算,或根据未来生产计划进行人工设定。应结合能源绩效参数的日常管理规程、历史数据及经验,设定可接受的限定值变化范围。

告警方案可设置限定值的越限方向,并可划分多个告警等级。例如,针对单位原油生产综合能耗、产液单耗等单耗类型能源绩效参数,应设置越上限告警方案;针对机采系统效率、泵机组效率等效率类型能源绩效参数,应设置越下限告警方案。告警等级随在线监测的能源绩效参数与限定值的接近程度的增加而提高。例如,在越限方向上与限定值相差20%为三级告警,相差10%为二级告警,相差0%为一级告警。

某能源绩效参数的告警方案可批量应用于其他同类能源管控单元的能源绩效参数,避免重复创建告警方案。

当在线监测的能源绩效参数达到相应告警方案中某个等级的告警条件时,能源管控系统应立即报警,可通过Web页面弹窗、邮件、短信、移动App中的一种或多种方式主动通知指定的负责用户。用户也可在系统中查询已产生的告警事件详情,包括发生时间、能源管控单元名称、能源绩效参数名称、限定值和告警值、告警等级、事件状态等信息，点击告警信息后可逐级追溯至出现异常的关键生产参数和重点设备参数。

3.2.3 分析级

3.2.3.1 目标

运用大数据、数据分析和人工智能等技术，基于系统采集的历史数据，为生产过程中的能源使用不合理或低效情况提供自动化分析手段，以提高能源管控单元发现不合理或低效用能问题的时效性及定位问题原因的效率，为制定节能增效措施提供数据支撑和方向指引。

3.2.3.2 技术要求

1. 能耗统计数据对标

展示能耗统计数据在一段时间内的逐小时、逐日、逐月、逐年变化趋势，将能耗统计数据越限值、历史同比或环比值作为标杆，对照展示能耗统计数据标杆值以及能耗统计数据实际值与相应标杆值的差距大小，定位能源使用不合理时段，并提示相同时段能耗统计数据实际值与标杆值差距较大的下级能源管控单元，进行针对性分析并制定改进方案。

可针对每个能源管控单元的电、水、天然气、汽油、柴油等能源或能源介质类型设定计划值，计划值可按照年、月、日统计周期分别设定。可将相应能源计划值作为标杆，对照展示能耗统计数据实际值与相应标杆值在一段时间内的逐小时、逐日、逐月、逐年变化趋势以及两者的差距大小，定位能源使用不合理时段，并提示相同时段能耗统计数据实际值与标杆值差距较大的下级能源管控单元，进行针对性分析并制定改进方案。

可通过大数据、数据分析和人工智能等技术，根据对能源管控单元的能源或能源介质类型设定的历史统计周期的计划值、实际值以及未来统计周期的计划值，计算得到未来能源预测值；可根据历史数据统计的完整性情况，按照年、月、日统计周期分别计算预测值。可将相应能耗统计数据越限值、历史同比或环比值、能源计划值作为标杆，对照展示能源预测值与相应标杆值在一段时间内的逐小时、逐日、逐月、逐年变化趋势以及两者的差距大小，预测可能发生的能源使用不合理时段，并提示相同时段能源预测值与标杆值差距较大的下级能源管控单元，进行针对性分析并制定预防性方案。

能耗统计数据对标分析结果通过日度或月度分析报告的方式导出，报告中包括完整的分析数据并以报表、图表等多种可视化形式呈现。

2. 能源绩效参数对标分析

1）纵向对标

针对油田公司、采油（气）厂、作业区、站队和重点用能设备等能源管控单元主要能源绩效参数进行纵向对比和可视化展示。展示能源绩效参数在一段时间内的逐日变化趋势，将能源绩效参数越限值作为标杆，对照展示能源绩效参数标杆值以及能源绩效参数实际值与相应标杆值的差距大小，定位低效时段，进行针对性分析并制定改进方案。

纵向对标分析结果通过日度或月度分析报告的方式导出，报告中包括完整的分析数据并以报表、图表等多种可视化形式呈现。

2）横向对标

针对油田公司、采油（气）厂、作业区、站队和重点用能设备等能源管控单元主要能源绩效参数进行横向对比和可视化展示。对同类型能源管控单元的同一能源绩效参数进行升序或降序排名分析，掌握同类能源管控单元的能效优劣情况，识别各单元的节能增效潜力。

将能源绩效参数越限值作为标杆，对采用相同或不同能源绩效参数告警方案的能源管控单元进行进一步横向对比分析，根据能源绩效参数实际值与相应标杆值的差距大小，结合日常管理规程、历史数据及经验，分析同类能源管控单元的能效优劣情况，提高识别节能潜力的准确性。

横向对标分析结果通过日度或月度分析报告的方式导出，报告中包括完整的分析数据并以报表、图表等多种可视化形式呈现。

3）归因分析

针对通过纵向对标、横向对标等分析手段识别出的能源使用不合理或低效用能的能源管控单元，主要是重点用能设备，以某一主要能源绩效参数最优作为标杆搜索目标，设置一系列标杆搜索条件，搜索出一个或多个最优的结果作为标杆，并将分析对象与标杆的主要能源绩效参数和主要生产运行参数进行对比，将偏差较大的生产运行参数筛选出来，指导制定合理的追标措施。

标杆搜索条件包括同类设备或同类型设备、接近的产量、接近的额定功率或其他设备属性、接近的产物属性等。以抽油机为例，标杆搜索条件包括但不限于同类设备或同类抽油机类型、接近的产液量、接近的电机额定功率、接近的泵径、接近的泵深、接近的油黏度、接近的含水率等。

将"同类设备"列入标杆搜索条件，可针对同一重点用能设备进行标杆搜索，搜索得到的标杆为该设备在满足其他搜索条件下曾经出现过的能源绩效参数最优时期的运行状态，在设备未经重大改造的情况下较易得到可行性高的追标改进措施。

以抽油机为例，分析对象与标杆对比的主要生产运行参数包括但不限于平衡度、冲次、沉没度、产液量、油压、套压、动液面高度、有功功率、有效扬程、井口回压等。

为防止筛选出的标杆具有偶然性，应展示分析对象和标杆在一段时间内的能源绩效参数变化趋势，以确保标杆的能效在时段内均优于分析对象，否则应允许手动重新筛选次优标杆进行对比。

归因分析结果通过日度或月度分析报告的方式导出，报告中包括完整的分析数据并以报表、图表等多种可视化形式呈现。

3.2.4 优化级

3.2.4.1 目标

通过离线模型和在线模型的建立，对影响设备能效变化的关键生产运行数据进行量化分析，在保证正常安全生产、保证产量的前提条件下，跟踪生产运行数据变化状态，适时给出运行策略调整建议，突破由人工计算和经验进行用能设备能效优化决策难度大、效果不显著的困境，提升重点用能设备节能增效的效果。

3.2.4.2 技术要求

1. 模拟优化模型的建立

1) 离线模型

针对能源管控单元已建地面工艺流程，在分析级能源管控系统的数据积累基础上，对机采、集输、处理、注水、配电五大工艺单元的重点能耗设备进行数字化仿真，建立数学模型，通过离线模型模拟设备的各种典型工况，并能给出不同工况下的能效等级或关键能效参数的指标范围，在此基础上推荐运行策略。模型具备自学习功能，可以吸收专家经验进行模型算法的自我完善。

离线模型可以是成套设备的整体模型，如抽油机模型、压缩机模型、加热锅炉模型、泵群模型、注水系统的系统模型等；也可以是成套设备的部件模型,如抽油机的皮带模型、游梁式抽油机的平衡模型(与配重的关系)、锅炉的燃烧器模型、风机模型等。

以注水系统为例,其离线模型可以根据配注量要求,提供注水泵开机台数、各节点的阀门开度值,并利用优化策略计算出措施实施前后的节能效果。

2)在线模型

在离线模型的基础上建立在线模型。通过对接在线监测的生产运行数据,对工况进行即时仿真模拟,实施对工况变化的预测以及对设备能耗、能效趋势的判断。

在模型关键参数调优后,在线模型能识别和跟踪设备的状态变化序列,在线模型能给出设备状态向节能优化方向调整的策略意见。

以机采系统为例,抽油机在线模型对抽油机示功图、油压、套压、动液面高度、沉没度等进行在线监测和分析后,可给出冲次调整意见,根据意见调整后,充满度、机采系统效率等生产运行和能源绩效参数得到优化。

2. 优化效果评估

系统通过离线模型对工况进行模拟优化,可得出预测节能率(量),并给出工况调整控制的关键参数意见。评审核查时,需要有工况调整的日志记录,可在系统中查询设备调整前后能效参数的变化记录,并根据系统监测数据测算实际节能率(量)。

系统通过在线模型对工况进行模拟优化,可得出预测节能率(量),并给出工况调整控制的关键参数意见。系统中的生产日志有操作调整的记录,系统有根据在线模型建议策略调整前后的各项参数记录,能源绩效参数优化前后的数据对比和实际节能率(量)。日志记录和节能量等可以报表的形式导出,数据真实完整,优化前后对比具有说服力。

3.2.5 智能级

3.2.5.1 目标

在优化级建立的离线模型和在线模型的基础上,通过与主要生产运行过程控制系统的集成,将系统提供的运行优化策略直接下发,动态调节生产运行参数,实现对能源管控单元的全方位闭环优化管理,促进生产运行全过程的能源使用科学化、低碳化管理和精细化、自动化控制。

3.2.5.2 技术要求

1. 闭环优化模型的建立

在在线模型的基础上建立闭环优化模型。通过与PLC等生产运行过程中的自动化控制系统对接,将能源管控系统即时仿真模拟得到的节能优化调整策略以电信号的方式发送给自动控制系统或生产设备,实现对生产过程的遥控和遥调。在模型中增加反馈参数以及实际生产运行过程中的边界,建立控制参数与反馈参数之间的关系,对优化模型进行即时反馈校正,确保按照优化策略自动运行的生产过程不会超出边界,不断自学、优化模型的求解精度。

2. 闭环优化管理

系统通过闭环优化模型对工况的模拟优化,可得出预测节能率(量),通过监测执行闭环控制后的实际生产运行过程,可得出实际节能率(量)。系统以可视化方式展示预测节能率和实际节能率的对比情况,如对同一生产过程有多个闭环控制策略,也可进行横向对比。分析对比过程不需人工参与,对比结果有说服力。

在系统中可查询系统闭环控制的每一项遥控、遥调操作指令记录和实际执行情况,跟踪每次调整后关键生产运行参数与边界之间的关系,判断执行结果对安全生产的影响程度。

3.3 能源管控单元评估

能源管控单元评估工作主要有评估方案、评估实施、评估管理三方面内容。评估方案包括评估目标、评估范围、评估内容、评估方法、评估时间和评估人员等。评估实施包括评估启动、现场评估、评估报告的编制、评估报告的提交、评估完成。评估管理包括管理评估报告、管理和保持评估文件及记录、评估人员能力评价。

3.3.1 评估方案

评估方案应在评估活动开始前由组织者编制完成,并在事前发给相关的参与者和被评估单位。

3.3.1.1 总则

评估机构在评估前须编制评估方案，方案的范围应基于能源管控单元的规模、复杂程度和管控水平。评估方案应包括以下内容：评估目标、评估范围、评估内容、评估方法、评估时间、评估人员，即保密性、信息安全、健康与安全以及其他类似事宜等。

3.3.1.2 评估目标

评估机构应与接受评估的能源管控单元的最高管理者或管理者代表协商确定评估目标，且评估目标宜与能源管控实施目标一致，以指导评估的策划和实施。

3.3.1.3 评估范围

评估范围为确定的能源管控单元。

3.3.1.4 评估内容

评估内容包括但不限于能源管控策划情况、能源管控系统建设情况、能源管控系统运行情况及运行效果、能源管控内部审核历史情况。

3.3.1.5 评估方法

应根据评估目标、评估范围、评估内容和选用的评分标准，选择和确定合适的评估方法，以有效实施评估。可灵活运用各种不同的方法及其组合，使得评估过程及其结果的效率和有效性最佳化。常用的评估方法如下：

现场调研及访谈，依据评分标准中所涉及的内容，对能源管控团队的建设情况、能源管控管理制度的建立情况、能源管控管理流程的执行情况、组织及最高管理者对能源管控实施的管理支持情况、能源管控系统的建设情况等进行现场调研和访谈。

数据查验，包括对能源绩效参数和能源管控信息平台主要功能的查验。

监测，结合监测等手段对能源绩效参数及主要能耗指标进行检验和检测。

采用对标分析、专家经验、模拟分析等方法对能源管控单元存在的问题进行分析。

管理评估通用的评估工具。

3.3.1.6 评估时间

评估机构应与接受评估的能源管控单元最高管理者或管理者代表协商确定评估的日期。

3.3.1.7 评估人员

评估机构在充分了解能源管控单元的规模以及复杂程度的基础上,成立评估小组,选择能够胜任评估目标任务的评估人员,并确定评估小组组长。评估小组组长应具有管理和领导评估小组的知识和技能。

对评估人员的要求如下:

应具备良好的职业素养、公平、客观、独立性强。

应具有能源管控评估通用的知识和技能,包括掌握能源管控评估的方法、内容和评分标准,应经过能源管控相关培训。

应具有与能源管控单元生产业务相关的专业知识和技能。

3.3.2 评估实施

评估实施的主要工作包括评估启动、现场评估、评估报告的编制、评估报告的提交、评估的完成几部分。

3.3.2.1 总则

评估小组组长应对评估实施的全过程负责;评估小组成员在评估过程中应坚持公平、客观的原则,对所评估内容的评估结果的准确性、有效性负责。

3.3.2.2 评估启动

1. 与组织建立初步联系

评估小组组长与能源管控单元最高管理者或管理者代表就评估的实施建立联系,明确沟通渠道、协商评估方案、落实评估时间、确定评估人员及其他要求。

2. 评估计划

评估小组组长应根据评估方案、与组织沟通协商的结果编制评估计划。评估计划宜考虑评估活动对组织的影响,便于有效地安排和协调评估工作,以达到目标。

评估计划的内容和详略程度可以有所不同。评估计划宜具有充分的灵活性，以允许随着评估工作的进展进行必要的调整。

评估计划应包括实施评估的地点、日期、预期时间、与组织的会议安排、现场调研的范围、访谈的范围、监测的范围，以及数据查验、分析等活动的安排。

3. 评估工作分配

评估小组组长可在评估小组内协商，将具体的评估工作分配给评估小组的每位成员，明确评估小组成员的职责和要求。分配工作时，宜充分考虑成员的独立性和能力。为确保实现评估目标，可随着评估的进展调整所分配的工作。

3.3.2.3 现场评估

1. 首次会议

应与最高管理者或管理者代表及能源管控团队一起召开首次会议。会议的详略程度与组织对评估过程的熟悉程度相一致。

会议应正式，并有出席人员签到记录。会议应由评估小组组长主持。会议包括以下内容（可根据组织开展评估活动的次数适当简化会议内容）：

介绍与会者，并介绍与会者的职责；

确认评估目标、评估范围、评估内容和评分标准；

与组织确认评估计划和其他相关安排，包括末次会议的日期和时间，评估小组和管理者代表之间的临时会议和任何新的变动；

确认评估方法；

确认评估小组与组织之间的正式沟通渠道；

确认已具备评估小组所需的相关基础条件；

确认有关保密和信息安全事宜。

评估小组可在首次会议之后开展能源管控系列标准的培训与宣贯，使组织及能源管控团队充分了解能源管控策划、实施及评估的基本内容和基本要求。

2. 信息的收集与验证

在评估过程中，应通过适当的评估方法收集并验证与评分标准有关的信息，能源管控团队配合完成相关材料的准备。

3. 评估过程中的沟通

在评估期间，评估小组成员间应定期讨论以交换信息，确定评估进展情况，需要时应重新分配评估小组成员的工作。

在评估过程中，评估小组组长可根据需要向组织通报评估进展和相关情况。

4. 评估发现的形成

应对照评分标准评价评估证据以确定评估发现。评估发现能表明评估对象是否符合相应成熟度等级评分标准。同时记录不符合及支持不符合的评估证据。

5. 评估结论的准备

评估小组在末次会议之前应充分讨论，以准备评估结论。根据评估目标、评估发现以及在评估过程中所收集的其他适用信息，考虑评估过程中的不确定因素，对评估结论达成一致，提出改进建议。

6. 末次会议

召开评估工作末次会议，通报评估总体情况，说明评估发现的问题，给出评估结论。

3.3.2.4 评估报告的编制

评估小组应在集体讨论和分析的基础上形成书面形式的评估报告。能源管控水平评估报告应包含以下内容：

（1）能源管控单元现状。描述能源管控单元的组织机构、生产及用能情况、能源管控策划及实施概况。

（2）评估依据。描述本次评估遵循的相关标准及有关要求。

（3）评估工作过程。描述本次评估工作的主要过程，一般包括评估小组组成、评估时间、工作流程等内容。

（4）存在的问题。描述评估中发现的问题，包括分析问题产生的原因和影响因素。

（5）改进建议。针对评估中发现的问题，提出改进建议。

（6）评估结论。描述本次评估的主要评分依据和评估的结论。

(7) 附件。现场评估记录的数据、图表等可放在评估报告正文中，亦可作为报告的附件集中呈现。

3.3.2.5 评估报告的提交

评估报告应在商定的时间期限内提交。如果延迟，应告知委托方原因。

3.3.2.6 评估的完成

当所有策划的评估活动已经执行或出现与委托方约定的情况时，评估即告结束。

3.3.3 评估管理

3.3.3.1 管理评估报告

评估机构应确保下列活动得到实施：
审核和批准评估报告。
将评估报告提交给委托方和最高管理者或管理者代表。

3.3.3.2 管理和保持评估文件及记录

评估机构应确保评估记录的形成、管理和保持，以证明评估活动的实施。

记录应包括下列各项内容：形成文件的评估方案、评估方案的批准记录、评估计划和评估报告、评估人员的培训及考核记录。

评估机构宜将评估的数据和典型案例建立数据库、案例库和评估人员档案库。

3.3.3.3 评估人员能力评价

评估机构应建立合适的运行机制，对评估人员的表现进行持续评价。

评估人员能力评价应是定性的（如在工作中或培训中经证实的个人行为、知识和技能表现等）和定量的（如工作年限、受教育年限、评估次数、培训小时数等）。

可选择不同的方法及其组合来对评估人员的能力进行评价，评价方法包括但不限于：

（1）背景评价，如评估人员的教育背景、培训情况、工作经历、获得的专业证书和荣誉、评估经历等。

（2）面谈，评价评估人员的个人行为和沟通技巧、知识掌握情况，以获得更多信息。

（3）测试，通过口试、笔试等评价评估人员的个人行为、知识和技能及其应用情况。

（4）评估后的评价，通过评价评估报告、与评估人员的交谈、组织及能源管控团队的反馈信息等，评价评估人员在评估期间的表现，识别其存在的优势和不足。

工业和信息化部颁布的《石油和化工企业能源管理中心建设实施方案》之石油和化工企业能源管理中心验收标准，评估细则参见附录5。

4 能源管控系统建设关键技术

建设能源管控系统应根据各生产单元不同的管理水平和软硬件条件，研究开展差异化能源管控建设方式。为规范和指导各油气田企业能源管控系统的建设，从能源管控可持续发展长远考量，油气田企业能源管控系统建设作为能源管控的信息载体和主要管理工具，应遵循循序渐进、有序建设的原则，同时注意"统一功能规划设计、统一数据标准和接口规范、统一权威数据源头"，避免各油气田企业能源管控系统建设和后续运维因承建单位、建设标准不统一等带来的潜在风险。同时，应结合现阶段试点的能源管控建设实际，对能源管控系统功能架构、数据标准、数据接口进行总体设计，形成特定业务领域、特定业务工艺流程，成为可复制、可推广的能源管控建设方案。

4.1 信息技术架构及技术路线

油气田企业能源管控系统，应参照《工业和信息化部关于印发钢铁、石油和化工、建材、有色金属、轻工行业企业能源管理中心建设实施方案的通知》（工信部节〔2015〕13号文）、《工业企业能源管控中心建设指南》（GB/T 40063—2021）和各管理层级有关能源管控系统建设配套标准或管理规范的要求，进行规范化建设。

4.1.1 总体架构

注重整体性、系统性、兼容性、专业性，推进数字化、可视化、自动化、智能化发展，将长期信息化建设积累的大量、基础、权威的生产/能效数据进行有效的数据集成融合，全面而深入地强化大数据分析和数字化集成共享应用能力,是能源管控系统构建的指导方向。围绕油气生产经营数据、地面公用工程基础数据、物联网实时采集数据和能效综合统计数据的融合衔接作为融合目标。宜遵循"以统一云架构与分布式独立系统相结合、统一数据湖/区域数据湖归集为核心,能源管控单元实时数据为依托,数据融合共享为手段,应用成效为目标"的思路,结合业务管理实际进行系统建设。能源管控系统的总体架构如图4-1所示。

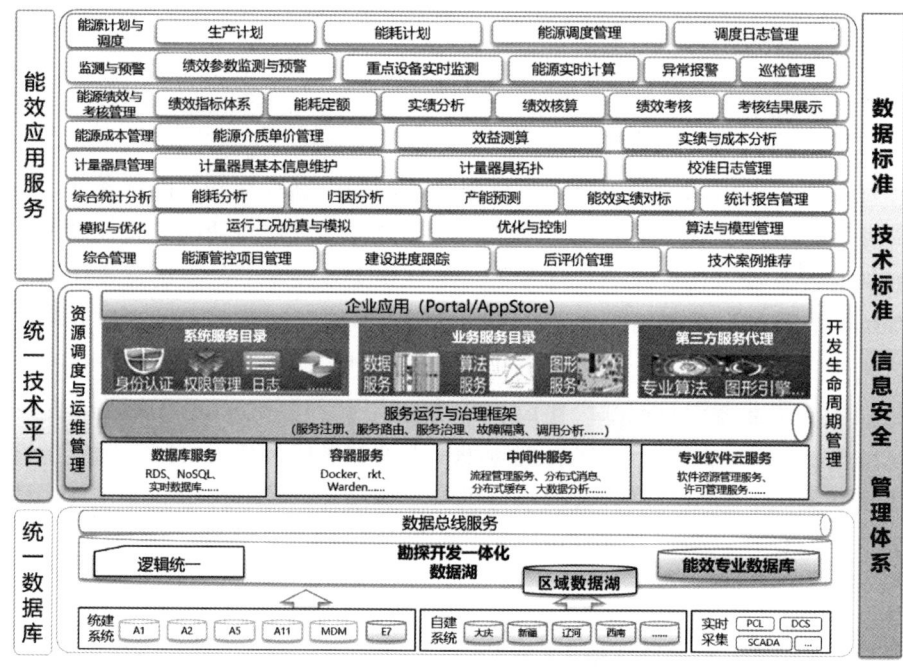

图4-1 能源管控系统的总体架构

随着油气田企业云计算的部署实施和数据中心的配套建设,集团公司层级和油气田企业管理层级的信息系统建设应充分利用基于Docker+Kubernetes+DevOps、微服务、中间件等开源技术集成研发的"云平台"优势和"数据湖"强大的数据整合能力,既可满足能源管控所需的多源数据之间数据融合鲁棒性、容错性、广适性、高效性和实时性的要求,又可实现同步享受云平台架构、数据库和研发技术框架上支持高效敏捷迭代开发、快速应用部署、异构系统和数据库间易于互联互通、弹性拓展等特性和平台自身统一运营管理、整体云安全框架统一防护策略带来的诸多便利。同时,也可进一步节省建设投资和后期的运维成本。

4.1.2 技术路线

云计算、大数据、物联网、移动应用、边缘计算和人工智能已成为时代发展的主旋律，数字化、自动化、智能化、可视化、协同化、共享化是目前信息技术发展的主要趋势。随着油气田企业数字化改造项目的逐步扩展和实施，云计算区域数据中心、区域湖、无线传输网络技术的逐步成熟，再结合新兴技术（如 Kubernetes、Docker 及微服务）等相互融合的云平台技术，可以有效解决企业平台多、系统多、资源不能共享等一系列痛点问题。油气田企业能源管控系统建设在技术架构设计过程中，应该充分结合先进适用的信息技术，最大限度地利用已有软硬件、数据和信息系统资源，通过整体规划和分级管理，为不同业务应用提供灵活的资源使用和部署方式。

4.1.2.1 云化部署

云计算是一种革新的 IT 运用模式，它透过硬件的虚拟化将大量的服务器硬件抽象成为一个巨大的资源池，可以动态地为用户提供基础设施、平台和应用三种形式的服务。在云化部署的条件下，油气田企业能源管控系统开发过程中可以完全抛弃复杂庞大的基础设施，以及与之相关的升级改造和管理维护工作，取而代之的是按照自己的需要从云平台中申请获得相应的计算资源与应用服务。

考虑到业务上的可靠性、安全性、可控性，大多数企业都建设了自己的"私有云"，基于虚拟化等技术建设集中管理计算、存储、网络等基础设施，实现了基础资源的服务和共享，使服务器的利用率有所提高，新的应用和服务的部署更简单快速、自动化。云化部署的特点见表 4—1。

表 4—1 云化部署的特点

特　点	描　述
缩短部署周期	传统模式的设计、采购、实施需要花费大量时间；云服务模式在数分钟即可完成基础平台交付
节约投资成本	高额的硬件投资是中小企业成长初期的瓶颈之一，包括机房配套基础设施、服务器、网络、安全设备等；云服务模式下则按需购置
减少维护工作	很多系统的维护成本甚至超过它们的开发成本；采用云服务模式后，基础平台的维护则由云服务提供商负责
降低 IT 使用门槛	过去花大量的费用购置高性能的 IT 设备；云服务模式下按需购买服务，简单、便捷、经济

续表

特　点	描　述
降低投资风险	系统在开发过程中的任何阶段都存在失败的可能，但在开发的初期就要进行硬件投资，一旦失败前期投资就无法收回；采用云服务模式的试错成本低
提高资源利用率	传统模式下，很多系统使用频率、资源利用率不高却占用着硬件资源；采用云服务模式后可多部门共享资源，大大提升了资源利用率
提升管理效率	过去1000台规模的IT系统维护需要十几个人；云服务模式只需1~2人，云桌面效果明显
提高业务灵活性	云平台弹性可扩展，能根据负载大小支持在线扩容
提高业务安全性	云平台采用冗余、多副本机制，云平台的专用企业级防火墙可自定义安全等级部署

4.1.2.2 前后端分离

传统系统架构没有进行前后端分离，后端工程师负责编写后台业务逻辑的同时也需要完成前端页面设计，应用运行期间会将全部代码进行打包，部署到同一台服务器上，或者进行简单的动静态分离部署。而在前后端分离架构中，前端工程师只需要编写HTML、JS、CSS等前端资源，然后通过HTTP请求调用后端提供的接口服务即可。除了开发期的分离，在应用运行期间前后端资源也会进行分离部署。我们在对比传统系统架构与前后端分离架构后不难发现，在开发模式上，前后端分离架构不仅仅是工程师的分工开发，更大的意义在于实现了前后端并行开发，简化了开发流程。

传统系统架构与前后端分离架构开发模式对比见表4—2。

表4—2　传统系统架构与前后端分离架构开发模式对比

开发模式	团队分工	开发效率	应变能力	维护成本	系统性能
传统系统架构	前后端混合开发，职责边界模糊不清	低	弱	高	使用同一台服务器的资源
前后端分离架构	分工明确，职责清晰，技术专精	高	强	低	拥有专属服务器，各司其职

前后端分离架构开发模式的出现，极大地提高了互联网应用的开发和演进速度，其自身特点就是能更好地适应未来各类大型分布式、云计算、微服务、多平台环境。前端项目与后端项目是两个项目，放置于两台不同的服务器，分

属两个不同的工程，拥有两个不同的代码库，由不同的开发人员负责。前后端约定交互接口，实现并行开发，开发结束后进行独立部署。前端开发人员只需要关注页面的样式与动态数据的解析和渲染，而后端开发人员专注于具体业务逻辑。前后端分离架构开发模式能够更有针对性地通过多种方式解决用户的需求。

4.1.2.3 微服务

业务应用随着用户体量和服务内容的愈加庞大和复杂，对原有的信息服务的可扩展性、敏捷性、容错性等方面提出了更高的要求。

单体应用架构属于比较传统的架构风格，一个归档包包含了所有功能的应用程序。单体应用架构方便调试，代码都在一起；没有分布式开销，所有服务都在本地容器内；中小型项目可以快速迭代，不需要占用太多资源。但是对大规模的复杂应用，单体应用架构会显得特别笨重，在构建部署和扩展伸缩方面有很大的局限性，系统中任何程序的改变都需要整个应用重新构建和部署，编译时间及回归测试周期较长，开发效率降低。另外，在进行水平扩展时也只能对整个系统进行扩展，而不能针对某一个功能模块进行扩展。

微服务架构是最近几年兴起并逐渐成熟的应用于电商平台并迅速得以大范围推广的云化部署应用和服务新技术，它使得业务系统组件化和服务化，不再依赖传统的面向服务的架构（SOA）中的企业服务总线（ESB），而是以一套微小的服务方式来开发和部署一个单独的应用。这些微小的服务根据业务功能来划分，通过自动化部署机制独立在自己的进程中运行。微服务之间使用轻量级通信机制来进行通信，根据不同应用类型和服务规模，采用动态负载均衡、权限认证、服务熔断、日志监控等策略，确保系统高效稳定地运行。

单体应用架构和微服务架构的对比见表 4-3。

表 4-3 单体应用架构和微服务架构的对比

关注点	单体应用架构	微服务架构	说明
交付速度	较慢	较快	服务拆分后，各个服务可以独立并行开发、测试、部署，交付效率有所提升，产品的更新速度更快，用户体验更好。与单体应用架构相比，代码规模越大，微服务架构的优势越明显

续表

关注点	单体应用架构	微服务架构	说　明
故障隔离范围	线程级	进程级	应用系统内各服务独立运行，通过进程的方式隔离，使故障范围得到有效控制，架构变得更简单、可靠。根据业务的重要程度划分服务，把核心业务划分为独立服务，这样从数据库到服务可以进行有效的故障隔离，进而保持稳定
整体可用性	较低	更高	微服务架构由于故障范围得到有效隔离，整体可用性更高，降低了故障对整体造成的影响
架构持续演进	困难	简单	由于微服务的粒度更小，对架构演进的影响就更弱，不会出现大规模重构导致的各种问题。微服务架构对架构演进更友好
沟通效率	低	高	业界普遍认为团队规模越大，沟通效率越低，微服务架构健全了团队功能，把权力下放，不会出现决策瓶颈点，缩小了沟通规模，提高了沟通效率
技术栈选择	受限	灵活	如果某个业务需要独立的技术栈，可以通过服务划分、接口集成的方式实现。例如，搜索服务使用的技术栈、专业细分领域都不相同，通常采用独立的服务实现
可扩展性	受限	灵活	微服务架构可以根据服务对资源的要求以服务为粒度进行扩展，符合AKF扩展立方体中的Y轴扩展。而单体应用架构只能对整体进行扩展，只能做到AKF扩展立方体中的X轴扩展
可重用性	低	高	微服务架构可以实现以服务为粒度，通过接口共享和重用
实现业务复杂性	困难	容易	微服务架构通过将业务分解为更多的服务，业务边界更清晰，更容易把一个复杂的问题分解为简单的问题
创新复杂度	困难	容易	微服务架构以服务为粒度独立演进，团队有更多的试错机会，更利于创新

续表

关注点	单体应用架构	微服务架构	说明
一致性实现成本	低	高	服务划分后,如果在服务 A 的同时调用服务 B 和服务 C,如何保证同时成功或失败?单体应用架构下的单库事务变成了分布式事务问题
时延	低	高	服务划分后,调用次数增多,导致响应时间增加、吞吐量降低
资源成本	低	高	吞吐量的下降意味着要增加更多的资源,对于交付型项目,特别是小规模部署的场景,是比较致命的
关联查询复杂度	简单	复杂	微服务架构一个非常明显的特征就是:一个服务所拥有的数据只能通过这个服务的 API 来访问。通过这种方式来解耦,往往会带来查询问题
远程调用	不涉及	涉及	微服务架构存在更多的远程调用,需要额外考虑序列化、通信协议、数据压缩、服务间的负载均衡、容错等问题
服务治理	不涉及	涉及	由于服务数量变多,微服务架构需要额外考虑服务的注册发现、依赖关系、治理等问题
对开发人员的要求	低	高	微服务架构更复杂,开发人员端到端负责,既要考虑接口定义,又要考虑数据库设计,对开发人员的水平要求更高
对工具的依赖	较低	较高	微服务架构中服务的数量较多,使用工具能起到更明显的效果,对工具的依赖程度更高
运维复杂度	低	高	微服务架构中服务的数量较多,对服务的监控、健康检查要求更高,整体运维的复杂度更高

相较于传统的单体应用架构,微服务架构存在以下优势:

(1)独立部署:由于微服务具备独立的运行进程,所以每个微服务也可以独立部署。当某个微服务发生变更时无须编译、部署整个应用。由微服务组成的应用相当于具备一系列可并行的发布流程，使得发布更加高效，同时降低了对生产环境所造成的风险，最终缩短应用交付周期。

（2）技术灵活：微服务架构下，技术选型是去中心化的。每个团队可以根据自身服务的需求和行业发展的现状，自由选择最适合的技术栈。由于每个微服务相对简单，对技术栈进行升级时所面临的风险较低，甚至完全重构一个微服务也是可行的。

（3）容错性强：当某一组件发生故障时，在单一进程的传统架构下，故障很有可能在进程内扩散，形成应用全局性的不可用。而在微服务架构下，故障会被隔离在单个服务中。若设计良好，其他服务可通过重试、平稳退化等机制实现应用层面的容错。

（4）扩展性强：单体应用架构也可以实现横向扩展，就是将整个应用完整地复制到不同的节点。当应用的不同组件在扩展需求上存在差异时，微服务架构便体现出其灵活性，因为每个服务可以根据实际需求独立进行扩展。

相比传统的单体应用架构，微服务架构在交付速度、故障隔离范围、整体可用性、技术栈选择、可扩展性、可重用性等方面具有明显优势。针对油气田能源管控系统业务复杂、监测对象分布分散、工况条件多变等情况，微服务架构把复杂业务分割成细小的服务单元进行治理，能更好地满足业务需求。

微服务架构以微服务模组化的方式组合出复杂的大型应用程序，且每个服务可以被单独部署，以提供更高的灵活性，加快开发迭代的速度，此外，还可以发布不同服务的同时保持系统其他部分的可用性和稳定性。这样能够满足不同应用对象对能源信息的需求，实现分层次、分级别、分权限的能源数据应用，提升智能化管理/管控水平。

4.1.3　建设策略

能源管控作为一项重要的生产管理内容，在各生产运营管理系统中显得较为分散、不成体系。油气田企业应在梳理归纳能源管控和生产管控的基础上，利用统一的数据平台，将能源管理、ERP、生产指挥调度等相关信息系统有机结合，向智能协同管控的方向发展，在同一个协同管控中心，实现各生产要素的智能管控。只有通过相关要素的有机结合，才能起到强化能源消耗过程的监控与管理，及时采取必要措施以提高能源利用效率的目的。能源管控系统的建设，不仅能有效解决能源的实时平衡管理和监控，还可以通过全公司数据仓库系统，对大量历史数据进行归档和管理，研发出符合自身特点的能源预测和优化模型，及时、全面地掌握能源系统实际运行态势，为进一步的数据挖掘分析、加工和处理创造条件。而将能源计划的执行与成本运营紧密挂钩，以经济指标驱动生产与能耗的合理平衡，更能从根本上助力能源计划的有效落实。

在建设策略上，要实现能源的有效管理，能源管控与生产管控应同步进行，只有将能源管理与生产管理有机结合，避免条块分割，才能达到用能最优的目的。生产管控同样离不开能源管控的有效支撑，油气生产的整个过程本身就包含能源介质的生产和消耗，只有通过优化能源介质平衡，提高能源介质的回收和梯级利用水平，才能保障生产稳定、高效地运转。

在部署建设策略上，集团应依据各建设单位能源管控、在线监测范围的体量、基础设施和信息技术支持力量等多重因素，充分考虑资源最大化集约，除分布式独立部署建设外，亦可采用"私有云""公有云"相结合的服务模式，以虚拟化主机服务器集群租用和托管服务的方式，构建集团层级数据中心以提供对外数据上报服务，满足国家、省市及集团内部各层级的监管需求。

4.2 功能设计

不同管理层级对于能源管控系统的功能需求存在一定的差异。处于较高层级的管理单元注重宏观数据的统计分析和趋势的超前研判，处于管理末端进行实操的业务单元更加注重实时数据的获取、预警分析和动态优化等。因此在能源管控系统的功能设计上，应充分考虑不同管理层级的业务管理需求，进行与之相适应的系统功能构建，并在业务执行层级依据能源管控成熟度进行递进式建设，以达到系统功能的持续迭代和优化。

4.2.1 管控层级划分

典型工业控制系统分为生产管理层、监督控制层、现场控制层、现场设备层4层结构，我们结合油气田企业能源管控各管理层级的职能实际开展情况，将能源管控系统按照三级管理架构进行构建。能源管控系统的三级管理架构如图4-2所示。

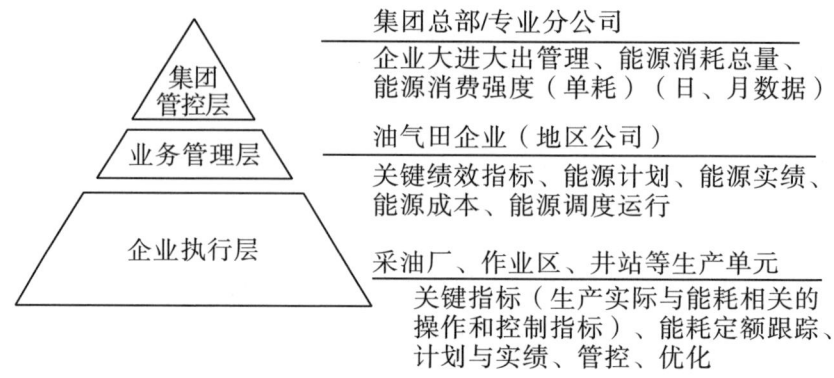

图 4-2 能源管控系统的三级管理架构

4.2.1.1 集团管控层

集团管控层由集团总部层级组成，负责对各油气田企业能源大进大出、能源消耗总量、能源消费强度（单耗）等日度、月度数据进行汇总分析和监督与管理，为集团/专业分公司总体能源管理决策提供支撑。

4.2.1.2 业务管理层

业务管理层由油气田企业（地区公司）层级组成，负责对关键绩效指标、能源计划、能源实绩、能源成本、能源调度运行等的管理，指导油气田企业根据生产计划和实际生产成本、绩效指标完成情况合理调度生产作业，提高企业生产用能管理水平。

4.2.1.3 企业执行层

企业执行层由油气田企业所属厂、作业区、井站等生产单元组成，各单元负责对关键指标（生产实际与能耗相关的操作和控制指标）、能耗定额跟踪、计划与实绩、管控、优化的管理，通过对生产运行过程中的关键指标、设备运行状态、计划与实绩的实时监控、跟踪，实现及时发现问题、分析原因、问题即时处理，逐步实现生产过程中能耗的动态调整优化的能源管控闭环管理，确保生产系统的安全高效运行。

4.2.2 管控层级功能架构

在能源管控系统的三级管理架构中，集团管控层主要进行较为宏观的管理，系统功能相对集中在数据报表、数据多维分析和流程化管理等内容上。业务管理层和企业执行层作为能源管控的实际作业主体，其在不同工艺环节、不同工况条件下的能源管控功能研发具有不同的业务特色。业务管理层和企业执行层相关信息系统的研发过程中应具备基础性功能定义，具体实施建设时应参照本文介绍的管控层级功能架构定义描述，依据能源管控系统的实际建设需求及能源管控成熟度分级配套功能的要求，自行拓展、细化具体功能。

4.2.2.1 业务管理层功能

基于综合集成平台或新建能源管控系统，建设油气田企业（地区公司）、采油（气）厂、作业区和班组三级能源管理体系，实现从关键绩效指标、能源计划、能源实绩、能源调度运行到统计分析、考核的全方位闭环管理；逐级追溯到班组，实现精细化管理。业务管理层要包括能源计划与实绩管理、能源调度管理（调度日志、异常监察、停服役、运行方式变更、事故、应急预案管理等）、能源统计分析（同比、环比、对标、成本、关联分析等）、能源考核管理、能源计量结算管理、能源计量器具管理、能源质量管理、能源报表管理等功能模块。能源管控系统业务管理层（油气田企业）功能架构如图4-3所示，业务管理层（油气田企业）功能一览表见表4-4。

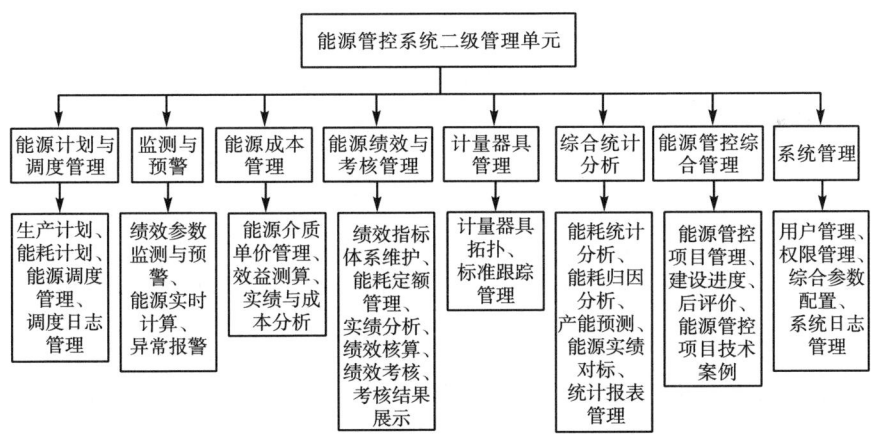

图4-3 业务管理层（油气田企业）功能架构

表 4-4 业务管理层（油气田企业）功能一览表

一级功能	二级功能	功能描述
能源计划与调度管理	生产计划	实现生产计划的编制、下达和跟踪管理功能。依据企业生产目标，根据市场需求，考虑企业现有生产能力和资源供应条件，统筹安排能源、资金等各项资源的使用，合理分配各生产单元生产目标，在确保生产安全经济运行的前提下保证总生产目标的达成
	能耗计划	依据生产计划，做好能耗总量的评估，对各生产单元的能源消耗设定限定值，并进行动态跟踪管理
	能源调度管理	根据能源供需、生产单元生产运行情况的变化，为确保生产安全经济运行、实现生产目标，对生产单元能源分配和作业调整进行调度
	调度日志管理	对调度日志进行存储和查询
监测与预警	绩效参数监测与预警	实现对公司总能耗、各能源介质消耗、单耗、下级重点用能生产单位相关绩效指标的在线监测，人工进行能源绩效参数的设置、甄别、纠正；设置能源绩效参数基准值，动态跟踪企业和各生产单元绩效参数，对超过基准值的绩效参数进行预警
	能源实时计算	基于采集的基础数据，实现能源绩效参数的在线自动计算
	异常报警	对偏离正常限值的绩效参数进行报警
能源成本管理	能源介质单价管理	实现能源介质单价的管理维护，依据市场需求结构、行业平均价格、企业基准成本和各类实际交易价格定期维护各类能源介质单价
	效益测算	采用经验类比、历史数据、专家意见等方式实现生产效益测算
	实绩与成本分析	将生产实际的相关关键参数、绩效指标与成本进行跟踪对比和分析
能源绩效与考核管理	绩效指标体系维护	公司、厂、作业区、井站等能源消耗单元关键能耗参数管理
	能耗定额管理	为降低物耗，杜绝浪费，提高能源利用率（落实分发具体节能任务），实行公司、厂、作业区及具体装置体系能源消耗定额设定
	实绩分析	公司、厂、作业区、井站等能源消耗单元的实际耗能数据展示及其他（同类型同标准）能源消耗单元的对比展示

续表

一级功能	二级功能	功能描述
能源绩效与考核管理	绩效核算	将绩效指标与生产实际相结合，依据绩效核算方法，采用客观与主观、定性与定量相结合的方式对各绩效指标进行评价
	绩效考核	建立绩效目标设定、绩效要求是否达成、判断绩效实施修正、绩效改进、再制定绩效目标的绩效考核体制
	考核结果展示	绩效考核结果展示，能源消耗单元（同类型同标准）绩效对比展示
计量器具管理	计量器具拓扑	计量器具的网络分布图
	校准跟踪管理	对计量器具历史校准信息进行跟踪分析
综合统计分析	能耗统计分析	对电、油、气、水等能源消耗数据按种类、单位、时间进行统计分析，通过表格、曲线、饼状图、柱状图等进行展示
	能耗归因分析	将能耗数据与生产单元的效率进行关联对比分析，找出生产单元能耗偏大或偏小的具体原因
	产能预测	建立相关模型，根据生产情况对未来能耗情况进行预测
	能源实绩对标	对能源消耗的实际绩效（万元产值综合能耗、万元增加值能耗、单位产品综合能耗）等情况进行统计分析
	统计报表管理	对各种能源消耗统计报表进行管理
能源管控综合管理	能源管控项目管理	对企业能源管控项目的基本信息进行管理
	建设进度	对企业能源管控项目各建设过程的信息进行管理
	后评价	对企业能源管控项目的后整体建设效果和使用情况进行评价
	能源管控项目技术案例	将建设中有利于提升生产和能效水平的具体功能、措施或案例进行管理
系统管理	用户管理	对系统用户的基本信息进行管理
	权限管理	对系统用户的使用权限进行管理
	综合参数配置	对系统中的相关参数进行配置、管理
	系统日志管理	对系统的日志进行管理

4.2.2.2 企业执行层功能

基于实时数据库和监控组态系统，建设完善能源综合监控预警管理系统，实现对各级（分厂、站库、重要耗能设备）多种能源介质（煤、电、蒸汽、水、燃料气、氮气等）产、存、耗全过程的实时监控，掌握其历史和实时趋势；实时记录能源系统事件，实时掌握能源使用及消耗情况，实现对各类产能、供能和用能过程及设备的实时监控、异常报警和分析管理；对重点耗能设备（变压器、锅炉、加热炉、汽机、风机、空压机、泵等）进行能效实时计算与监控，实时监控与优化设备的能源利用率、设备运行与生产负荷之间的匹配度，通过综合监控预警系统，按需建设地区公司、分厂、站库重要耗能设备的层级化能源监控预警系统。

对已具备能源管控系统建设条件的单位，可建立能源介质产耗预测模型，以准确掌握主要能源介质（电、蒸汽、燃料气等）未来的产耗平衡变化趋势，为事前调度提供预测数据；建立能源介质管网（蒸汽、燃料气管网等）模拟模型，提高对管网的监控力度，以便及时掌握调度指令对管网的影响程度以提供优化的管网调度方案，准确掌握管网内部的细节信息以有效评估管网设计的合理性；以能源成本最低和放散最少为目标，基于能源介质产耗预测数据和管网模拟结果，建立多能源介质协同优化调度模型，在线、实时提供准确的能源系统优化调度方案；基于多变量预测控制和先进控制技术，实现对加热炉、压缩机、泵机组等高耗能设备的优化控制，提高设备的运行状态和工艺参数控制精度，降低能耗；根据企业能源管理需求，对重点耗能单元、设备和相关生产工艺进行必要的节能技术改造。能源管控系统企业执行层功能架构如图4-4所示，能源管控系统企业执行层（采油厂、作业区、井站等生产作业单元）功能一览表见表4-5。

4 能源管控系统建设关键技术

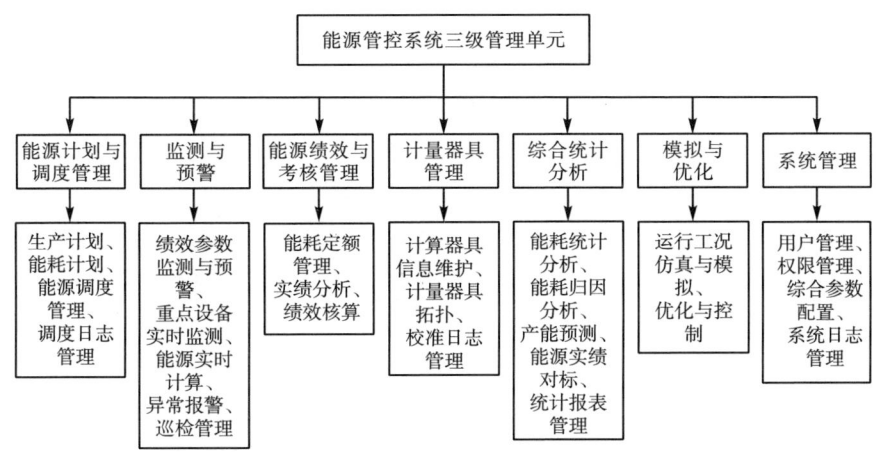

图4-4 企业执行层（采油厂、作业区、井站等生产作业单元）功能架构

表4-5 企业执行层（采油厂、作业区、井站等生产作业单元）功能一览表

一级功能	二级功能	功能描述
能源计划与调度管理	生产计划	根据上级下达的生产任务，依据市场需求，考虑企业现有的生产能力和资源供应条件，统筹安排能源、资金等各项资源的使用，确保生产、安全平稳运行
	能耗计划	为保证生产过程连续均衡地进行，对所需能源消耗的采购、供应、存储、保管、使用等各项工作做好能耗计划，设定能耗限定值，并实现能耗动态跟踪管理
	能源调度管理	根据生产和能耗情况的变化合理进行生产线上的资源分配和生产作业安排（设备分配、工序流程、作业时间等），以满足目标（成本、质量）要求
	调度日志管理	对调度日志进行存储和查询
监测与预警	绩效参数监测与预警	实现能源管控单元绩效参数实测值的在线监测，人工进行能源绩效参数的设置、甄别、纠正；设置能源绩效参数基准值，对超过基准值的绩效参数进行预警
	重点设备实时监测	实时监测采集的设备动态数据，实现重点设备定期监测数据的查询
	能源实时计算	基于采集的基础数据，实现能源绩效参数的在线自动计算
	异常报警	实时监测生产系统各项参数，对偏离正常限值的生产参数进行系统报警
	巡检管理	对巡检人员的日常巡检任务、巡检点清单和巡检点明细进行管理

183

续表

一级功能	二级功能	功能描述
能源绩效与考核管理	能耗定额管理	为降低物耗，杜绝浪费，提高能源利用率（落实领导层分发具体节能任务），实行公司、厂、作业区及具体装置体系能源消耗定额设定
	实绩分析	厂、作业区、井站等能源消耗单元的实际耗能数据展示及其他（同类型同标准）能源消耗单元的对比展示
	绩效核算	将绩效指标与生产实际相结合，依据绩效核算方法，采用客观与主观、定性与定量相结合的方式对各绩效指标进行评价
计量器具管理	计量器具信息维护	计量器具基本信息管理
	计量器具拓扑	计量器具的网络分布图
	校准日志管理	对计量器具历史校准日期、人员的信息记录进行管理
综合统计分析	能耗统计分析	对电、油、气、水等能源消耗数据按种类、单位、时间进行统计分析，通过表格、曲线、饼状图、柱状图等进行展示
	能耗归因分析	将能耗数据与生产单元的效率进行关联对比分析，找出生产单元能耗偏大或者偏小的具体原因
	产能预测	建立相关模型，根据生产情况对未来能耗情况进行预测
	能源实绩对标	对能源消耗的实际绩效（万元产值综合能耗、万元增加值能耗、单位产品综合能耗）等情况进行统计分析
	统计报表管理	对各种能源消耗统计报表进行管理
模拟与优化	运行工况仿真与模拟	基于仿真系统对运行工况进行仿真和模拟
	优化与控制	通过仿真模拟，对工况进行分析，对生产单元进行优化，使能源绩效达到最优值
系统管理	用户管理	对系统用户的基本信息进行管理
	权限管理	对系统用户的使用权限进行管理
	综合参数配置	对系统中的相关参数进行配置、管理
	系统日志管理	对系统的日志进行管理

4.2.2.3 不同成熟度等级功能要求

能源管控系统的三级管理架构中，油气田企业不同体量规模的厂、区、站、库的建设单元应满足与能源管控计量级、监测级、分析级、优化级和智能级 5 个成熟度等级相适应的功能要求,并据此由低向高开展梯度化的成熟度和系统功能的扩展、完善与优化。

1. 计量级系统的功能

计量器具作为能源管控的重要组成部分具有举足轻重的作用,在进行计量级能源管控系统建设时,应规范 SCADA、DCS、PLC 等现有工控设施系统和新增补仪器仪表设施的数据集成标准,做好与物联网系统的融合及计量设施的准确计量管理。计量级系统应设置计量器具台账管理、计量拓扑管理、计量器具全生命周期管理、系统管理等模块,并预留标准数据接口。计量级系统的主要功能见表 4−6。

表 4−6 计量级系统的主要功能

模块名称	子模块名称	功能描述
计量器具台账管理	—	计量器具基本台账信息管理
计量拓扑管理	—	各类能源计量网络拓扑图查询
计量器具全生命周期管理	生命周期管理	计量器具历史维护、检定、校准、更换记录管理,校准日志管理,检定提醒等
	综合查询	计量器具的多维度综合查询、统计展示
系统管理	用户管理	对系统用户的基本信息、所属角色、用户组进行管理
	权限管理	对各类角色的系统使用权限进行管理
	系统日志管理	对用户的登录、登出、操作日志进行管理

2. 监测级系统的功能

监测级能源管控系统应设置能源监测与预警、能源分析与考核、能源资料管理、系统管理等模块,并预留标准数据接口。监测级系统的主要功能见表 4−7。

表 4-7 监测级系统的主要功能

模块名称	子模块名称	功能描述
能源监测与预警	实时监测	能源管控单元各层级在线监测看板，以表格、曲线、饼状图、柱状图以及设备、工艺流程 2D/3D 模型等可视化方式展示实时生产运行情况和能耗统计数据
	重点用能设备监测	对重点用能设备实时生产运行情况、能耗统计和能源绩效参数进行在线监测，对设备特有的监测方式（如抽油机示功图）进行定制化展示
	事件中心	实现生产运行、能耗统计和能源绩效参数的越限告警、历史事件查询和逐级追溯
能源分析与考核	能耗统计分析	能耗统计数据历史趋势查询和横向对比
	生产运行分析	生产运行数据历史趋势查询和横向对比
	统计报表管理	对生产运行情况、能耗统计和能源绩效参数以及综合数据统计报表进行定制和管理
能源资料管理	计量器具管理	计量器具基本台账信息管理，各类能源计量网络拓扑图查询，计量器具历史维护、检定、校准、更换记录管理
	生产设备管理	生产设备基本台账信息管理，生产设备历史维护、检修、更换记录管理
	数据录入管理	录入无法在线采集或采集缺失的数据
系统管理	告警方案设置	对生产运行情况、能耗统计和能源绩效参数的越限值和告警方案进行设置
	管控单元管理	对能源管控单元的基本信息、单元间组织结构、供能关系进行配置和管理
	用户管理	对系统用户的基本信息、所属角色、用户组进行管理
	权限管理	对各类角色的系统使用权限进行管理
	系统日志管理	对用户的登录、登出、操作日志进行管理

3. 分析级系统的功能

分析级能源管控系统应包括监测级系统的所有功能，此外还应增加表 4-8 所列功能。在系统开发时应和相关能效对标管理模块使用统一的数据接口及规范。

表 4-8 分析级系统增加的功能

模块名称	子模块名称	功能描述
能源计划与成本	生产计划	设置重点能源管控单元生产计划，并进行实际与计划的对比分析
	能源计划	设置重点能源管控单元能源计划，根据生产计划和历史能耗预测未来能耗，并进行实际值、预测值与计划值的对比分析
	实绩与成本分析	对实际能源成本和单位产值能耗情况进行统计分析
能源分析与考核	能耗统计分析	实现能耗统计数据的纵向对标
	能效趋势查询	实现能源绩效参数的纵向对标
	能效排名	实现能源绩效参数的横向对标
	能效归因分析	实现最优标杆查询，找出低效用能的具体原因并实现最佳追标方案查询

4. 优化级系统的功能

优化级能源管控系统应包括分析级系统的所有功能，此外还应增加表 4-9 所列功能。

表 4-9 优化级系统增加的功能

模块名称	子模块名称	功能描述
能源优化与决策	机采系统优化	包括但不限于机采井运行工况仿真、油井用能优化、区块油井整体用能优化、间抽井控制策略优化、油井动液面预测、电加热设备运行优化
	集输系统优化	包括但不限于集输系统全流程模拟，包括油井、计量间、转油站及联合站之间的管网和站内的仿真及优化等。此外还有干线加热炉的节能优化、泵组群优化
	处理系统优化	包括但不限于电驱压缩机、气驱压缩机的节能运行优化，水处理设备的运行优化，加热锅炉的节能优化，外输泵组的运行优化
	注水系统优化	包括但不限于注水站工艺流程模拟、开泵方案优化、布局优化、管网参数优化
	配电系统优化	包括但不限于井场输电线网损耗优化、防窃电技术应用、基础容量计费优化
	优化流程管理	记录运维人员根据优化决策实际操作调整的生产日志，对比分析预测的节能率（量）与操作调整后的实际节能率（量）的差异

5. 智能级系统的功能

智能级能源管控系统应包括分析级系统的所有功能，此外还应增加表 4-10 所列功能。

表 4-10　智能级系统增加的功能

模块名称	功能描述
能源管控单元闭环优化	具备能源管控单元闭环实时优化模型
闭环优化管理	实现从能源计划、调度、运行到统计分析、考核的全方位闭环管理

能源管控系统成熟度是一个持续进化、完善的过程，需经历低成熟度等级 PDCA 循环优化，跃升为更高等级的成熟度等级，最终实现由计量级向智能级的发展。与之相适应的系统功能同样也是一个持续迭代、优化发展的过程。

4.3　数据规范性定义

油气田企业在能源管控系统的建设过程中，所采用的相关数据标准应参照《工业和信息化部关于印发钢铁、石油和化工、建材、有色金属、轻工行业企业能源管理中心建设实施方案的通知》（工信部节〔2015〕13 号文），国家发展改革委环资司、国家节能中心 2018 年发布的《重点用能单位能耗在线监测技术规范（试行）》第 10-3 部分《石油石化行业数据采集指南》及《油田生产系统节能监测规范》（GB/T 31453—2015）等国家标准或部委明确的数据规范性文件。结合中石油及企业公司层级现有的数据标准，统一数据接口规范，遵照数据指标、维度、计量单位、数据类型、数据精度等相关要求进行相应系统建设，便于后续国家和企业等不同需求层面系统间的数据集成融合和接口开发。

能源管控系统建设涉及大量的数据交互，其中一些来自现有的信息管理系统、一些来自工控系统，还有新增计量器具采集到的远程数据，这些数据样本间存在较大差异，各系统数据的兼容与衔接存在集成整合困难的问题。这就要求系统在建设之初，应通过调查研究确认统一的数据规范和执行标准，明确数据出处、数据精度、采集粒度和存储方式，合理利用数据资源，统一数据标准。

为便于相关系统数据的集成应用，并遵循数据标准的规范性共识，本节引用中国石油勘探与生产公司《油气田企业能源管控建设顶层设计》的规范性指导意见中部分关键参数定义等数据标准供读者参考。更多数据内容请查阅各级相关数据标准。

4.3.1 生产系统数据

生产系统数据包括油气田各类生产系统分类、生产系统设备基础信息、生产动态参数、工艺分类、能效指标参数等。对这些细化参数、指标的定义，益于有效量化考核和匹配同工况条件下的能效对标。油气田生产工艺类别和基础业务分类见表4-11。

表4-11 油气田生产工艺类别和基础业务分类

生产工艺类别	基础业务分类
生产系统	机采系统、集油系统、注水系统、注蒸汽系统、集气系统、气处理系统、煤层气系统、原油脱水系统、原油稳定系统、污水处理系统
油气田类型	高含水、低渗透、浅层开发、常规油田、稠油油田、高含硫油气田、高含碳油气田、常规气田、煤层气
渗透率	高渗透、中渗透、低渗透、特低渗透
油藏深度	浅层、中深层、深层、超深层
井型	直井、定向井、水平井、分支井、侧钻井、侧斜井
井别	采油井、采气井、采水井、注水井、注聚井、注三元井、注汽井、注气井、水源井、报废井
采出方式	自喷、机械采油、抽油机、螺杆泵、电泵、水力泵、射流泵、潜油柱塞泵、往复泵、气举采油、提捞井、抽汲、其他机械采油
注入方式	笼统注水、正注、反注、合注、带分注管柱、分层注水、地下配水、地面配水、单管注水、多管注水、油套分注
驱替方式	注水驱动、注汽驱动、蒸汽吞吐、SAGD、注聚驱动、注碱驱动、三元复合驱动、泡沫驱动、二氧化碳驱动、氮气驱动、火烧油层、重力驱动、溶解气驱动、弹性驱动、水压驱动、弹性水压驱动、气压驱动、综合驱动、混合气驱动、四元复合驱动
计量方式	刮板流量计、弯管流量计、腰轮流量计、旋进漩涡流量计、气体流量计、探针流量计、超声波流量计、质量流量计、翻板计量、孔板计量、翻斗量油、大罐量油、计量车量油、玻璃管量油、软件量油、稠油称重计量、温差法、液面恢复法、U形管法、二相计量分离器、三相计量分离器、磁浮子液位计

续表

生产工艺类别	基础业务分类
产气类型	常规天然气、气田气、凝析气、非常规天然气、煤层气、致密砂岩气、页岩气、二氧化碳、储气库
产油类型	稀油、稠油、特稠油、超稠油、凝析油、高凝油
抽油机类型	常规抽油机、异相抽油机、其他
节能抽油机类型	双驴头抽油机、下偏杠铃抽油机、异相（偏置）抽油机、大传动比抽油机、塔架抽油机、提捞机抽油机、摆杆抽油机、双四杆抽油机、其他
平衡方式	曲柄平衡、游梁平衡、复合平衡、气动平衡、其他
原油集输与处理工艺类型	单井捞油、单井高架罐拉油集油流程、单井九合一拉油流程、多井九合一拉油流程、多井高架罐拉油集油流程、单管不加热通球流程、平台井高架罐拉油集油流程、火驱油套分输流程、双管掺水热洗流程、双管掺水不热洗流程、双管出油不加热流程、单管出油不加热流程、环状双管掺水热洗流程、单管掺水热洗流程、单管环状电加热流程、单管树状电加热流程、单管环状掺水流程、丛式井不加热流程、单管加热掺液流程、平台集中加热掺液流程、丛式井不加热流程、三合一大站供水、三合一本站放水、四合一大站供水、四合一本站放水、本站放水密闭、本站供水密闭、二段电脱水、三段脱水、二段热化学脱水、二段大罐沉降脱水、一段合一设备脱水、一段高效三项分离器脱水、一段大罐沉降脱水、一段一体化集成装置脱水、正压分馏、微正压闪蒸、负压
一段脱水方式	游离水脱除、热化学脱水、大罐沉降脱水、"合一"设备脱水、高效三项分离器脱水、一体化集成装置脱水、其他
二段脱水方式	电脱水、热化学脱水、大罐沉降脱水、其他
三段脱水方式	电脱水、其他
天然气集输与处理工艺	脱硫法、化学溶剂法、物理溶剂法、化学物理溶剂法、氧化还原法、固体脱硫剂法、液体脱硫剂法、脱碳法、膜分离法、固定床吸附法、低温分离法、脱水法、固体吸附法、溶剂吸收法、低温脱水法、脱轻烃（轻烃回收）、冷凝分离法、吸附法、油吸收法、硫黄回收工艺、常规克劳斯硫黄回收工艺、低温克劳斯硫黄回收工艺、尾气处理工艺、凝析油稳定工艺
气组分类型	甲烷、乙烷、丙烷、丁烷、戊烷、氢、氦、氩、氧、氮、二氧化碳、二氧化硫、硫化氢、水蒸气、空气、其他
原水水质类型	含油污水、聚合物污水、三元污水、二元污水、地面污水、地面清水、地下水、其他污水

除生产系统的基础数据外，清晰定义油气田企业机采系统、集油系统、注水系统等各工艺环节的绩效参数对能源管控系统促进生产效能具有实际指导意

义。机采系统绩效参数见表4—12,原油稳定系统绩效参数见表4—13。

表4—12 机采系统绩效参数

指标名称	英文名称(简写)	计量单位	统计精度
吨液百米单耗	Pup _ ton _ hm _ consum	kW·h/(100m·t)	2
电泵井吨液百米单耗	Elec _ pup _ hm _ consum	kW·h/(100m·t)	2
抽油机井采液单耗	Pup _ liq _ con	kW·h/t	2
电泵井采液单耗	Elecpup _ liq _ con	kW·h/t	2
螺杆泵井采液单耗	Scrpup _ liq _ con	kW·h/t	2
螺杆泵井吨液百米单耗	Scrpup _ ton _ hm _ consu	kW·h/(100m·t)	2
机采吨液耗电	Pow _ ton _ consum	kW·h/t	2
机采系统平均效率	Mech _ produc _ ave _ efic	%	2
抽油机井系统效率	Pup _ wel _ efic	%	2
抽油机有效功率	Effpow _ pup _ unit	kW	2
抽油机输入功率	Inputpow _ pup _ unit	kW	2
电泵井系统效率	Elecpup _ efic	%	2
电泵井有效功率	Effpow _ elecpup	kW	2
电泵井输入功率	Inputpow _ elecpup	kW	2
螺杆泵井系统效率	Scrpup _ efic	%	2
螺杆泵有效功率	Effpow _ scrpup	kW	2
螺杆泵输入功率	Inputpow _ scrpup	kW	2
抽油机平衡度	Balan _ pup _ unit	%	2

表4—13 原油稳定系统绩效参数

指标名称	英文名称(简写)	计量单位	统计精度
原稳吨油综合能耗	Enegy _ consu _ stableoil	kgce/t	2
加热炉平均效率	Ave _ efic _ hetfur	%	2
输油泵机组效率	Efic _ oilpup _ unit	%	2

4.3.2 统计数据

统计数据由统计指标和统计维度两类数据构成,统计指标是对生产、能耗、水耗、单耗等具体统计数据的衡量，统计维度是对具体统计指标从能源种类、资产类型、工业类型等不同角度的归类定义。

4.3.2.1 统计指标

依据油气田企业的生产用能特点，统计指标按照业务类型分为8类：生产类、财务类、节能类、节水类、能耗/用能类、水耗/用水类、装置/设备类、其他类。其中，生产类指标是企业生产水平的统计指标，包括与产量相关的指标；财务类指标是企业评价财务状况和经营成果的相对指标，包括产值、成本、介质单价、消耗费用等；节能类指标是衡量企业节能水平的相关统计指标；节水类指标是衡量企业节水水平的相关统计指标；能耗/用能类指标是反映企业能源消耗情况的统计指标，包括能源消耗介质实物量、能源单耗等指标；水耗/用水类指标是反映企业用水消耗情况的统计指标，包括用水量、用水单耗等指标；装置/设备类指标是描述设备使用状况的统计指标，包括设备使用台数、设备测试效率等指标。

统计指标的属性分为原子指标和计算指标两类。原子指标指最小的数据输入单元，是通过在线采集仪器/设备、DCS、SCADA自动采集或手工填报等采集的数据。计算指标指由不同原子指标依据特定业务逻辑规则，通过运算得到的数据单元。这里仅列出节能类指标和节水类指标，分别见表4—14、表4—15。

表 4-14 节能类指标

指标名称	英文名称(简写)	属性	数据类型	计量单位	统计精度
节能量	Saved_engy_amt	原子	double	吨标准煤	4
节能量(累计)	Saved_engy_amt_sum	原子	double	吨标准煤	4
节能能力(实物量/年)	Fsaving_engy_pratl	原子	double	以能源类型为准	以能源类型为准
节能能力(吨标准煤/年)	Fsaving_engy_stadc	原子	double	吨标准煤/年	4
节能能力(万元/年)	Fsaving_engy_money	原子	double	万元/年	4
本年实现节能(实物量)	Ysaving_engy_pratl	原子	double	以能源类型为准	以能源类型为准
本年实现节能(吨标准煤)	Ysaving_engy_stadc	原子	double	吨标准煤	4
本年实现节能(万元)	Ysaving_engy_money	原子	double	万元	4
节能量目标	Target_saved_engy_amt_G	原子	double	吨标准煤	4
单位产品综合能耗实际完成节能量	Act_saved_engy_amt_G	原子	double	吨标准煤	4
工业总产值能耗实际完成节能量	Ind_act_saved_engy_amt_G	原子	double	吨标准煤	4
单位产品综合能耗节能量完成率	Act_saved_engy_rate_G	原子	double	%	2
工业总产值能耗节能量完成率	Ind_act_saved_engy_rate_G	原子	double	%	2

表4—15 节水类指标

指标名称	英文名称(简写)	属性	数据类型	计量单位	统计精度
节水量	Saved_watr_amt	原子	double	万立方米	4
节水量(累计)	Saved_watr_amt_sum	计算	double	万立方米	4
节水价值量	Saved_watr_value_amt	原子	double	万元	4
节水能力(实物量/年)	Fsaving_watr_pratl	原子	double	以用水类型为准	以用水类型为准
节水能力(万立方米/年)	Fsaving_watr_stadc	原子	double	万立方米/年	4
节水能力(万元/年)	Fsaving_watr_money	原子	double	万元/年	4
本年实现节水(实物量)	Ysaving_watr_pratl	原子	double	以用水类型为准	以用水类型为准
本年实现节水(万立方米)	Ysaving_watr_stadc	原子	double	万立方米/年	4
本年实现节水(万元)	Ysaving_watr_money	原子	double	万元	4

4.3.2.2 统计维度

统计维度是对统计指标从不同业务属性进行的描述和划分，统计维度目录见表 4-16，能源消耗种类指标见表 4-17。

表 4-16 统计维度目录

维度分类	纬度值
资产维度	上市、未上市
工业维度	工业、非工业
生产环节维度	机采、集输、污水处理、产汽、注水、注聚、采集输、天然气处理、探井、开发井、大修、小修、原油储存、原油输送、天然气储存、天然气输送、发电、产热、供水、运输、其他（生产相关）、办公、其他
用能单元业务维度	油气田、矿区、其他、气田开发、油田开发、炭黑、辅助生产（其他）、天然气采集输、天然气净化、天然气损耗、原油开采、油田损耗、油化产品、气体产品、LNG、机关及辅助、粗氮、注采站（储气库）、集注站（储气库）、监控阀室（储气库）、监视阀室（储气库）、给水泵站（储气库）、基地（储气库）、其他（储气库）、单井站、集输站、配气站、增压站、回注站、脱水站、轻烃站、办公及后勤（采集输）、辅助生产（采集输）、生产（天然气净化）、办公及后勤（天然气净化）、工程技术服务（天然气净化）、生产（原油开采）、工程技术服务（原油开采）、生产（单井站）、工程技术服务（单井站）、生产（集输站）、工程技术服务（集输站）、生产（配气站）、工程技术服务（配气站）、生产（增压站）、工程技术服务（增压站）、生产（回注站）、工程技术服务（回注站）、生产（脱水站）、工程技术服务（脱水站）、生产（轻烃站）、工程技术服务（轻烃站）
原油替代种类	以煤代油量、以气代油量、其他代油量
能源消耗种类	原煤、原油、原油自用量、原油损耗量、天然气、天然气自用量（包括压缩机消耗量、其他自用量）、天然气损耗量（包括放空量、其他损耗量）、轻烃减量、电、企业外购入电量、企业外供出电量、企业内购入电量、企业内供出电量、重油、汽油、汽油交通工具、汽油损耗量、柴油、柴油自用量、柴油交通工具、柴油损耗量（包括钻井消耗量、其他损耗量）、炼化干气、液化气、液氮、催化烧焦、热力、企业外购入量热力、企业外供出量热力、企业内购入量热力、企业内供出量热力、其他

续表

维度分类	纬度值
用水种类	自来水用量、地表水用量、地下水用量、中水用量、循环水量、蒸汽冷凝水回收量、可回收的冷凝的总蒸汽量、污水产生量、污水处理量、污水回灌量、污水排放量、污水回用量、取水总量、重复用水量、管道供应的未经达标处理的水用量、海水用量、注水量、外购化学水消耗量、串联水消耗量、外购蒸汽消耗量、微咸水量
进销存能源种类	原煤、无烟煤、炼焦烟煤、一般烟煤、褐煤、洗精煤、其他洗煤、煤制品、焦炭、其他焦化产品、焦炉煤气、高炉煤气、转炉煤气、发生炉煤气、天然气（气态）、液化天然气（液态）、煤层气（煤田）、原油、汽油、煤油、柴油、燃料油、液化石油气、炼厂干气、石脑油、润滑油、石蜡、溶剂油、石油焦、石油沥青、其他石油制品、热力、电力、煤矸石用于燃料、城市生活垃圾用于燃料、生物质废料用于燃料、余热余压、其他工业废料用于燃料、其他燃料
矿区供暖业务类型	自备锅炉供暖、市政集中供暖、生产余热供暖、地源热泵供暖、其他方式供暖
设备类型维度	注水泵、输油泵、抽油机、电潜泵、螺杆泵、风机、机泵、锅炉、烧油锅炉、烧煤锅炉、烧气锅炉、混烧锅炉、加热炉、烧油加热炉、烧煤加热炉、烧气加热炉、混烧加热炉、压缩机、燃气压缩机、网电压缩机、其他压缩机、柴油钻机、燃气发电机、其他设备

表 4—17 能源消耗种类指标

指标名称	英文名称（简写）	实物量单位	统计精度
原煤	Raw_coal	吨	4
原油	Cru_oil	吨	4
原油自用	Since_the_amo_C	吨	4
原油损耗	Los_quaity_C	吨	4
天然气	Natural_gas	万立方米	4
天然气自用	Since_the_amo_N	万立方米	4
其中：压缩机消耗	Compre_consu	万立方米	4
压缩机消耗量外其他	Compre_consu_other	万立方米	4
天然气损耗	Los_quaity_N	万立方米	4
其中：放空	Vent_amount	万立方米	4
放空外其他	Vent_amount_other	万立方米	4
轻烃减	Lighter_hyd_los	万立方米	4

续表

指标名称	英文名称（简写）	实物量单位	统计精度
电	Elec	万千瓦时	4
企业外购入电	Etp_exter_pur_qua_E	万千瓦时	4
企业外供出电	Etp_exter_for_out_E	万千瓦时	4
企业内购入电	Etp_pur_quaity_E	万千瓦时	4
企业内供出电	Busi_etp_in_out_E	万千瓦时	4
重油	Heavy_oil	吨	4
汽油	Gsl	吨	4
汽油交通工具	Transportation_J_G	吨	4
汽油损耗	Los_quaity_G	吨	4
柴油	Dies	吨	4
柴油自用	Since_the_amo_D	吨	4
柴油交通工具	Transportation_J_D	吨	4
柴油损耗	Los_quaity_D	吨	4
其中：钻井消耗	Drilling_consu	吨	4
钻井消耗外其他	Drilling_consu_other	吨	4
炼化干气	Refin_dry_gas	吨	4
液化气	Liq_gas	吨	4
液氮	Liq_nitrogen	吨	4
催化烧焦	Catalytic_charred	吨	4
热力	Therm	吨标准煤	4
企业外购入热力	Etp_exter_pur_qua_T	吨标准煤	4
企业外供出热力	Etp_exter_out_T	吨标准煤	4
企业内购入热力	Busi_etp_insid_pur_qua_T	吨标准煤	4
企业内供出热力	Busi_etp_in_out_T	吨标准煤	4
其他	Other_energy_type	吨标准煤	4

4.3.3 耗能设备数据

耗能设备数据对设备的基本参数、能效参数、设备专有参数进行规范定义。耗能设备指标目录见表4-18，加热炉指标见表4-19。

表4-18 耗能设备指标目录

指标分类	统计指标
设备基础信息	系统设备编号、设备目录名称、能耗种类、是否为节能设备、使用情况、所属单位、设备监控编号、设备名称、设备型号、设备出厂编号、安装位置、厂家名称、出厂日期、投用日期、效用年限、备注、计划淘汰日期、实际淘汰日期
泵信息	设计排量、设计扬程、泵额定功率、泵转速、泵效率、电机名称、电机型号、电机编号、电机厂家名称、电机出厂日期、电机投用日期、电机效用年限、电机功率、电机功率因数、是否变频、额定电压、额定电流、额定转速、额定工作压力、最大工作压力
加热炉信息	炉位号、设计温度、额定容量、燃烧器型号、燃烧器厂家、燃烧器功率、额定热负荷、输油额定热负荷、掺水额定热负荷、热洗额定热负荷、采暖额定热负荷、脱水额定热负荷、加热介质类型、设计热效率
锅炉信息	炉位号、型号、吨位、额定排量、额定压力
压缩机信息	相对内效率、内部效率、机械效率、输出效率、设计进口温度、设计进口压力、设计出口温度、设计出口压力、设计出口流量、额定容积流量、压缩介质、透平名称、透平厂家名称、透平规格型号、透平出厂日期、透平投用日期、透平效用年限、电机名称、电机型号、电机编号、电机厂家名称、电机出厂日期、电机投用日期、电机效用年限、电机功率、电机功率因数、是否变频、额定电压、额定电流、额定转速
变压器信息	一次额定电压/电流、额定容量、二次额定电压/电流、频率

表4-19 加热炉指标

设备字段名称	英文名称（简写）
炉位号	Location_id
设计温度	Design_tempera
额定容量	Rate_capacity
燃烧器型号	Burner_type
燃烧器厂家	Burner_vendor
燃烧器功率	Burner_power
额定热负荷	Burner_thermal
输油额定热负荷	Rate_oiltrans_thermal

续表

设备字段名称	英文名称（简写）
掺水额定热负荷	Rate _ watering _ thermal
热洗额定热负荷	Rate _ wash _ thermal
采暖额定热负荷	Rate _ hate _ thermal
脱水额定热负荷	Rate _ dehy _ thermal
加热介质类型	Heat _ me _ type
设计热效率	Design _ thermal _ efic

4.4 关键绩效参数

能源管控系统关键绩效参数是评估能源管控实施效果的重要量化考核参数。企业在开展能源管控工作时，能源管控单元主要生产参数和能耗参数应至少每天采集一次。能源管控单元综合能耗指标和单耗指标宜每天计算一次，每周不少于一次；主要生产系统能耗指标宜每周计算一次，每月不少于一次。油气田企业应结合能源管控单元的生产实际，细化能源管控系统绩效参数指标。

4.4.1 综合能耗指标

宜选取综合能源消费量、能源消耗量作为综合能耗指标，也可根据自身情况把某一类能源实物量作为综合能耗指标，如电、天然气、原油等。

4.4.1.1 综合能源消费量

1. 出处

综合能源消费量引自《石油企业耗能用水统计指标与计算方法》（SY/T 6722—2016）。

2. 定义

规定的耗能体系在一段时间内，投入的各种能源实物量（含损耗）按规定的计算方法和单位分别折算为标准煤后的总和，不包括该耗能体系项外提供的自产二次能源数量。

3. 公式

综合能源消费量的计算公式为

$$E = \sum_{i=1}^{n} E_i \cdot r_i - \sum_{j=1}^{m} E_j \cdot r_j + \sum_{k=1}^{p} E_k \cdot r_k \qquad (4-1)$$

式中：E——综合能源消费量，单位为吨标准煤（tce）；

E_i——企业投入第 i 种能源实物消费量，单位为吨（t）或其他能源实物量单位；

E_j——企业加工转换的第 j 种能源实物产量，单位为吨（t）或其他能源实物量单位；

E_k——企业加工转换的第 k 种能源实物自用量，单位为吨（t）或其他能源实物量单位；

r_i——第 i 种能源折标准煤系数；

r_j——第 j 种能源折标准煤系数；

r_k——第 k 种能源折标准煤系数；

n——企业投入能源实物的种类数；

m——企业加工转换二次能源的种类数；

p——企业加工转换自用二次能源的种类数。

4. 采集频率

每天采集一次。

4.4.1.2 能源消耗量

1. 出处

能源消耗量引自《石油企业耗能用水统计指标与计算方法》（SY/T 6722—2016）。

2. 定义

规定的耗能体系在一段时间内，实际消耗的各种能源实物量（含损耗）按规定的计算方法和单位分别折算为标准煤后的总和，不包括该耗能体系作为生产非能源产品的原料量以及向外提供的自产二次能源数量。

3. 公式

能源消耗量计算公式为

$$E_{\mathrm{h}} = \sum_{s=1}^{q}(E_s - E'_s) \cdot r_s \tag{4-2}$$

式中：E_{h}——能源消耗量，单位为吨标准煤（tce）；

E_s——企业实际消耗的第 s 种能源实物量（不包括原料量），单位为吨（t）或其他能源实物量单位；

E'_s——企业加工转换外供的第 s 种二次能源实物产量，单位为吨（t）或其他能源实物量单位；

r_s——第 s 种能源折标准煤系数；

q——企业消耗能源的种类数。

4. 采集频率

每天采集一次。

4.4.2 单耗指标

宜选取单位油田油气生产综合能耗、单位油田液量生产综合能耗、单位气田生产综合能耗作为单耗指标。

4.4.2.1 单位油田油气生产综合能耗

1. 出处

单位油田油气生产综合能耗引自《石油企业耗能用水统计指标与计算方法》（SY/T 6722—2016）。

2. 定义

油田生产能源消耗量与原油和伴生气当量产量的比值。

3. 公式

单位油田油气生产综合能耗计算公式为

$$M_{\mathrm{y}} = \frac{E_{\mathrm{hy}}}{G_{\mathrm{y}} + G_{\mathrm{qb}} \cdot r_{\mathrm{y}}} \tag{4-3}$$

式中：M_y——单位油田油气生产综合能耗，单位为千克标准煤每吨（kgce/t）；

E_{hy}——油田生产能源消耗量，单位为千克标准煤（kgce）；

G_y——原油产量，单位为吨（t）；

G_{qb}——油田伴生气产量，单位为万立方米（$10^4 m^3$）；

r_y——天然气折原油系数，单位为吨每万立方米（$t/10^4 m^3$）。

4. 采集频率

每天采集一次。

4.4.2.2 单位油田液量生产综合能耗

1. 出处

单位油田液量生产综合能耗引自《石油企业耗能用水统计指标与计算方法》（SY/T 6722—2016）。

2. 定义

油田生产能源消耗量与产液量的比值。

3. 公式

单位油田液量生产综合能耗计算公式为

$$M_{yy} = \frac{E_{hy}}{G_y + G_{qb} \cdot r_y + G_s} \tag{4-4}$$

式中：M_{yy}——单位油田液量生产综合能耗，单位为千克标准煤每吨（kgce/t）；

E_{hy}——油田生产能源消耗量，单位为千克标准煤（kgce）；

G_y——原油产量，单位为吨（t）；

G_{qb}——油田伴生气产量，单位为万立方米（$10^4 m^3$）；

r_y——天然气折原油系数，单位为吨每万立方米（$t/10^4 m^3$）。

G_s——油井产出液中的产水量，单位为吨（t）。

4. 采集频率

每天采集一次。

4.4.2.3 单位气田生产综合能耗

1. 出处

单位气田生产综合能耗引自《石油企业耗能用水统计指标与计算方法》(SY/T 6722—2016)。

2. 定义

气田生产能源消耗量与气田天然气产量的比值。

3. 公式

单位气田生产综合能耗计算公式为

$$M_{tq} = \frac{E_{hq}}{G_{qq} + G_{ny} \cdot r_q} \quad (4-5)$$

式中：M_{tq}——单位气田生产综合能耗，单位为千克标准煤每万立方米($kgce/10^4 m^3$)；

E_{hq}——气田生产能源消耗量，单位为千克标准煤(kgce)；

G_{qq}——气田天然气产量，单位为万立方米($10^4 m^3$)；

G_{ny}——气田凝析油产量，单位为吨(t)；

r_q——凝析油折天然气系数，$r_q = 0.1225 \times 10^4\ m^3/t$。

4. 采集频率

每天采集一次。

4.4.2.4 其他

企业也可根据管控单元情况，选取单位油田油气生产电耗、单位油田液量生产电耗、单位气田气采集输综合能耗、单位气田气处理综合能耗作为单耗指标。具体定义和计算公式见《石油企业耗能用水统计指标与计算方法》(SY/T 6722—2016)。

4.4.3 主要生产系统能耗指标

油气田主要生产系统包括机采系统、集输系统、处理系统、注入系统和供配电系统，主要能耗指标为抽油机井采液单耗、集油吨液综合能耗、气田集输综合能耗、原油脱水综合能耗、单位含油污水处理综合能耗、单位气田处理综合能耗、注水单耗、蒸汽生产单耗、网损率、功率因数等。

4.4.3.1 机采系统

1. 抽油机井采液单耗

1）定义

抽油机井耗电量与产液量的比值。

2）公式

抽油机井采液单耗计算公式为

$$M_{cy} = \frac{a_1}{b_1} \tag{4-6}$$

式中：M_{cy}——抽油机井采液单耗，单位为千瓦时每吨（kW·h/t）；

a_1——抽油机井耗电量，单位为千瓦时（kW·h）；

b_1——抽油机井产液量，单位为吨（t）。

3）采集频率

每天采集一次。

若能源管控单元内实现单井数据采集，则耗电量为单井耗电，产液量为单井产液量。

若未实现单井数据采集，则耗电量为井组或区块抽油机井耗电，产液量为井组或区块抽油机井耗电。

电泵井采液单耗和螺杆泵井采液单耗计算公式同抽油机井采液单耗。

2. 机采系统效率

1）出处

机采系统效率引自《油田生产系统能耗测试和计算方法》（SY/T 5264—2012）。

2）定义

有效功率与输入功率的比值。

3）公式

机采系统效率计算公式为

$$\eta = \frac{P_{有效}}{P_{输入}} \tag{4-7}$$

式中：η——机采系统效率（%）；

$P_{有效}$——机采系统有效功率，单位为千瓦（kW）；

$P_{输入}$——机采系统输入功率，单位为千瓦（kW）。

4）采集频率

每天采集一次。

3. 区块机采系统平均效率

1）出处

区块机采系统平均效率引自《油田生产系统能耗测试和计算方法》（SY/T 5264—2012）。

2）定义

区块系统效率采用加权平均计算，即区块机采系统总有效功率与总输入功率的比值。

3）公式

区块机采系统平均效率计算公式为

$$\eta = \frac{\sum_{i=1}^{n}(P_i\eta_i)}{\sum_{i=1}^{n}P_i} \quad (4-8)$$

式中：P_i——消耗功率，单位为千瓦（kW）；

η_i——系统效率（%）。

企业也可根据管控单元情况，选取机采系统百米吨液单耗作为能耗指标。

4）采集频率

每天采集一次。

4.4.3.2 集输系统

集输系统（不包括处理系统）宜选取集油吨液综合能耗、气田集输综合能耗作为能耗指标，输油泵机组效率、加热炉热效率、掺水泵机组效率、压缩机组效率可作为辅助监控指标。

1. 集油吨液综合能耗

1）出处

集油吨液综合能耗引自能效对标术语。

2) 定义

油田集油生产能源消耗量与集油处理液量的比值。

3) 公式

集油吨液综合能耗计算公式为

$$M_{jy} = \frac{a_2}{b_2} \tag{4-9}$$

式中：M_{jy}——集油吨液综合能耗，单位为千克标准煤每吨（kgce/t）；

　　　a_2——油田集油生产能源消耗量，单位为千克标准煤（kgce）；

　　　b_2——油田集油系统集输处理液量，单位为吨（t）。

4) 采集频率

每天采集一次。

2. 气田集输综合能耗

1) 出处

气田集输综合能耗引自能效对标术语。

2) 定义

气田集输生产能源消耗量与气田产气量的比值。

3) 公式

气田集输综合能耗计算公式为

$$M_q = \frac{a_3}{b_3} \tag{4-10}$$

式中：M_q——气田集输综合能耗，单位为千克标准煤每万立方米（$kgce/10^4 m^3$）；

　　　a_3——气田集输生产能源消耗量，单位为千克标准煤（kgce）；

　　　b_3——气田产气量，单位为万立方米（$10^4 m^3$）。

4) 采集频率

每天采集一次。

3. 输油泵机组效率

1) 出处

输油泵机组效率引自《泵类液体输送系统节能监测》（GB/T 16666—2012）。

2) 定义

电动机运行效率与泵运行效率的乘积。

3) 公式

输油泵机组效率计算公式为

$$\eta_{pump} = \eta_d \cdot \eta_b \qquad (4-11)$$

$$\eta_b = \frac{\rho \times g \times Q \times H}{3.6 \times 10^6 \times N_2} \times 100\% \qquad (4-12)$$

式中：η_{pump}——输油泵机组效率（%）；

η_d——电动机运行效率（%），可用被测电动机的特性曲线查取，也可按 GB/T 12497 的规定测试计算；

η_b——泵运行效率（%）；

ρ——液体的密度，单位为千克每立方米（kg/m³）；

g——重力加速度，单位为米每二次方秒（m/s²），取 9.807；

Q——泵的流量，单位为立方米每时（m³/h）；

H——泵的扬程，单位为米（m）；

N_2——泵轴功率，单位为千瓦（kW）。

单台输油泵机组效率用式（4-12）计算，站内输油泵机组效率取输油泵机组效率的加权平均值，计算公式为

$$\eta_{pjq} = \frac{\sum_{i=1}^{n}(P_i \eta_i)}{\sum_{i=1}^{n} P_i} \qquad (4-13)$$

式中：η_{pjq}——站内输油泵机组效率（%）；

P_i——第 i 台输油泵额定功率，单位为千瓦（kW）；

η_i——第 i 台输油泵效率（%）。

4) 采集频率

每天采集一次。

输水泵机组效率计算同输油泵机组效率。

4. 加热炉热效率

1) 出处

加热炉热效率引自《石油工业用加热炉热工测定》（SY/T 6381—2016），建议采用正平衡法计算。

2) 定义

加热炉有效输出热量与供给热量的比值。

3) 公式

加热炉热效率计算公式为

$$\eta_1 = \frac{Q}{Q_r} \times 100\% \qquad (4-14)$$

式中：η_1——加热炉热效率（正平衡）（%）；

Q——被加热介质为油水混合物时加热炉的有效输出热量，单位为千焦每小时（kJ/h）；

Q_r——供给热量，单位为千焦每小时（kJ/h）。

单台加热炉热效率指加热炉在单位时间内有效利用热量与加热炉输入热量比值的百分数。站内加热炉热效率取加热炉热效率的加权平均值，计算公式为

$$\eta_{ljq} = \frac{\sum_{i=1}^{n}(P_i \eta_i)}{\sum_{i=1}^{n} P_i} \qquad (4-15)$$

式中：η_{ljq}——站内加热炉热效率（%）；

P_i——第 i 台加热炉额定功率，单位为千瓦（kW）；

η_i——第 i 台加热炉热效率（%）。

4) 采集频率

每天采集一次。

5. 其他

气田集输系统也可把压缩机组效率作为能耗指标。压缩机组效率为有效输出与驱动压缩机消耗能量的比值，以百分数表示，具体计算公式见《天然气输送管道系统能耗测试和计算方法》（SY/T 6637—2012）。站内压缩机组效率取压缩机组效率的加权平均值。

4.4.3.3 处理系统

1. 原油脱水综合能耗

1) 定义

原油脱水系统能源消耗量与原油脱水系统处理量的比值。

2) 公式

原油脱水综合能耗计算公式为

$$M_{ts} = \frac{a_4}{b_4} \tag{4-16}$$

式中：M_{ts}——原油脱水综合能耗，单位为千克标准煤每吨（kgce/t）；

a_4——原油脱水系统能源消耗量，单位为千克标准煤（kgce）；

b_4——原油脱水系统处理量，单位为吨（t）。

3) 采集频率

每天采集一次。

2. 单位含油污水处理综合能耗

1) 定义

含油污水处理能源消耗量与污水处理量的比值。

2) 公式

单位含油污水处理综合能耗计算公式为

$$M_{ws} = \frac{a_5}{b_5} \tag{4-17}$$

式中：M_{ws}——单位含油污水处理综合能耗，单位为千克标准煤每立方米（kgce/m³）；

a_5——含油污水处理能源消耗量，单位为千克标准煤（kgce）；

b_5——污水处理量，单位为立方米（m³）。

3) 采集频率

每天采集一次。

3. 原稳吨油综合能耗

1) 定义

原油稳定系统能源消耗量与净化油量的比值。

2) 公式

原稳吨油综合能耗计算公式为

$$M_{yw} = \frac{a_6}{b_6} \tag{4-18}$$

式中：M_{yw}——原稳吨油综合能耗，单位为千克标准煤每吨（kgce/t）；

a_6——原油稳定系统能源消耗量，单位为千克标准煤（kgce）；

b_6——净化油量，单位为吨（t）。

3）采集频率

每天采集一次。

4. 单位气田气处理综合能耗

1）出处

单位气田气处理综合能耗引自《石油企业耗能用水统计指标与计算方法》（SY/T 6722—2016）。

2）定义

气田天然气处理过程中能源消耗量（包括天然气脱水、脱烃、脱硫、脱碳和硫黄回收等装置及辅助生产和附属系统消耗的各种能源）与天然气处理量的比值。

3）公式

单位气田气处理综合能耗计算公式为

$$M_{cl} = \frac{E_{cl}}{G_{cl}} \tag{4-19}$$

式中：M_{cl}——单位气田气处理综合能耗，单位为千克标准煤每万立方米（$kgce/10^4 m^3$）；

E_{cl}——气田气处理能源消耗量，单位为千克标准煤（kgce）；

G_{cl}——气田气处理量，单位为万立方米（$10^4 m^3$）。

4）采集频率

每天采集一次。

5. 其他

企业也可根据管控单元情况，选取单位产品天然气电耗和单位产品天然气气耗作为能耗指标。

4.4.3.4 注入系统

1. 注水单耗

1）定义

注水系统耗电量与注水量的比值。

2）公式

注水单耗计算公式为

$$M_{zs} = \frac{a_7}{b_7} \tag{4-20}$$

式中：M_{zs}——注水单耗，单位为千瓦时每立方米（kW·h/m³）；

a_7——注水系统耗电量，单位为千瓦时（kW·h）；

b_7——注水量，单位为立方米（m³）。

3）采集频率

每天采集一次。

2. 单位压力注水量单耗

1）定义

注水生产用电量与单井井口流量和单井井口压力的比值。

2）公式

单位压力注水量单耗计算公式为

$$M_{zsd} = \frac{a_8}{\sum(q \cdot p)} \tag{4-21}$$

式中：M_{zsd}——单位压力注水量单耗，单位为千瓦时每立方米兆帕[kW·h/(m³·MPa)]；

a_8——注水生产用电量，单位为千瓦时（kW·h）；

q——单井井口流量，单位为立方米（m³）；

p——单井井口压力，单位为兆帕（MPa）。

3）采集频率

每天采集一次。

3. 蒸汽生产单耗

1）定义

生产蒸汽的能源消耗量与生产蒸汽量的比值。

2）公式

蒸汽生产单耗计算公式为

$$M_{zq} = \frac{a_9}{b_9} \tag{4-22}$$

式中：M_{zq}——蒸汽生产单耗，单位为千克标准煤每吨（kgce/t）；

a_9——生产蒸汽的能源消耗量，单位为千克标准煤（kgce）；

b_9——生产蒸汽量，单位为吨（t）。

3）采集频率

每天采集一次。

4. 锅炉热效率

建议采用正平衡法。

1）定义

锅炉有效输出热量与锅炉供给热量的比值。

2）公式

锅炉热效率计算公式为

$$\eta_2 = \frac{R_{\text{gout}}}{R_{\text{gin}}} \times 100\% \tag{4-23}$$

式中：η_2——锅炉热效率（％）；

R_{gout}——锅炉有效输出热量，单位为千焦每小时（kJ/h）；

R_{gin}——锅炉供给热量，单位为千焦每小时（kJ/h）。

单台锅炉热效率指锅炉在单位时间内的有效输出热量与供给热量比值的百分数，站内锅炉热效率取锅炉热效率的加权平均值，计算公式为

$$\eta_{\text{gjq}} = \frac{\sum_{i=1}^{n}(P_i \eta_i)}{\sum_{i=1}^{n} P_i} \tag{4-24}$$

式中：η_{gjq}——站内锅炉热效率（％）；

P_i——第 i 台锅炉额定功率，单位为千瓦（kW）；

η_i——第 i 台锅炉热效率（％）。

3）采集频率

每天采集一次。

企业也可根据管控单元情况，选取单位压力注水单耗、吨汽耗气、吨汽耗电作为能耗指标。

5. 注水泵机组效率

1）定义

泵效率与电动机效率的乘积。

2）公式

注水泵机组效率计算公式为

$$\eta_{jz} = \eta_p \cdot \eta_e \tag{4-25}$$

式中：η_{jz}——注水泵机组效率（%）；

　　　η_p——泵效率（%）；

　　　η_e——电动机效率（%）。

单台电动机运行效率计算公式为

$$\eta_e = \frac{P_e - P_0 - 3I^2R - KP_e}{P_e} \times 100\% \tag{4-26}$$

$$P_e = \sqrt{3}\,IU\cos\varphi \tag{4-27}$$

式中：η_e——单台电动机运行效率（%）；

　　　P_e——电动机输入功率，单位为千瓦（kW）；

　　　I——电动机线电流，单位为安（A）；

　　　U——电动机线电压，单位为千伏（kV）；

　　　$\cos\varphi$——电动机功率因数；

　　　P_0——电动机空载功率，单位为千瓦（kW）；

　　　R——电动机定子直流电阻，单位为千欧（kΩ）；

　　　K——损耗系数，随电动机杂散耗、转子铜耗功率的增大而增加，一般取 0.01。

电动机平均运行效率计算公式为

$$\bar{\eta}_e = \frac{\sum_{i=1}^{n}(P_{ei}\eta_{ei})}{\sum_{i=1}^{n}P_{ei}} \tag{4-28}$$

式中：P_{ei}——第 i 台电动机输入功率，单位为千瓦（kW）；

　　　η_{ei}——第 i 台电动机效率（%）。

注水泵平均运行效率可通过以下计算得到：

注水泵效率按流量法计算：

$$\eta_p = \frac{(P_2 - P_1)q_{vp}}{3.6P_p} \times 100\% \tag{4-29}$$

式中：η_p——注水泵效率（%）；

　　　q_{vp}——注水泵流量，单位为立方米每小时（m³/h）；

　　　P_1——泵进口压力，单位为兆帕（MPa）；

　　　P_2——泵出口压力，单位为兆帕（MPa）；

　　　P_p——注水泵轴功率，单位为千瓦（kW），与电动机输入功率、电动机效率有关。

注水泵平均运行效率计算公式为

$$\bar{\eta}_p = \frac{\sum_{i=1}^{n}(P_{pi}\eta_{pi})}{\sum_{i=1}^{n}P_{pi}} \tag{4-30}$$

式中：$\bar{\eta}_p$——注水泵平均运行效率（%）；

P_{pi}——第 i 台注水泵轴功率，单位为千瓦（kW）；

η_{pi}——第 i 台注水泵效率（%）。

3) 采集频率

每天采集一次。

6. 注水系统效率

1) 定义

注水系统输出功率与注水系统输入功率的比值。

2) 公式

注水系统效率计算公式为

$$\eta_z = \frac{P_{zout}}{P_{zin}} \times 100\% \tag{4-31}$$

式中：η_z——注水系统效率（%）；

P_{zout}——注水系统输出功率，单位为千瓦（kW）；

P_{zin}——注水系统输入功率，单位为千瓦（kW）。

3) 采集频率

每天采集一次。

4.4.3.5 供配电系统

1. 网损率

1) 定义

电力网的损耗电量占供电量的百分值。

2) 公式

网损率计算公式为

$$\eta_d = \frac{D_s}{D_g} \tag{4-32}$$

式中：η_d——网损率（%）；

D_s——电力网的损耗电量,单位为千瓦时(kW·h);

D_g——供电量,单位为千瓦时(kW·h)。

3)采集频率

每天采集一次。

2. 功率因数

1)定义

有功功率与视在功率的比值

2)公式

功率因数计算公式为

$$\cos \Phi = \frac{P}{S} \tag{4-33}$$

式中:$\cos \Phi$——功率因数;

P——有功功率,单位为瓦(W);

S——视在功率,单位为瓦(W)。

3)采集频率

每天采集一次。

4.4.4 新增采集数据的规范性补充定义

随着工艺、装备及信息采集技术的发展,能源管控系统的数据采集必将同步发展、扩容。对于在能源管控系统实际应用中超出规范性定义的指标和维度,我们应遵循"英文缩写或中文拼音缩写能明确辨识实际含义"的命名原则,并及时将新增的指标定义、计量单位、数据类型、数据精度等相关信息反馈至更高层级的信息管理部门,以便对数据进行规范的补充和完善。同时,对于新引入装置、设备、计量器具等涉及采集监控数据的单元,在招投标阶段就要充分考虑各生产厂商数据传输协议与本单位能源管控所采用的数据标准的适配性、吻合性,避免后续因大量的接口二次开发、数据转换造成开发成本和维护成本的增加。

针对油气田企业能源管控系统需要而未纳入数据标准定义的相关数据,在进行规范性定义补充时,宜采取如下措施:

(1)企业能源管控系统新增指标应形成对指标的命名、业务含义、编码、计量单位、数据精度定义的说明文件,统一上报至上级信息管理部门和集团业务板块业务主管职能部门进行审核;

（2）由油气田企业业务主管部门负责企业上报新增指标的统一汇总和初步审定，并将协商结果报集团业务板块业务主管职能部门进行审核；

（3）经集团业务板块业务主管职能部门审核后的新增指标应统一纳入数据标准规范，集团业务板块所属油气田企事业单位应依据新增补的数据标准规范进行能源管控系统的建设和实施；

（4）每三个月进行一次新增指标的汇总协商，并将核定结果及时反馈至各报送单位，年度内再统一进行数据标准的增补和发布。

4.5 数据存储与安全

4.5.1 数据存储及部署

数据是数字化、信息化实现的基础，是分析决策、人工智能等技术开展的前提，数据库系统作为数据的载体起到了不可或缺的作用。油气田企业能源管控数据来源各异，既包含企业结构化数据，也包含从视频监控设备、用户输入、传感器等收集到的半结构化或者非结构化数据，合理选择相应的数据库管理工具，对有效、快捷、安全地管理大量数据资产而言具有重要意义。

4.5.1.1 实时数据

实时数据是在某事发生、发展过程中的同一时刻所得信息的载体，是用于表示客观事物未经加工的的原始素材，一般通过实时数据库进行存储和管理。

实时数据库（Real-Time Database，简称 RTDB）是数据库系统发展的一个分支，适用于处理不断更新且快速变化的数据及具有时间限制的事务。整个系统的正确性不仅依赖于逻辑结果，还依赖于逻辑结果产生的时间，也就是说，系统宁可接受在时限内的不准确的数据，也不接受超过时限的准确的数据。实时数据库技术是实时系统和数据库技术相结合的产物，起初是基于先进控制和优化控制提出的，对数据实时性要求较高。因此，实时、高效、稳定是实时数据库最关键的指标。

目前，实时数据库已广泛应用于电力、石油石化、交通、冶金、军工、环保等行业，是构建工业生产调度监控系统、指挥系统，生产实时历史数据中心不可缺少的基础软件。实时数据库通用结构如图 4-5 所示。

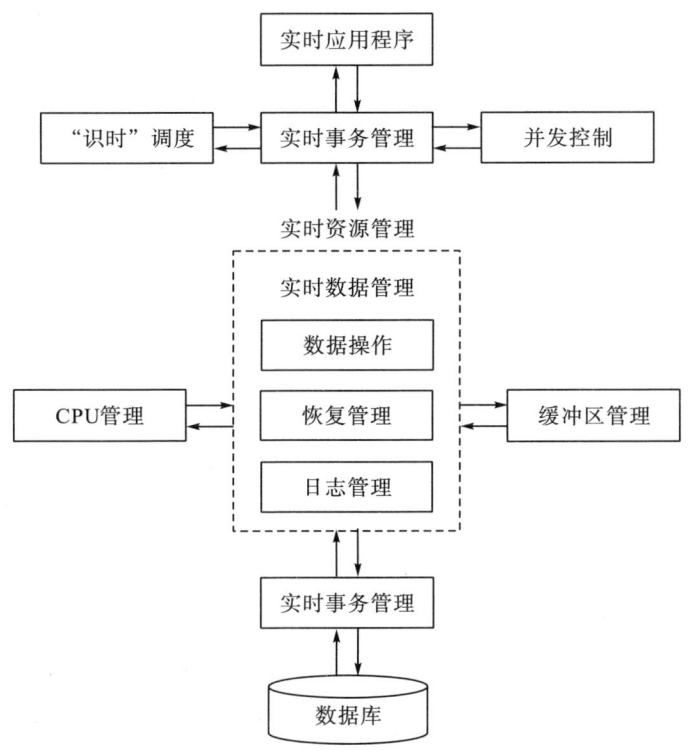

图 4-5 实时数据库通用结构

针对不同类型的企业，实时数据库数据的来源也不尽相同。一般而言，油气田企业数据的主要来源有 DCS 控制系统、数据采集系统（SCADA）、可编程逻辑控制器（PLC）等。这些数据的主要特点是都与生产直接相关，并且大多数的数据都是数值型数据，比如设备或介质的压力、温度、流量、位置、电压、电流、功率等。

目前，市场上流行的实时数据库产品主要有 OSIsoft 的 PI（Plant Information System）、AspenTech 的 IP21（InfoPlus.21）、霍尼韦尔（Honeywell）的 PHD、Wonderware 的 InSQL、三维力控的 pSpace、亚控科技的 KingHistorian 等。部分实时数据库的对比见表 4-20。

表 4-20 实时数据库的对比

项　目	三维力控的 pSpace	亚控科技的 KingHistorian	OSIsoft 的 PI	霍尼韦尔的 PHD
可靠性技术	pSpace 自身支持采集冗余，支持使用第三方冗余；平均无故障工作时间 (MTBF)≥10000 小时	支持使用第三方冗余，平均无故障工作时间 (MTBF)≥10000 小时	支持使用第三方冗余，平均无故障工作时间 (MTBF)≥10000 小时	支持使用第三方冗余，平均无故障工作时间 (MTBF)≥10000 小时
安全性技术	数据加密机制、用户权限管理机制、安全认证访问机制	数据加密机制、用户权限管理机制、安全认证访问机制	数据库系统安全性整合到操作系统安全管理中	数据库系统安全性整合到操作系统安全管理中
数据库存储、压缩技术	采用自有格式的压缩文件保存数据，可保存浮点型、布尔型、字符串型和二进制型数据	采用自有格式的压缩文件保存数据，可保存浮点型、布尔型、字符串型和二进制型数据	采用自有格式的压缩文件保存数据，可通过 ODBC 接口进行数据抽取；可保存浮点型、布尔型、字符串型数据	采用自有格式的压缩文件保存数据，可保存浮点型、布尔型和二进制型数据
批量读写响应的指标	服务器支持每秒写入/查询 300000 个数据点	在线存储速度 200000 点/秒，单客户端查询速度 200000 条/秒	服务器支持存储能力为 100000～150000 个事件/秒；数据访问能力为 1000000 个事件/秒	服务器支持每秒写入/查询 500000 个数据点；数据访问能力为 200000 个事件/秒
实时处理容量负荷性能指标	采集器和客户端完全为分布式结构，单台服务器容量可达 3000000 点，级联支持 10000000 点以上	采集器和客户端完全为分布式结构，单台服务器容量可达 1000000 点，级联支持 10000000 点以上	服务器通过 PINet 软件连接到远程数据采集节点，单台服务器最大容量为 4000000 点，若使用 PI-PI 多服务器，可达 21000000 点	采集器和客户端完全为分布式结构，单台服务器容量可达 1000000 点，级联支持 10000000 点以上
数据采集特性	服务器提供带有数据压缩引擎的数据采集器，支持数据读取和回写，并可以对读写属性进行控制	支持多种采集器类型，IO 采集需要通过采集器连接在 KingScada 的 IOserver 上，通过二次组态实现数据采集；该配置烦琐	服务器提供带有数据压缩引擎的数据采集器，支持数据回写；但不是所有的驱动都支持	依托缓冲器进行数据采集，缓冲器需要单独收费，只支持 TCP 协议，以 OPC 为主，对 MODBUS、104 协议支持不足

续表

项目	三维力控的 pSpace	亚控科技的 KingHistorian	OSIsoft 的 PI	霍尼韦尔的 PHD
设备接口支持	现有 3600 多种设备驱动程序，支持 OPC 等国际标准，支持物联网技术协议，包含 OPCUA、MQTT、NB-IOT 等	数据库本身不支持数据采集，需要部署亚控的 SCADA 产品	支持 OPC 接口，仅向用户提供定制化的设备驱动（大部分是第三方提供），每个驱动大约为 7000 美元	—
设备模板管理	支持井、设备模板的管理，支持测点、设备批量复制建点，支持点表导入导出	不支持	不支持	不支持
数据质量戳	提供 22 种质量戳判断，能够覆盖生产现场需求	提供简单的质量戳判断	丰富的质量戳判断，能够涵盖生产现场的需求	提供简单的质量戳判断，主要是可信度判断
报警	具备符合 OPC AE 规范报警功能，支持数据预警功能，可结合关系库数据实现多数据源预报警	包含高报、低报等基础报警	包含高报、低报，无变化率报警和数据源报警；报警信息记录在 PI 事件记录器中，可通过标准分析工具查看	包含高报、低报，无变化率报警，配置烦琐
管理工具	提供管理工具软件，友好程度高，易于维护	提供管理工具软件，易于维护	提供配置工具，灵活性较弱	提供配置工具，灵活性较弱，操作复杂
Batch 分析工具	通过 Excel 加载宏完成 Batch 分析	通过 Excel 加载宏完成 Batch 分析	提供单独的 Batch 分析工具	提供单独的 Batch 分析工具
数据接口	提供 JAVA、C、JS 数据接口，WebService 接口，支持数据测点在线创建	提供 JAVA、C 数据接口、WebService 接口，不支持在线创建	主要为 C 数据接口、WebService 接口，支持在线创建测点	主要为 C 数据接口、WebService 接口，不支持在线创建测点
HTML5 展示	无插件展示，可基于窗口自适应，可与其他系统传递页面参数，支持单点登入、权限控制	控件式展示，集成时权限控制比较难	控件式展示，集成时权限控制比较难	控件式展示，集成时权限控制比较难

续表

项　目	三维力控的 pSpace	亚控科技的 KingHistorian	OSIsoft 的 PI	霍尼韦尔的 PHD
能源管理平台	三维力控的一体化平台可以提供生产自动化控制、监控、数据采集、生产实时信息门户全方位解决方案	亚控科技的一体化平台可以提供生产自动化控制、监控、数据采集、生产实时信息解决方案，不具备能源管理服务	管控一体化整体解决方案需要借助第三方来完成，本身不具备完整的软件产品线；不具备能源管理服务	霍尼韦尔的一体化平台，可以完成企业从生产自动化控制、监控、数据采集到生产实时信息的全方位解决方案，不具备能源管理服务
产品市场占有率	在国产实时数据库产品中，市场占有率较高，拥有石油行业最大规模数字化油田的应用案例（中石油 A11、A12 项目，中石化胜利四化、油气生产信息化项目等）	主要应用于中低端 HMI 市场，在高端 HMI 市场应用较少，在石油石化行业应用案例较少	非油气市场占有率较高，主要集中在电力行业	油气市场占有率较高，主要集中在炼化板块，针对油气开采、储运、处理等上游业务特点的相关功能研发和应用适配程度不足
产品性能价格比	产品在石油、化工行业性价比极高，综合性价比高	产品在石油、化工行业的性价比一般	单品价格高，正版软件从第二年起收取成交价的 15% 作为服务费	产品在炼化行业性价比极高，在油气生产应用一般
服务水平	技术服务由生产厂家提供，免费服务时间为 3~5 年；提供中文版的所有相关产品、组件、说明书、技术资料和二次开发手册等文档	技术服务由生产厂家提供，免费服务时间为 3~5 年；提供中文版的所有相关产品、组件、说明书、技术资料和二次开发手册等文档	服务依靠代理商，水平参差不齐；中文版的所有相关产品、组件、说明书、技术资料和二次开发手册等文档需要单独购买	服务依靠代理商，水平参差不齐；中文版的所有相关产品、组件、说明书、技术资料和二次开发手册等文档需要单独购买

4.5.1.2　结构化数据

结构化数据也称行数据，是由二维表结构来逻辑表达和实现的数据，其严格遵循数据格式与长度规范，主要通过关系型数据库进行存储和管理。

关系型数据库是指采用关系模型来组织数据的数据库，具备强大的存储、维护、查询数据的能力。关系模型是在 1970 年由 IBM 首先提出，在之后的几十年中，其概念得到了充分的发展并逐渐成为数据库架构的主流模型。简单来说，关系模型指的就是二维表格模型，而一个关系型数据库就是由二维表及其之间的联系组成的一个数据组织，关系型数据库结构的重点在于"实体"与"关系"的选择，"关系"即为实体与实体之间的联系。

经过几十年的发展，市场上已有大量的关系型数据库技术软件，其中，甲骨文公司的 Oracle、IBM 的 DB2、微软的 SQL Server 以及被甲骨文公司收购的 MySQL 是关系型数据库的代表，在各行各业广泛使用。各类关系型数据库的对比见表 4-21。

表 4-21 关系型数据库的对比

项 目	甲骨文的 Oracle	微软的 SQL Server	IBM 的 DB2	甲骨文的 MySQL
开放性	能在所有主流平台上运行（包括 Windows）；完全支持所有工业标准；采用完全开放策略；是以结构化查询语言为基础的大型关系数据库，是目前最流行的服务器体系结构的数据库之一	只能在 Windows 上运行，没有开放性，操作系统的稳定对数据库而言十分重要	能在所有主流平台上运行（包括 Windows），最适用于处理海量数据	能在所有主流平台上运行（包括 Windows）
可伸缩性/并行性	并行服务器通过使一组节点共享同一簇中的工作来扩展 Windows NT 的能力，提供高可用性和高伸缩性的簇的解决方案	并行实施和共存模型并不成熟，很难处理日益增多的用户数和数据卷，伸缩性有限	具有很好的并行性，可把数据库管理扩充到并行的、多节点的环境	由于体积小巧，方便组建集群，有较强的伸缩性
安全认证	获得最高认证级别的 ISO 标准认证	没有获得任何安全证书	获得最高认证级别的 ISO 标准认证	为自由软件（免费），没有获得任何安全证书
性能	性能最强，保持开放平台下的 TPC-D 和 TPC-C 的世界纪录	多用户时性能欠佳	性能较强，适用于数据仓库和在线事务处理	支持多用户操作，性能较强

续表

项 目	甲骨文的 Oracle	微软的 SQL Server	IBM 的 DB2	甲骨文的 MySQL
客户端支持及应用模式	多层次网络计算，支持多种工业标准，可以用 ODBC、JDBC、OCI 等客户连接	C/S 结构，只支持 Windows 客户，可以用 ADO、DAO、OLEDB、ODBC 连接	跨平台，多层结构，支持 ODBC、JDBC 等客户连接	支持 ODBC for Windows，支持所有的 ODBC 2.5 函数和其他函数，可在不同的操作系统下运行
操作简便	较复杂，同时提供 GUI 和命令行，在 Windows NT 和 UNIX 下的操作相同	操作简单，但只有图形界面	操作简单，同时提供 GUI 和命令行，在 Windows NT 和 UNIX 下的操作相同	有图形界面，同时提供 GUI 和命令行
使用风险	拥有长期的开发经验，完全向下兼容；得到广泛的应用；风险较低	完全重写的代码，经历了长期的测试，不断延迟，许多功能需要时间来证明；兼容性较差	在大型企业中得到广泛应用，向下兼容性好；风险低	向下兼容有一定风险

4.5.1.3 非结构化数据

相对于结构化数据，不方便用数据库二维逻辑表来表现的数据即称为非结构化数据，包括所有格式的办公文档、文本、图片、XML、HTML、各类报表、图像和音频/视频信息等。非结构化数据的格式及标准非常多样，而且在技术上，非结构化信息比结构化信息更难以标准化和理解。所以存储、检索、发布以及利用非结构化数据需要更加智能化的 IT 技术，比如海量存储、智能检索、知识挖掘、内容保护、信息的增值开发利用等。同样，非结构化数据通过 NoSQL 数据库进行存储和管理。

NoSQL 泛指非关系型数据库，包括键值（Key-Value）存储数据库、列存储数据库、文档型数据库、图形（Graph）数据库等分类。各类非关系数据库的对比见表 4-22。

表 4-22 非关系型数据库的对比

分类	举例	典型应用场景	数据模型	优点	缺点
键值 (Key-Value)	Tokyo Cabinet/Tyrant, Redis, Voldemort, Oracle BDB	内容缓存,主要用于处理大量数据的高访问负载,也用于一些日志系统等	Key 指向 Value 的键值对,通常用 Hash Table 来实现	查找速度快	数据无结构化,通常只被当作字符串或者二进制数据
列存储数据库	Cassandra, HBase, Riak	分布式的文件系统	以列簇式存储,将同一列数据存在一起	查找速度快,可扩展性强,更容易进行分布式扩展	功能相对局限
文档型数据库	MongoDB	Web 应用(与 Key-Value 类似,Value 是结构化的,不同的是数据库能够了解 Value 的内容)	Key-Value 对应的键值对,Value 为结构化数据	对数据结构要求不严格,表结构可变,不需要像关系型数据库一样需要预先定义表结构,是非关系数据库当中功能最丰富的;高性能、易部署、易使用,存储数据非常方便	缺乏统一的查询语法
图形(Graph)数据库	Neo4J, InfoGrid, Infinite Graph	社交网络,推荐系统等;专注于构建关系图谱	图结构	可利用图结构相关算法,比如最短路径寻址、N 度关系查找等	很多时候需要对整个图做计算才能得出需要的信息,而且这种结构不太好做分布式的集群方案

长期以来,国外公司的工控系统、数据库产品在技术上处于垄断地位,随着信息安全上升到国家战略安全层面,特别是能源管控涉及工控领域的生产安全风险防范,为保证得到持续高质量的软件支持服务,规避潜在安全风险,在核心功能软件选型和采购上宜优先选择国内产品。

4.5.1.4 集中与分布式部署

能源管控的实施是围绕企业的安全、高效、低耗生产运营展开的,集团管控层、业务管理层和企业执行层具有不同的业务层级管理需求,从上往下对数据的实时性、准确性和可操作性要求逐层增强。在实际业务开展过程中,各生产工艺环节具有相对独立性和业务管理的差异性、复杂性,但每个环节又存在紧密的内在关联性。能源管控系统的建设实施既要满足各生产工艺单位的独立管理需求,又要考虑整体的数据融合管理、分析和业务的协同发展。在系统的部署上，应结合研究和完善能源生产、能源布局的科学性、合理性，充分考虑集中式与分布式部署的优势互补作用，提高能源管控系统的运行管理效益。能源管控系统的开发、测试、人员培训及生产环境需要有区别地部署在集团管控层（集团总部/专业分公司）、业务管理层［油气田企业（地区公司）］和企业执行层（各采油厂、作业区、井站等生产单元）等组织层级机构中。

集团管控层、业务管理层宜采用集中部署方式在办公网环境下进行建设，充分利用油藏、采油、地面工程专家知识共享和多源数据融合共享的优势，对生产实施实时集中统一调度决策。应用服务器均采用云化资源或集群部署，数据库服务器采用物理机进行双机热备，并分别部署磁盘存储或虚拟带库设备，采用 SAN 结构保证数据安全集中存储。系统的开发、测试、人员培训环境集中部署于此，以便提高设备的使用效率，降低开发、测试及维护的成本。其中，实时库以低于现场采集频率的周期获取下层实时数据库数据并保留有限时间。

企业执行层宜采用分布式部署方式在生产网环境下进行建设实施，满足一线生产管理生产监控预警、实时数据分析、离线优化的管控需要，在厂、作业区、站部署实时数据库和关系型数据库，就近满足生产操作、控制、管理的需要。企业各生产单元生产网数据（企业执行层）经过安全防护措施（如单向网闸）上传至位于办公网的能源管控信息系统（业务管理层），业务管理层通过总部平台发布的接口服务将加密后的数据上传至集团管控层数据库（见图 4-6）。应杜绝不符合工控安全要求、在跨网传输过程中不符合安全防护措施要求的数据对接，相关系统数据安全由系统开发承建单位负责。

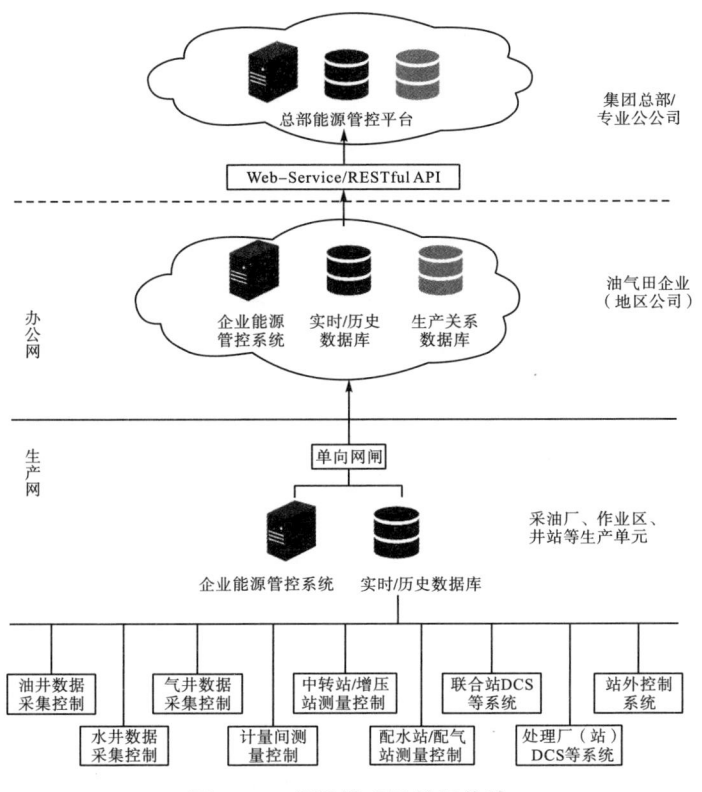

图 4-6 部署模式及数据传输

4.5.2 数据接口规范性定义

能源管控系统建设涉及大量数据的交互，数据样本之间存在较大差异，各系统数据的兼容与衔接存在集成融合的困难。这就要求我们在系统建设之初，应确认统一的数据规范和执行标准，明确数据出处、数据精度、采集粒度和存储方式的定义，并形成统一的数据接口及规范，便于后续系统的数据集成整合和接口开发。同时，对于新引入的装置、设备、计量器具等涉及监控数据采集的单元，在招投标阶段就应充分考虑各生产厂商数据传输协议与本单位能源管控所采用的数据标准的遵循性、吻合性，避免后续大量的接口二次开发和数据转换带来的开发成本和后续维护成本。

Web Service 和 RESTful API 接口方式作为系统间的数据集成方式已被人们广泛使用。油气田企业能源管控平台、自建能源管理相关系统应遵照规范性定义的组织机构编码、设备编码、时间格式、上传频率、数据交互流程、接口参数内容和安全等要求对数据接口进行管理。

4.5.2.1 接口参数定义

为确保对能源管控系统数据在交互过程中的统一规范管理，规避数据错传、漏传、传输延迟等现象，提高数据的一致性、及时性和安全性等，应统一对数据接口的数据定义、数据格式、接口调用周期、接口返回结果和数据传输安全等内容进行定义。

1. 数据上传模板获取接口

接口方法为"String getEMSOrgDatasTemplate（String orgId, String sysSn）；"，接口共 2 个参数，分别为 orgId、sysSn。
1）试点所属地区公司机构编码 orgId
表示数据来源系统所属地区公司的机构编码，应与组织机构编码保持一致。
2）系统唯一序列号 sysSn
接口申请时所提供的序列号。

2. 上传数据接口

接口方法为"sendEMSData（String orgId, String sysSn, String datas）；"，接口共 3 个参数，分别为 orgId、sysSn、datas。
1）试点所属地区公司机构编码 orgId
表示数据来源系统所属地区公司的机构编码，应与组织机构约定的机构编码保持一致。
2）系统唯一序列号 sysSn
接口申请时所提供的序列号。
3）数据集合 datas
数据集合，包含当天能源管控信息系统中产生的各类数据。

3. 获取 RSA 公钥接口

接口方法为"getPublicKey（String sysSn）"，接口共 1 个参数（sysSn），为系统唯一序列号。

4.5.2.2 时间格式约定

常用的统计数据的时间周期可以分为如下六类。

1. 以年度为单位的时间参数

数据按年度累积上传,其时间参数的跨度为一年。在统计运算中,时间的月份、日期值不具有意义。年度时间的分界线从每年1月1日到12月31日,字符串格式为YYYY,代表年。

2. 以半年为单位的时间参数

数据按半年累积上传,其时间参数的跨度为半年,分上半年和下半年。在统计运算中,时间的日期值将被忽略,上半年时间码的起止日期从每年的1月1日到6月30日,下半年时间码的起止日期从每年的7月1日到12月31日,上半年字符串格式为YYYY-FH,下半年字符串格式为YYYY-LH,其中FH代表上半年,LH代表下半年。

3. 以季度为单位的时间参数

数据按季度累积上传,其时间参数的跨度为一个季度。在统计运算中,时间值的日期将被忽略,一年分四个季度,定义:1月到3月为1季度,4月到6月为2季度,7月到9月为3季度,10月到12月为4季度。季度字符串格式分别为YYYY-Q1,YYYY-Q2,YYYY-Q3,YYYY-Q4,其中Q代表季度。

4. 以月份为单位的时间参数

数据按月累计上传,其时间参数的跨度为一个月。在统计运算中,其时间值的日期将被忽略,只有年份、月份信息有意义。其字符串格式为YYYY-MM,其中MM代表月份,月份值不足两位的左边补一个0。

5. 以日为单位的时间参数

数据按日累计上传,其时间参数的跨度为一天,字符串格式为YYYY-MM-DD,其中DD代表日,日期值不足两位的左边补一个0。

6. 具有准确时间刻度的时间参数

数据有当天发生时刻的准确值,字符串格式为YYYY-MM-DD hh24:mm:ss,其中hh24代表小时(24制式),mm代表分钟,ss代表秒,以上值不足两位的左边补一个0。一个带时分秒的时间值例子为"2021-08-08 20:00:01",表示为2021年8月8日晚上8点01秒。

4.5.2.3 接口返回值

能源管控平台在接收到接口请求所传递的数据后对数据进行解析并存储，根据解析情况返回相应值（见表4-23）；多次数据重传失败，应向接口负责人邮箱和手机号码发送上传数据报错信息，以便相关责任人及时处理。

表4-23 接口返回值信息对照表

返回值	含义
success	数据传输成功
snerror	序列号错误
dataerror	数据格式错误
servererror	服务器内部错误
2021/01/02 05:00:00	下次补传时间

4.5.2.4 接口数据格式

油气田企业能源管控系统按照规范的数据格式进行接口数据的筛选定义。

1. 获取数据模板返回值

获取数据模板返回值为接口调用 orgId 所需要上传的所有数据项信息清单，具体返回值的 JSON 格式如下：

```
{
    "msg": "resultCode",
    "datas": [
        {
            "devId": "devId1",
            "indexInfo": [
                {
                    "indexCode": "indexCode1, indexAlias1",
                    "dimCodes": "dimCode1, dimCode2, dimCode3"
                },
                {
                    "indexCode": "indexCode2, indexAlias2",
```

```
                    "dimCodes": "dimCode1, dimCode2, dimCode5"
                }
            ]
        },
        {
            "devId": "devId2",
            "indexInfo": [
                {
                    "indexCode": "indexCode1, indexAlias1",
                    "dimCodes": "dimCode1, dimCode2, dimCode3"
                },
                {
                    "indexCode": "indexCode2, indexAlias2",
                    "dimCodes": "dimCode1, dimCode2, dimCode5"
                }
            ]
        },
        {
            "dimenInfo": [
                {
                    "dimCode": "dimCode1, dimAlias1",
                    "dimDetailCodes": "dimDetailCode1||dimDetailAliasl1, dimDetailCode2||dimDetailAliasl2, dimDetailCode3||dimDetailAliasl3"
                },
                {
                    "dimCode": "dimCode2, dimAlias2",
                    "dimDetailCodes": "dimDetailCode4||dimDetailAliasl4, dimDetailCode5||dimDetailAliasl5, dimDetailCode6||dimDetailAliasl6"
                },
                {
                    "dimCode": "dimCode3, dimAlias3",
```

```
                    "dimDetailCodes": "dimDetailCode7‖dimDetailAliasl7,
dimDetailCode8‖dimDetailAliasl8, dimDetailCode9‖dimDetailAliasl9"
                },
                {……}
            ]
        }
    ]
}
```

上传数据标签详细说明见表 4-24。

表 4-24　上传数据标签详细说明

标签名	意义约定	约束
resultCode	结果返回状态	见接口返回值
datas	数据结果整体	—
devId	终端设备 ID	若为空，则指标信息代表的是整个机构的指标
indexInfo	表示需要上传的指标信息组	—
indexCode	表示需要上传的具体指标信息	indexCode 指标代码 indexAlias 指标名称
dimCodes	表示指标的维度类型	dimCode 维度分类代码
dimenInfo	表示需要上传的维度信息组	—
dimCode	表示需要上传的具体维度信息	dimCode 维度分类代码 dimAlias 维度分类名称
dimDetailCodes	表示维度对应的具体维值	dimDetailCode 维值代码 dimDetailAlias 维值名称

2. 上传数据格式

数据上传接口中企业需要上传的主要业务数据具体返回值的 JSON 格式如下：

```
{
    "msg": "resultCode",
    "datas": [
        {
            "orgId": "orgId",
            "devId": "devId",
            "reportYear": "reportYear",
            "reportMonth": "reportMonth",
            "reportDay": "time",
            "datainfo": [
                {
                    "indexCode": "indexCode1",
                    "indexValue": "indexValue1",
                    "dimCodeList": [
                        {
                            "dimCode": "dimCode1",
                            "dimDetailCode": "dimDetailCode1"
                        },
                        {
                            "dimCode": "dimCode2",
                            "dimDetailCode": "dimDetailCode2"
                        }
                    ]
                },
                {
                    "indexCode": "indexCode2",
                    "indexValue": "indexValue1",
                    "dimCodeList": [
                        {
                            "dimCodc": "dimCode1",
                            "dimDetailCode": "dimDetailCode1"
                        },
```

```
                              {
                                "dimCode": "dimCode2",
                                "dimDetailCode": "dimDetailCode2"
                              }
                            ]
                          }
                        ]
                      }
                    ]
}
```

上传数据标签详细说明见表 4—25。

表 4—25　上传数据标签详细说明

标签名	意义约定	约束
msg	返回结果标识	—
datas	上传数据整体	—
orgId	组织机构 ID	—
devId	终端设备 ID	—
reportYear	数据年份	—
reportMonth	数据月份	—
reportDay	数据时刻	—
datainfo	数据主体信息	—
indexCode	数据项指标	—
indexValue	数据项值	RSA 加密
dimCodeList	指标具体维度信息	dimCode 维度分类代码 dimDetailCode 维值代码

4.5.3　数据安全防护与加密传输

数据以及数据产生的信息已经被公认为有助于实现企业目标的资产。随着数字化、信息化的不断发展，企业对数据需求的不断增长，对基于数据资产以做出更明智和有效决策的依赖性不断增强，数据的安全防护日益重要。

4.5.3.1 数据库系统安全防护

数据库作为数据资产的物理载体和数据 I/O 调用的软环境管理体系,其日常安全性防攻击、数据的授权访问和数据备份策略尤其值得我们重点关注。

1. 账号安全策略

账号安全策略是指操作人员通过身份认证的方式来登录数据库,以防止非法用户的非授权访问接入。数据库管理员通过账号管理数据库系统,基于这个账号权限最高的考虑,最好设置专人进行保管;数据库管理员应根据实际需要分配其他数据库账号,并赋予仅能够满足应用要求和需要的权限;使用数据库系统分配账户的方式鉴别数据库用户,不可使用宿主操作系统的账户鉴别代替数据库账户鉴别;禁止拥有管理员权限的账号泛滥。

2. 密码安全策略

密码安全策略是指采取一定措施避免数据库系统的账户密码被盗用和攻击。应以技术手段限制用户不可设置和使用简单的密码,宜强制使用密码复杂度、密码有效时限、密码长度、密码尝试次数、密码锁定等规则。如果业务应用对密码处理有特殊要求,还可以根据需要使用特殊的密码处理程序。对密码进行有效管理可以增强数据访问的机密性。

3. 最小权限策略

数据库中存储着大量且重要的生产数据,为了防止数据被非法使用,有必要严格限制合法用户操纵数据库的权限。应设置一位管理员级别的系统权限用户,用来控制整个数据库的访问权限,如创建或删除数据库对象的权限。另外,系统权限用户可以定义其他用户、用户组,根据实际需要分配用户操作权限,以对每个用户指定具体的操作权限,确保其只能进行权限范围内的操作。

4. 高可靠性冗余策略

高可靠性冗余策略是指数据库中提供的通信驱动程序必须稳定可靠,以保证实时不间断地采集生产设备数据;对作业区实时数据库采集器采取冗余措施,保证不会由于单点故障而中断数据采集,避免因脚本故障切换导致数据丢失,保证数据的完整性。

数据库系统必须定义数据库活动日志,记录数据库系统的活动,包括数据库服务、数据库管理员和用户账户的访问和操作行为。数据库系统的日志目录和文件属于关键系统资源，必须严格控制访问权限。必须按照系统等保级别所规定的时间要求进行系统日志的保存，以备系统审计和安全分析使用。

5. 安全审计策略

数据库具有审计内部所有操作的功能，能够记录和追踪数据库的配置信息与数据修改信息。审计记录可以写入数据库系统审计记录表或操作系统的审计跟踪。通常情况下，有两种不同的操作类型可以被审计：登录企图、数据库操作。

每个连接数据库的企图都可被审计。审计记录列出了使用的操作系统账户、数据库账户名、使用的终端ID、登录和登出的时间以及验证结果（成功登录信息记录，无效用户名或无效口令登录失败原因记录）。

影响数据库对象的任何操作都可被审计。审计记录列出了使用的操作系统账户、数据库账户名、使用的终端ID、影响对象的可能操作（如创建、更新、删除、查询标签点以及相关属性）可以在审计时编成命令组。这些命令组可以减少建立和维护审计设置值所需的管理工作量；执行操作的对象拥有者和对象名，操作结果（成功，失败及失败原因）

数据库管理员应定期查阅数据库审计日志，及时排除潜在隐患。

6. 管理扩展存储过程

数据库管理员应删除数据库系统不必要的存储过程，因为有些系统的存储过程能很容易地被人利用以提升权限或进行破坏行为。此外，还有一些其他的扩展存储过程也需要检查。但在处理存储过程时，要避免对数据库或应用程序造成伤害。

7. 数据库系统安全补丁

数据库管理员应监视数据库系统安全漏洞，及时安装安全补丁。如未能及时对数据库系统安装安全补丁，将会造成数据库应用程序的漏洞，这样非授权用户就可以获得系统的特殊权限，绕过访问控制或获取数据。系统负责人必须定期检查数据库系统的安全漏洞，评估相关安全告警的严重等级，遵从安全补丁安装步骤及流程，及时安装安全补丁。

在对数据库系统安装安全补丁的过程中，应优先在开发、测试环境中对升级安全补丁后的数据库应用访问进行系统性测试，经测试确保业务应用不受安全补丁升级影响后方可在生产环境中进行部署。

4.5.3.2 数据的加密传输

目前，数据加密仍是计算机系统对信息进行保护的一种最可靠的办法。它利用密码技术对信息进行加密，实现信息隐蔽，从而起到保护信息安全的作用。任何一个加密系统都是由明文、密文、算法和密钥组成的，发送方通过加密设备或加密算法，用加密密钥将数据加密后发送出去；接收方在收到密文后，用解密密钥将密文解密，恢复为明文。在数据传输过程中，即使密文被非法分子获取，得到的也只是无法识别的密文。

为确保数据传输安全，在调用接口时需对 datas 参数进行加密传输，宜采用以国密算法加密的方式。集团管控层能源管控平台提供获取服务器 RSA 公钥的接口方法 getPublicKey()，并定期更新公钥信息，企业客户端调用该接口获得公钥对 datas 数据进行加密，并调用数据上传接口传递数据；总部获得企业传来的数据后通过私钥对数据进行解密，获得最终的真实信息。

5 油气田能源管控系统建设实例

能源管控系统是近几年发展起来的一种全过程能源管理模式,针对能源生产、输配和消耗等过程,以自动化、信息化技术为手段,通过能源计量和在线监测,运用对标分析和系统优化的方法,对能源利用实施动态监控和有效管理,促进能源利用最优化和经济效益最大化,以提高企业能源科学化管理水平。

中国是当前世界最大的能源生产国、消费国,中石油作为奉献清洁能源、实现国家"碳达峰""碳中和"目标的中坚力量,要做好绿色发展顶层设计,优化绿色产业布局,大力推进节能减排工作。为实现"双碳"目标,中石油上游油气田企业积极响应党和国家的号召,大力提升勘探开发力度,确定增储上产、稳油增气、提质增效、减低能源消耗、高质量发展的战略目标。在这个过程中,能源管控工作成为实现战略目标的重要抓手与保障。为了实现战略目标,勘探与生产公司依据"效益为本、注重实效、分类指导、突出重点,软硬并存、创新驱动,统筹协调、持续发展"的原则,先后编制了《油气田能源管控业务总体设计技术要求》《油气田能源管控评估指南》等技术规范并对相关企业人员进行培训宣贯,规范技术要求、加强技术指导。2018年,中石油选取了13家油田单位作为能源管控试点,推动能源管控工作有序开展。

5.1 能源管控业务需求分析

5.1.1 总体业务需求分析

根据油气田企业生产业务的特点,在保证油气田企业生产安全、稳定的前提下，从提高能源管理效率、降低企业生产成本、规范业务管理流程、实现企业节能降耗等方面考虑，油气田企业能源管控的总体业务需求有以下几点。

5.1.1.1 对企业能源业务集中统一管理的需求

油气田企业能源设施分布于各个厂、矿、站，具有点多面广、多种能源介质交互并存的特点，而且能源管控缺乏集中性、统一性，导致信息量少、响应速度慢、准确性差。大部分企业的监测系统、控制系统、数据采集仪表的自动化水平还达不到企业对主要能源产耗和主要能源设备运行全过程监控的水平，不能从全局及时了解整个能源系统的运行状况。

5.1.1.2 对流程规范化的需求

能源管控业务包括能源计划管理、能源调度管理、能源实绩管理、能源统计管理、能源质量管理、能源考核管理等多个流程，涉及计划、生产、计量、统计、质量、财务等多个部门，而且在能源的生产、输送和消耗过程中需要多层次的信息交互，这就存在涉及部门多、业务流程复杂的问题。为保证能源管控业务的科学性和严谨性，建立规范的能源管控业务流程是非常必要的。

5.1.1.3 对能源数据准确性和及时性的需求

对能源的产、输、耗过程以及重点耗能设备的全面监控，主要依赖及时准确的能源监控数据。对能源监控数据的深入分析和应用，是对能源计划等业务的有效支持。因此，及时获取准确的能源监控数据是能源系统安全稳定运行，提升能源管理效率，实现企业节能降耗的有效保证。

5.1.1.4 加强节能管理、降低能耗水平的需求

油气田企业既是产能大户，也是耗能大户，节能降耗一直是油气田企业管理工作的重中之重。建立集中统一的能源管控系统，理顺能源管控业务流程，降低企业能耗水平，实现系统性节能降耗，是油气田企业精细化管理的必然要求。

5.1.2 目标用户业务需求分析

油气田企业能源管控业务的目标用户业务需求见表5-1。

表 5-1　目标用户业务需求

目标用户	业务需求
油气田企业管理层	及时了解公司能源系统整体的运行情况和主要能耗指标等数据，把握公司整体用能水平
能源计划岗	实现能源计划的编制、审核和下达； 能够及时掌握能源计划的完成情况； 能够根据需要，生成各种能源供需计划报表； 能够查询历史计划数据和其他相关数据； 能够查询相关制度和规范
能源统计岗	能够快速准确地完成能源数据的归类统计工作； 能够快速准确地完成各种能源介质的供需平衡工作； 能够快速准确地实现各种KPI指标的计算工作； 能够快速准确地实现各种报表的编制工作； 能够快速准确地实现对标分析工作； 能够查询相关制度和规范
考核管理岗	能够实现考核指标的管理； 能够实现考核流程的管理； 能够实现考核制度的管理； 能够查询相关制度和规范
财务部门	能够实现能源成本的核算
技术部门	能够实现各种能源消耗指标的计算； 能够查询相关制度和规范
采油（气）厂矿管理人员	能够及时掌握本厂能源消耗的实时数据； 能够及时掌握本厂主要系统、设备的主要耗能指标； 能够查询相关制度和规范
作业区（基层）管理人员	能够及时掌握系统、主要耗能设备能源消耗的实时数据； 能够实现重要能源信息和异常事件的记录与传递； 能够实现部分数据的自动录入工作； 能够查询相关制度和规范

5.2　建设目标及建设原则

油气田企业能源管控系统应按照"整体部署、技术引导、管理指引、评估诊断"的总体工作思路，依托信息技术、科技创新和技术进步，充分利用多种资金渠道，努力推进油气田企业由能源节约向能源管控转变，不断提升能源科学化管理水平，实现提质增效与稳健发展。

5.2.1 建设目标

油气田企业要全面贯彻落实集团公司能源管控工作的推进意见和上游业务重点工作部署，结合实际情况确定能源管控单元的建设目标。已经建成13个能源管控试点单位，分3类树立试点典范，总体达到分析级，并建成1个优化级样板。油气田企业能源管控试点具体建设目标见表5-2。

表5-2 能源管控试点具体建设目标

油气田	类别	试点名称	达到目标
长庆油田	联合站	高一联、西二联和油二联	分析级
新疆油田		重油公司供汽一联合站	分析级
西南油气田		遂宁龙王庙天然气净化厂	分析级
辽河油田	作业区	曙光采油厂热注作业一区	分析级
塔里木油田		克拉作业区	分析级
吉林油田		松原采气厂大老爷府区块	分析级
大港油田		采油二厂第二采油作业区	分析级
华北油田		山西煤层气樊北作业区	分析级
冀东油田		陆上作业区采油四区	分析级
大庆油田	采油厂	庆新油田	优化级
青海油田		采油五厂	分析级
玉门油田		酒东采油厂	分析级
南方勘探		福山油田	分析级

5.2.2 建设原则

中石油上游业务推动能源管控工作的基本原则：效益为本、注重实效，分类指导、突出重点，软硬并存、创新驱动，统筹协调、持续发展。

5.2.2.1 效益为本、注重实效

油气田企业要始终围绕提质增效这一根本目标，与生产过程紧密结合，充分认识和结合企业现阶段的基础条件与实际需求，务实、稳步推进能源计量、监控、优化及管理提升等工作，确保能源管控单元的能效水平持续改进。

5.2.2.2 分类指导、突出重点

油气田企业可将能源管控单元分为不同类型（如联合站、作业区、采油厂等），按照计量级、监测级、分析级、优化级和智能级 5 个成熟度等级，运用技术诊断和管理评估等手段，加强企业能源管控技术指导，研究建立分类、分级的管控模式。

5.2.2.3 软硬并存、创新驱动

油气田企业在软实力提升方面要加强能源管控队伍的建设，组织开展人员培训，积极推进能效对标，完善与技术创新驱动相配套的节能管理激励机制，充分调动各方开展节能技术创新、推广应用新技术的积极性。

在硬件建设上，要稳步推进能源管控单元能源计量仪表配备和自动采集系统改造，提升能源计量数据的自动化采集水平。

建设一系列可复制、可推广的能源管控信息平台通用模型，实现能源管理模式创新发展。

5.2.2.4 统筹协调、持续发展

实现能源管控单元用能水平的动态监管，形成"能效最大化，能流可视化，在线可优化"的节能管理模式，逐步梯级推进能源管控工作。

5.3 优劣势分析与实施策略

5.3.1 油气田企业开展能源管控的有利条件

目前，能源管控单元大部分已具备油气水井生产数据管理系统（A2 系统）、油气田生产物联网系统（A11 系统）以及油田企业自建的 SCADA 系统的应用基础，这为能源管控信息平台的开发提供了便利条件。

5.3.1.1 油气水井生产数据管理系统

中石油油气水井生产数据管理系统，简称 A2 系统。

A2 系统的建设目标是建立集油气水井生产管理信息采集、传输、存储、处理、分析、发布、管理和应用于一体，规范、统一、安全、高效的现代生产

管理信息系统，以满足各油气田公司、勘探与生产公司和中石油总部的生产运行、过程监控与管理的需求，实现中石油油气水井生产信息资源共享。

该项目构建了股份公司、油气田公司、采油（气）厂三级统一的生产数据管理体系架构，规范了油气水井生产业务和数据管理流程。在纵向上实现了采油（气）队、矿、厂及油气田公司、股份公司的数据贯通；在横向上统一集成了数据采集、存储管理，以及日月年报、查询、预警、油藏动态分析等相关应用功能，支持油藏各生产操作层、管理层、决策层的管理和应用。

A2系统大庆试点项目于2004年8月启动，大庆油田作为唯一试点，建成了全面集中管理、一体化的油气水井生产数据管理系统。项目建设于2007年6月全面完成，顺利通过股份公司验收，形成的模板在其他十几个油气田得到推广应用。目前，A2系统已经在中石油范围内全面上线运行，常态化管理运行已有多年，是一个成熟稳定运行的系统。

虽然A2系统只涉及油、气、水产量信息，以天为采集频率，实时性较差，但可以为能源管控系统提供动液面、沉没度、含水率等生产信息，为计算机采效率、单位气田生产综合能耗等单耗指标提供信息数据，为能源管控技术对标、预警模块提供基础数据。A2系统模块及其主要功能见表5-3。

表5-3 A2系统模块及其主要功能

模块名称	主要功能
油气水井生产数据采集模块	实现了源数据的规范采集和统一录入，主要包括井生产日数据、站库计量数据、有关机采数据和测试数据，采集的数据项达590多项；建立了严格的数据质量标准和直观的质量控制手段，实现了生产日数据的系统管理。在业务范围和功能上，满足了井日常生产的管理需求。
CDMT基础信息维护模块	按照井的生命周期，建立了由井设计、完井、投产至报废的一体化生产信息管理体系，创建了跨部门、跨单位、跨专业的信息采集与管理流程，保证了数据的唯一性与及时性。基础信息主要包括井、站库、地质单元、组合单元、组织机构等核心实体数据的注册、变更，这些数据是支持生产数据采集、生产日报、油藏月报等其他应用的基础
油气藏日报模块	实现了数据处理、查询、审核和上报等功能。采油（气）队、矿、厂及油气田公司、股份公司日数据实现了全程流转，数据处理过程实现了流程化、自动化，基本满足了各采油厂和油田公司油气藏地调日报的需要，使生产日报数据直达各管理层

续表

模块名称	主要功能
油气藏月（年）报模块	基于单井生产数据源，实现采油（气）厂、油气田公司、股份公司三级自动数据处理、审核校验、汇总上报和查询等功能，形成了自下而上的数据上报体系。目前在油田公司发行的《大庆油田油藏工程月报》《大庆油田油藏工程年报》《大庆油田气藏工程月报》均由A2系统统一输出。在油气藏管理业务上，满足了采油厂、油田公司和股份公司油气藏月（年）度报表工作需求
综合展示和预警模块	主要包括KPI关键数据项展示、预警指标展示和丰富的综合类曲线展示。提供了浏览访问、图表导出及打印输出等功能，以最直观的方式辅助油气藏管理人员进行生产决策
油藏动态分析模块	建立了可视化油藏动态监测系统，辅助生产管理人员进行生产井开发形势、区块产量递减等分析，及时把握油水井的生产形势，为生产决策提供依据

5.3.1.2 油气田生产物联网系统

油气田生产物联网系统，简称A11系统。

A11系统建设的总体目标是利用物联网技术，建立覆盖中石油油气地面生产各环节的数据采集与监控子系统、数据传输子系统、生产管理子系统，实现生产数据自动采集、远程监控、生产预警等功能，支持油气生产过程管理，促进生产方式转变，提升油气生产管理水平和综合效益。

A11系统范围涉及中石油所属各油气田公司，主要建设内容如下：

一是数据自动采集系统，包括单井数据采集系统和中转站、联合站、集输站、处理站等数据采集系统。通过在井场和站库布设传感器、变送器、自动化仪表、摄像头等设备，实时采集油气水井和生产站库的电机电流、电压、温度、压力、流量、位移载荷、液位等参数和工业音频视频数据。

二是数据传输网络系统，包括数传电台、无线组网、光纤、移动通信、卫星等通信设施。根据油气田井站所处的地理地形、天气状况，采用不同的通信传输方式和网络技术把采集到的压力、温度、流量、液位等数据实时传输到工业控制中心。

三是生产管理系统，包括数据管理、展示与协同工作等系统。对井站、功图、视频等采集的数据实施管理，实现由实时型数据到关系型数据的整合，进而实现油水井工况、油水井动态、视频监测、综合展示、协同工作等应用功能。

四是自动化控制系统，包括紧急关断、抽油机启停、集成增压撬、自动投球收球装置及配套的控制系统等。自动化控制系统通过对井场和各种站库采集传输的数据进行实时监控、分析，根据监控情况和生产管理的需要，实现远程控制抽油机启停、注水自动调节控制、锅炉燃烧机控制等。

五是井站配套支持系统，包括常规电力、太阳能或风能发电设备，以及其他配套支持设备等。油水井生产主要采用工业用电；气井根据采气工艺一般采用低功耗的太阳能供电，辅助配备蓄电池 6 组，实现夜间、阴天连续供电，以保证各类传感器、截断阀、视频等设备正常工作。另外，建议数据自动采集系统、数据传输网络系统和生产管理系统按信息化建设项目立项；自动化控制系统、井站配套支持系统按生产配套项目立项。

A11 系统由数据采集与监控子系统、数据传输子系统、生产管理子系统三部分组成，其建设与能源管控相辅相成，包括数据自动采集系统、数据传输网络系统、自动化控制系统等，为油气田能源管控系统数据采集、控制等功能提供有力支持。但是 A11 系统中能耗数据采集不全或缺失计算公式，无法全面反应站点、重点耗能设备的能耗量和耗能水平。A11 系统模块及其主要功能见表 5-4。

表 5-4　A11 系统模块及其主要功能

模块名称	主要功能
数据采集与监控子系统	主要实现生产数据自动采集、生产环境自动监测、物联网设备状态自动监测、生产过程监测及远程控制功能。其中： 生产数据自动采集实现油气地面生产各环节相关业务的生产数据采集； 生产环境自动监测实现视频、可燃气体、有毒有害气体浓度等信息的采集和告警； 物联网设备状态自动监测实现对物联设备的工作状态、标识、位置等信息的采集和监测； 生产过程监测提供油井监测、气井监测、注入井监测，实现对站库场、集输管网、供水管网、注水管网涉及的生产对象的工艺流程图实时数据显示和告警； 远程控制实现抽油机井远程启停、电泵井远程控制、气井远程关断、注水自动调节控制、自动倒井计量控制等，用户可综合考虑生产需求、管理需求和安全需求选择远程控制功能

续表

模块名称	主要功能
数据传输子系统	承载的业务数据包括：实时生产数据、控制命令数据、视频图像数据及语音数据。包括： 各类油气田井场、站场监控中心至作业区生产管理中心生产网； 从作业区生产管理中心至采油采气厂级生产指挥中心、油气田公司级生产调度指挥中心的办公网（局域网）； 从油气田公司级生产调度指挥中心至集团公司的办公网（广域网）
生产管理子系统	提供生产过程监测、生产分析与工况诊断、物联网设备管理、视频监视、报表管理、数据管理、辅助分析与决策支持、系统管理、运维管理等功能。其中： 生产过程监测实现油井监测、气井监测、注入井监测、站库场信息展示、集输管网信息展示、供水管网信息展示、注水管网信息展示功能，实现对涉及生产对象的基础数据和历史数据查询、实时监测和超限告警，以及油气水井和站库场的视频监视； 生产分析与工况诊断实现产量计量、参数敏感性分析、工况诊断预警等功能； 物联网设备管理实现物联网设备信息检索、设备故障管理和物联网设备维护功能； 视频监视实现视频采集与控制、视频展示、视频分析告警功能； 报表管理实现生产数据报表模板管理，实现对生产数据报表、物联网设备故障报表、系统运行报表的自动生成功能； 数据管理实现采集数据质量管理和数据集成管理功能； 辅助分析与决策支持实现油气生产物联网汇总信息展示功能； 系统管理实现告警预警配置管理、用户权限管理、系统日志管理、数据字典管理功能； 运维管理实现运维日志管理、运维任务管理、系统备份管理、系统版本控制

5.3.1.3 采油与地面工程运行管理系统

采油与地面工程运行管理系统，简称 A5 系统。

A5 系统根据以业务为主导的原则，立足于满足中石油总部、各油气田公司、各采油采气厂三个层面的地面工程生产运行管理与决策支持的需求，建立具有数据采集、传输、处理、存储、发布、分析与应用功能的信息管理系统，形成规范、统一、高效、安全的工程信息管理平台。

A5 系统（地面工程部分）包括前期管理、建设管理、生产管理、生产辅助管理及综合管理 5 大功能模块，可分别实现以下功能：

前期管理：前期计划关键节点信息填报、审核和查询，股份公司级前期方案（可行性研究报告、初步设计方案）信息填报、审核和查询，对比前期阶段关键技术、设备及经济指标差异等。

建设管理：地面建设期间招标、合同、项目计划、项目开工、项目施工、项目竣工等各流程环节的信息填报、审核和查询，形成基建工作台账、合格供应商、施工队伍考核综合评分、开工报告、施工周（月）报及基建工程各级检查、整改情况报表等。

生产管理：实现对地面工程主要生产系统基础数据、生产数据的维护、查询和管理，主要生产系统包括原油集输与处理系统、储运系统，气集输与处理系统、储气库，水处理系统及注入系统；形成转油站、脱水站、集气站、处理厂及油库等站库的生产运行情况数据统计表、站措施数据统计表等各级固定及自定义报表；将数据图形化，通过对比分析，及时掌握生产运行情况，根据关键指标变化趋势优化生产工艺及条件，达到安全平稳生产和节能降耗的目的；通过与地理信息系统（A4系统）的交互，实现GIS导航跟踪到站场、井场及管线的电子档案查阅。

生产辅助管理：实现对地面工程辅助生产系统数据的维护、查询和管理，辅助生产系统包括防腐系统和化验系统。

综合管理：建立规范统一的报表模板，实现贯穿公司、油气田公司、采油（气）厂三级的报表管理与应用，实现数据的统计、分析应用。

A5系统是减轻员工劳动强度、统一数据口径、提高数据准确性的重要途径，是提高管理效率、有效管理数据、掌握生产动态、方便分析应用的重要平台。今后A5系统将与A1、A2、A4及A11等系统构成中石油完整统一的上游领域数据库，形成油气田开发全生命周期的数据资源。随着系统实际运行情况及生产、管理需求的不断提高，要适时对系统进行改造升级，强化分析应用功能，为实现油气田生产模拟仿真、油气田管道及站场完整性管理等提供有力的技术支持。

5.3.1.4 节能节水管理系统

节能节水管理系统，简称E7系统。

E7系统共有10个功能模块，分别是节能节水统计管理、节能节水项目管理、节能节水考核管理、节能节水监测管理、节能节水评估管理、能效对标管理、能源审计管理、节能节水技术管理、重点耗能设备管理以及节能队伍管理。E7系统模块及其主要功能见表5-5。

表 5-5　E7 系统模块及其主要功能

模块名称	主要功能
节能节水统计管理	下设统计数据分析、能耗趋势跟踪、统计配置管理以及统计数据报表 4 个子模块，主要提供 KPI 指标展示、冀东油田用电量以及新疆油田克拉玛依石化加热炉相关数据的在线监测数据展示、统计基础信息配置和统计报表的填报、审核、汇总查询以及分析等功能
节能节水项目管理	包含节能专项投资、企业自筹以及合同能源管理三类项目管理功能，主要实现项目相关资料的录入填报以及审核功能，以便集团公司及时掌握各企业项目的进展
节能节水考核管理	包含指标考核、节能节水型企业考核、企业内部考核、先进基层单位管理和先进个人管理等功能，实现万家企业节能考核和集团公司年度节能节水型企业考核全部功能的线上操作
节能节水监测管理	包括监测计划管理、监测方案管理、监测数据管理、监测报告管理、监测资质管理等功能，同时对监测整改结果进行跟踪管理。该模块主要由集团公司所属节能监测中心使用，涵盖了集团公司层面节能监测的全部内容
节能节水评估管理	主要对集团公司组织开展的节能评估和新建扩建项目可行性研究报表中节能节水篇（章）评审相关材料进行管理，跟踪掌握项目情况。地区公司组织开展节能评估项目也可自行录入系统。该模块还提供国家节能评估相关要求和编制指南
能效对标管理	主要开发了油气田业务和炼化业务能效对标功能，建立了能效对标指标体系，提供相关能效对标指标的查询、比对和分析，为企业提供潜在标杆企业、能效指标目标值和最佳节能实践等信息
能源审计管理	主要提供各企业相关能源审计报告的存档功能。地区公司或其下属二级单位根据国家以及集团公司相关要求开展能源审计工作，并对能源审计报告存档，供上级单位查阅
节能节水技术管理	主要包含节能技术库、节水技术库、节能节水技术案例库、节能技术推广目录、高耗能设备淘汰目录等。由集团公司节能技术研究中心根据相关项目研究成果，优选先进成熟的节能节水技术和案例进行数据维护。地区公司也可自行录入相关技术，经审核后公开发布
重点耗能设备管理	主要提供集团公司所属企业在用的机泵、加热炉、锅炉、压缩机、变压器、风机、钻机等重点耗能设备台账，以便及时掌握重点耗能设备运行情况
节能队伍管理	主要包括节能部门管理、节能机构管理、节能人员管理、节能专家管理、培训资料管理 5 项功能，主要提供集团公司各层级节能节水管理人员通讯录、节能专家名录以及相关节能培训资料

E7系统除了可以实现表5-5所列功能,还探索验证了实时监控功能,并依据节能节水业务管理涉及的能耗设备管理在各板块管理模式的差异,增加了重点能耗设备管理模块,丰富了原有设备台账的管理内容。增加的节能在线考核、统计报表催报、待办事项提醒、用户系统使用评级等功能,满足了集团公司日常节能节水管理工作的需求。

近年来,借助科技、信息等资金支持,长庆油田和大庆油田已率先开展了能源管控示范研究与建设工作,总体进展良好。

5.3.2 存在的短板及不足

中石油上游业务试点按照能源管控建设规范及技术要求,根据能耗现状及实际生产情况,制定了相应的能源管控平台建设方案并进行了项目实施。能源管控平台基本实现了能耗数据采集及远程传输、能耗监测及报警、能耗统计及对标分析等功能,满足了分析级能源管控要求,但同时也存在以下问题。

5.3.2.1 计量器具配备不足

通过调研发现,油气田企业用能单位、次级用能单位能源计量器具配备满足了相关标准、规范的要求,但基本用能单位和主要耗能设备能源计量器具配备率不高。基本用能单元(设备)的能源计量器具配备不足主要体现在天然气和电力相关的计量器具上。同时,由于抽油机井、注水站等较为分散,下属多数采油(气)厂的主要能耗数据尚未实现数据的远程传输,仍通过人工采集、抄表等方式进行能耗统计、分析等。

5.3.2.2 专业人员缺乏

一些企业节能管理和技术支撑力量相对薄弱,存在部分人员知识老化、能力不足的问题。针对缺乏懂工艺、懂生产、懂分析、懂优化的专业能源管控人才这个问题,应加强对专业人员的招聘和业务能力培训。

5.3.2.3 优化难度大

油气田地面工程能量系统优化难度大,需借助先进的模拟优化技术、信息化管理技术、科学的用能评价方法、丰富的专业知识和实践经验才能完成。这不仅需要深入研究,还需要不断实践,通过总结经验及不断修正,以提高相关人员的认识及技能。

5.3.2.4 能源管控模式复制难

由于油气田企业在能源使用方面存在点多、面广、地理分散等特点，能耗监控、管理、评价存在一定困难，同时也缺少成熟可借鉴的经验。虽然部分油气田企业开始尝试建立能源管控中心，但是缺乏统一的功能设计，能源管控模式与能源管控系统的建设可复制性较差。数据应用业务深度不够，未能充分挖掘数据价值。

5.3.3 实施策略

能源管控工作推进需要以建立健全规范技术要求、加强技术创新、打造管控试点示范、实现智能运行、提升效益为总体思路，主要从如何推进能源利用与管理、如何完善能源管控平台功能及如何实现生产系统工艺优化等几方面，通过实施能源管控策略，为油气田企业提供绿色、环保、节能、降本的用能环境，推进能源管控水平的提升。

针对能源管控工作面临的问题，中石油上游业务能源管控试点的工作从三个阶段入手：第一阶段，规范技术要求、加强技术指导；第二阶段，大力开展软硬件基础建设，持续完善能源管控平台功能；第三阶段，优化运行与总结提升，加强试点引领与梯级推进。

5.3.3.1 规范技术要求、加强技术指导

在技术要求阶段，目前已完成能源管控关键绩效参数与计算方法的定义、能源管控系统数据及接口规范的统一、信息技术架构设计和能源评估指南编制，详见第 4 章。

结合油气田能源管控单元的生产实际，在计量级规定了机采系统、集输系统、处理系统、注入系统和供配电系统的能源计量器具配备原则；在监测级规定了能源管控关键绩效参数的选择、基础数据传输、能源绩效参数在线计算、能源绩效参数在线监测以及监测级能源管控信息平台功能等内容；在分析级规定了能源绩效参数纵向对标、横向对标、节能增效措施实施以及分析级能源管控信息平台功能等内容；在优化级规定了模拟优化模型的建立、能源管控单元的优化以及优化级能源管控信息平台功能等内容；在智能级规定了能源管控单元闭环优化以及智能级能源管控信息平台功能等内容。

1. 机采系统优化

机采系统优化主要针对抽油机、螺杆泵、电潜泵等举升工艺进行运行参数及配套节能工艺的优化。针对运行参数的优化主要基于油井历史生产参数、设备参数对应的生产状态，以匹配当前油井供液能力为基础，结合油藏物性及实际生产情况，建立机采井参数动态优化模型。以产液量、系统效率为优化目标，通过多相管流模拟、产能分析、节点分析等实现机采井故障诊断、效率分析及参数优化，自动推送油井冲次、转速、频率等生产参数，实时动态调优。

对机采系统运行参数进行优化，可以实现抽油机井、螺杆泵井及电潜泵井的生产运行参数高效匹配油井生产负荷，保证油井的高效、节能生产。另外，还可通过配套节能工艺实现软件优化与工艺优化相结合的双重效应。节能工艺在抽油机方面主要包括使用异形游梁式抽油机、异相曲柄复合平衡抽油机等，在电机方面主要包括应用高（超高）转差电机、双速电机、永磁电机、变频调速电机等，目的是提高机采井系统效率，降低高耗能设备能耗。

2. 注水系统优化

注水系统由注水站、配水间、注水井及注水管线等组成，针对注水管网运用系统工程理论、拓扑学方法、数字仿真和优化技术进行的注水系统优化，是通过建立数学模型、简化节点联接、设定约束条件，以注水单耗最低为目标函数，建立注水系统运行参数优化数学模型。应用改进的约束变尺度法求解，给出优化的开泵方案，实现注水能量资源的合理分配。

针对注水井，依据注水量的合理分配及系统优化得出的开泵方案，利用注水电机变频调控技术，通过合理调整注水压力，使联合站泵出口压力、各增压站压力、注水井井口压力与注水量达到最佳匹配，从而提高注水泵效率。并对注水系统动态数据进行实时监测，实现排量与压力的自动调节，保持注水泵始终高效运行。对注水管网与注水泵的运行进行优化，旨在提高注水系统效率，降低注水单耗，降低油田注水用电量，提高经济效益。

3. 集输系统优化

油气集输包括集油、油气水分离、污水处理、原油外输等环节。集输系统优化首先利用管线、设备、运行及化验等数据，建立管网和站库设备能耗计算模型，实现集输系统能耗智能评价，准确找到优化潜力点。然后对工艺模型进行计算，得出合理的管线输油温度，从而确定合理的管线入口端加热设备的运行参数，保证介质有良好的流动性，防止管道发生结蜡、冻堵等情况，避免因停炉过迟或启炉过早而造成浪费。最后通过建立管网运行诊断预测及优化模型，实现管网运行故障诊断、预测，优化管输节点压力，确保安全生产、高效运行。

基于集输系统管网模型综合考虑运行效率、成本及效益，结合不加热集油、密闭集输、油气混输、新型高效油气处理、污水处理、输油泵变频调速和自动化控制等工艺技术，建立管网工艺评价体系，实现地面管网工艺选择优化及效果跟踪评价，优化管网投入决策，降低生产运营成本。

5.3.3.2 大力开展软硬件基础建设，持续完善能源管控平台功能

能源管控系统建设要重点做好完善计量器具配备、整合基础数据和开发能源管控信息平台几方面工作。

1. 完善计量器具配备

建立能源计量数据采集管理制度，依据国家、行业和集团公司等相关标准配置能源计量器具，重点加强企业级能源消耗数据的自动采集系统改造，对进出企业的能耗数据进行动态监测。

依据能源计量器具配备标准，结合能源管控单元的成熟度等级，确定能源计量器具配备需求。按照技术上可行、经济上合理的原则，实现能源消耗数据的远传采集。

2. 整合基础数据

在数据采集与传输方面，油气田企业基本用能单位和主要耗能设备物联网的建设水平参差不齐，能源计量器具配备率不高，存在主要能耗数据尚未实现数据远传，仍通过人工采集、抄表等方式进行统计、分析等问题。我们应通过统一数据采集标准，建立能源数据接入规范，统一实时监测数据上传标准和技术要求，实现能耗数据及时、准确的传输，确保数据来源的一致性，为能源管控数据共享及高效应用提供基础保障。

数据存储与利用方面，要基于油气田企业区域湖建设实现能耗数据入湖，依据数据湖建设标准建立能源管控数据模型，通过制定统一的数据模型标准、数据接口标准，设计数据模型，实现数据的标准化管理，达到对各类生产系统能耗数据的集中规范化管理；挖掘数据价值，构建历史能耗数据与生产优化相结合的大数据分析模型，为高耗能设备优化及节能措施的制定提供参考。结合

现有的生产信息系统和相关信息化建设，明确数据源、梳理数据流，建立能源管控单元的能源管控数据库。开发能源管控数据库与其他信息系统之间的数据集成共享接口，实现关键能耗数据的在线展示与监测。

3. 开发能源管控信息平台

面向油气田企业实现供配电、注、采、输、热系统业务全流程监控，对各生产系统流程节点能量的供应、传输、转换、损耗过程进行监测、分析及优化。基于统一的能源管控平台，建立通用业务模型组件及模块，针对能源管控涉及的采油、注水、油气集输、油气处理等业务节点，基于业务流程制定能源管控系统优化工作流，依据能源管控数据并结合各生产系统优化模型，通过信息化技术与业务优化模型的深度融合，综合考虑油气藏（地层能量、流体物性、无因次采油指数、单井产能）、井筒（携液能力、举升条件、产量）、地面管网（产量、外输温压条件）的流动能力，建立油气藏—井筒—管网一体化分析优化模型；基于油气藏潜力、工程条件和管网设备的支撑能力，并充分考虑新型高效工艺及设备的配套和地面已建设施的高效利用，形成一体化协调工作机制，提高地面设施设备的运行效率，实现一体化优化及效益提升。油气田企业针对能源管控单元的生产实际，建立具有可复制性的能源管控信息平台通用模块，充分依托已有的信息系统，开发能源管控信息平台。

5.3.3.3 优化运行与总结提升，加强试点引领与梯级推进

管理部门通过对能源管控实施的总体情况、总体目标的实现情况、能源管控信息平台的运行情况等内容进行归纳总结，组织评选能源管控试点建设先进单位，推广先进经验和优秀做法，以充分调动基层开展节能工作的积极性。在总结试点经验的基础上，进一步优化能源管控信息平台的功能模块，形成能源管控新模式，并通过实时预警、优化运行，促进企业能效水平的提升，最终实现提质增效的目的。

1. 精细打造试点示范性

分析能源管控试点的工作开展情况，评估试点能耗计量器具配备、数据远传、能源管控工作效率提高等方面的内容，打造能源管控在节能管理、能耗控制、效益提升等方面的试点示范性，由勘探与生产公司推广先进经验和优秀做法，充分调动基层开展节能工作的积极性，发挥示范引领作用，促进企业能效水平的提升。

2. 提升功能组件的复用性

依托油气田企业油气生产物联网建设基础,以"梦想云平台"为支撑,利用大数据、人工智能等先进信息技术,构建功能齐全、运行高效、使用灵活、安全可靠的一体化能源管控平台,建立试点主要生产系统(如机采、集输及注水等系统)的模拟优化模型,实现能耗优化,构建通用、可复制推广的优化模型组件,实现优化级能源管控平台建设。

3. 促进提质增效的指标性

我们要始终围绕提质增效这一根本目标,与生产过程紧密结合,充分认识和结合企业现阶段的基础条件与实际需求,务实、稳步推进能源计量、监控、优化及管理提升等工作,精准分析各生产子系统的节能、能耗管理及效益提升效果,确保能源管控单元能效水平的持续优化,实现可量化的质量效益指标。

4. 实现过程管理的全面性

根据试点(联合站级、作业区级、厂矿级)的实际情况建设能源管控单元,按照计量级、监测级、分析级、优化级和智能级 5 个成熟度等级,运用技术诊断和管理评估等手段,加强上游业务能源管控技术指导,研究建立分类分级的管控模式。

5.4 庆新油田能源管控系统建设

5.4.1 生产概况

庆新油田是大庆油田下属采油厂,其矿权面积为 144.8 平方公里,已提交的探明含油面积为 69.3 平方公里,主要开发油层为葡萄花油层,年产原油 20 万吨,下设机关部室 3 个、基层单位 5 个、员工 400 余人,共有站间 25 座,各类耗能设备 1599 台,包括抽油机井 573 口、加热炉 25 台、机泵 188 台,年能耗总量为 2.5 万吨标准煤。

5.4.2 能源管控系统设计

庆新油田能源管控系统包括系统首页、运行监控、指标分析、报表管理、能耗优化、系统管理等功能模块。庆新油田以大数据技术为核心，基于油田完备的自动化实时数据基础，对油田各业务环节中的能耗点进行监控，最大限度地挖掘能耗指标及相关影响参数背后的价值，最终实现稳产、降本、增效的目标。

5.4.2.1 系统首页

系统首页功能模块根据用户关注点的不同，为不同类型的用户展示不同的内容。用户可以通过配置首页功能权限，查看相关数据信息。

例如，庆新油田公司管理层登录系统首页后（见图5-1），就能查看相关系统能耗情况，及时掌握公司能耗总量，实时了解主要单耗指标。

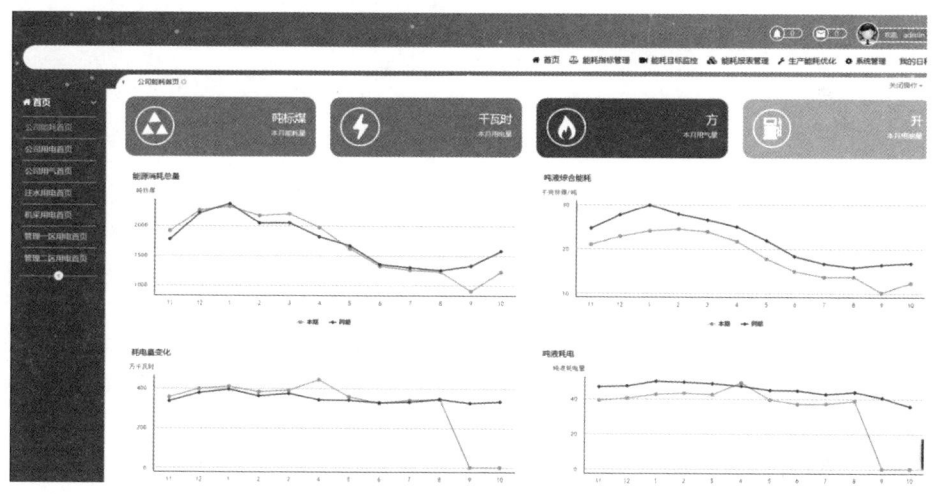

图5-1 庆新油田公司管理层登录系统首页界面

5.4.2.2 运行监控

运行监控功能模块能实现公司整体能耗计划运行的分级分类监控，可根据用户角色的不同展示公司、采油区、系统（机采、集输、注水）等不同层面的能耗计划运行情况。能耗运行监控看板整体展示庆新油田的电、气等实际消耗情况。其中，公司总量、采油区总量、专业控制目标分别展示周、旬、月度的实际能耗情况（见图5-2）。间（站）展示各作业区不同专业子系统下的能耗异常报警数量。界面右侧快讯版块展示推送的采油区能耗异常信息等。

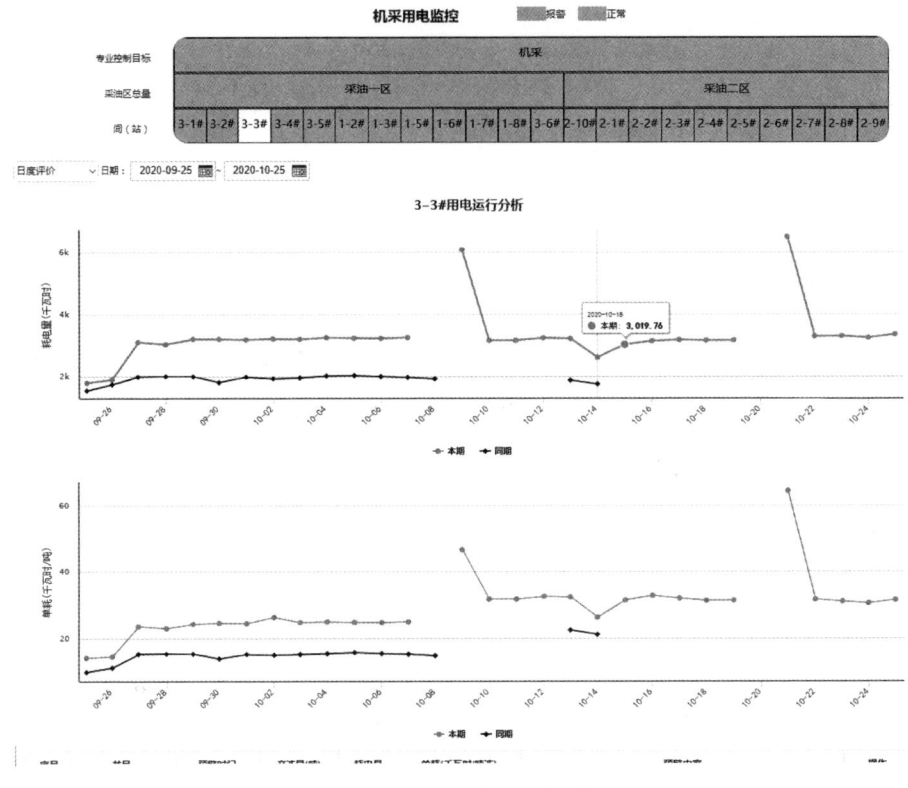

图 5-2 机采系统能耗监控界面

5.4.2.3 指标分析

指标分析功能模块通过趋势计算、对比、评价图版、单耗对比等算法，对能耗单元的能耗指标进行预警、效率评价，在此基础上从能耗单元、管理因素进行归因分析，推出导致能耗变大的能耗单元或管理因素。

以机采系统为例，利用抽油机井系统效率控制图版对抽油井系统效率进行宏观评价，依据地面效率、井下效率等数据划分出地面低效区、井下低效区、地面潜力区、达标区、井筒潜力区、高效区、特效区或待核实区，系统通过效率计算，将具体井展示于对应效率评价区间，达到评价、展示的效果（见图 5-3）。

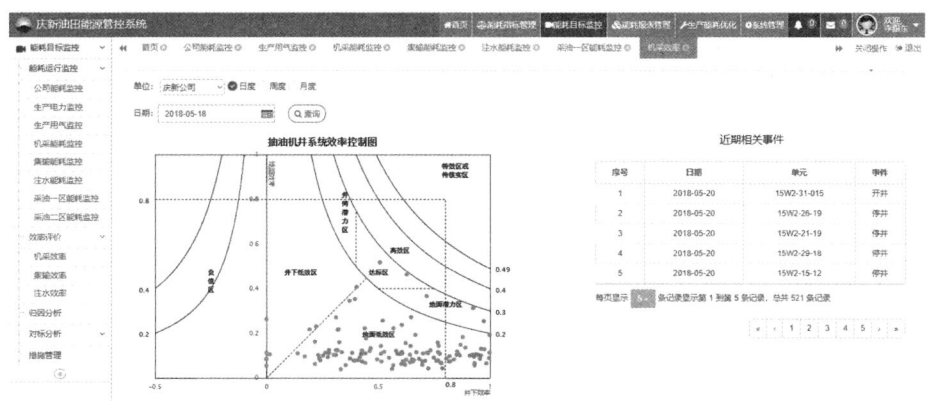

图 5-3 机采系统效率评价界面

5.4.2.4 报表管理

报表管理功能模块主要对用电、用气、用油的各类报表进行管理,包括报表的导入、录入、自动汇总、查询、统计等功能。

以用电报表管理为例,报表管理功能模块能实现各生产节点用电数据日度录入、修改、删除、保存,报表导出、导入,报表模版维护,并将录入时间纳入考核统计(见图 5-4)。

图 5-4 电力日报界面

5.4.2.5 能耗优化

能耗优化功能模块针对生产预警中发现的问题和动态评价时发现的提升潜

力，对机采系统、集输系统、注水系统的能耗进行优化效率评价、因素推荐、方案优化及分析处置，建立能耗优化控制流程，提升整体能源管控的水平至优化级。

机采系统对单井日耗电量、吨液耗电、系统效率进行实时监测，能耗异常井自动预警、归因分析；工况因素方面，对载荷、功图进行综合分析，发现抽油杆断脱、油管漏等异常；结蜡因素方面，对最大载荷、最小载荷、载荷比等进行力参分析，推送个性化加药、热洗方案，实现"一井一策"智能跟踪管理，解决传统方案制定不精准、跟踪分析工作量大等难题，载荷比由 2.05 降至 1.91；平衡因素方面，通过油井电参实时监测，及时发现超平衡、欠平衡井，并推送准确的调整方案（包括调整平衡块的个数、调整方向和调整距离），平衡率指标值由 85% 提高到 93% 以上。

集输系统以实时采集单环掺水压力、掺水流量、回油温度为优势，根据各环所带井数、历史运行参数，对每个集油环建立模型，自动发现回油温度高、掺水量大的能耗异常环，并从管线情况、所辖油井、环运行情况和特殊事件四类因素进行归因分析，推送优化掺水调节方案，使集输系统掺水管理作业由原来的经验式调节转变为量化式精准调控，实现掺水优化控制到单环，"一环一策"精细管控。

注水系统在实现注好水、注够水的基础上，以注水系统整体效率最优为目标，通过注水方案、管网效率、机泵组合、运维保养四方面开发、建立模型，采取注水能耗综合分析、管网效率自动评价、生产机泵模拟组合、运维保养自动提示以及系统自动推送地层改造、水井提注/降注、管网改造、机泵启停、组合优化等措施，实现注水系统优化级。

5.4.2.6 系统管理

系统管理功能模块主要包括用户管理、菜单管理、机构管理、角色管理和附录管理。其中，用户管理包括添加、修改、删除、导入、导出等，并对用户管理的数据权限进行划分（见图 5-5）。菜单管理包括系统菜单的显示、隐藏、命名、创建、级别调整。机构管理实现更新、维护公司组织机构及从属关系定义。角色管理是依据岗位特点，对不同用户进行系统菜单和数据访问权限的配置、调整。附录管理是在系统 1.0 版本的基础上进行更新，实现对系统的基础信息维护，其中包括车辆基础数据、加油地点数据、油品数据、管理因素维护、车辆型号、能耗单元建模、用能单位建模等。

图 5-5　用户管理界面

5.4.3　实施效果

2020年，系统累计预警1813次，处置1552次。其中，抽油机井预警1255井次，处理1066井次，平均单井日节电7.27千瓦时/天；集油环预警558环次，处理486环次，平均单环日节水6.60立方米/天。全年吨液耗电同比减少3.48千瓦时/吨，吨液耗气同比减少0.61立方米/吨，吨液综合能耗同比减少1.24千克标准煤/吨，年节电340.50万千瓦时，节气60.80万立方米，折标准煤1933.6吨，节省费用303.8万元。

5.5　福山油田能源管控系统建设

5.5.1　生产概况

福山油田隶属于南方勘探开发有限公司，是海南省唯一在陆上从事油气开发生产的企业，其油气生产设施主要位于海南省西部的澄迈、临高两县。福山油田现管理油水井397口，油气水输送管线435公里。目前，作业一区管理油井138口、水井27口，年产液30.1万吨，产气4567万方，注水18.4万方；作业二区管理油井160口、水井20口，年产液17.1万吨，产气5397万方，注水14.35万方。

5.5.2　能源管控系统设计

针对能源管控单元的生产实际，充分依托已有的信息系统，按照勘探与生产分公司能源管控总体架构要求，开发能源管控信息平台，系统运行后能实现关键能耗数据及主要耗能设备的在线监测分析。福山油田能源管控系统界面如图 5-6 所示。

图 5-6　福山油田能源管控系统界面

5.5.2.1　能耗概览

能耗概览功能模块可实现综合展示、生产系统统计分析、用能设备统计分析等功能，能耗概览界面如图 5-7 所示。

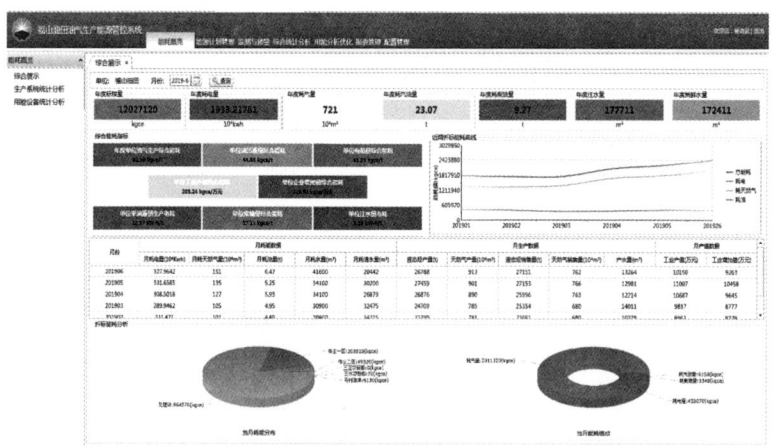

图 5-7　能耗概览界面

5.5.2.2　能源计划管理

能耗计划管理功能模块主要包括福山油田至下属单位生产计划和能耗计划

等，能耗计划管理界面如图 5-8 所示。

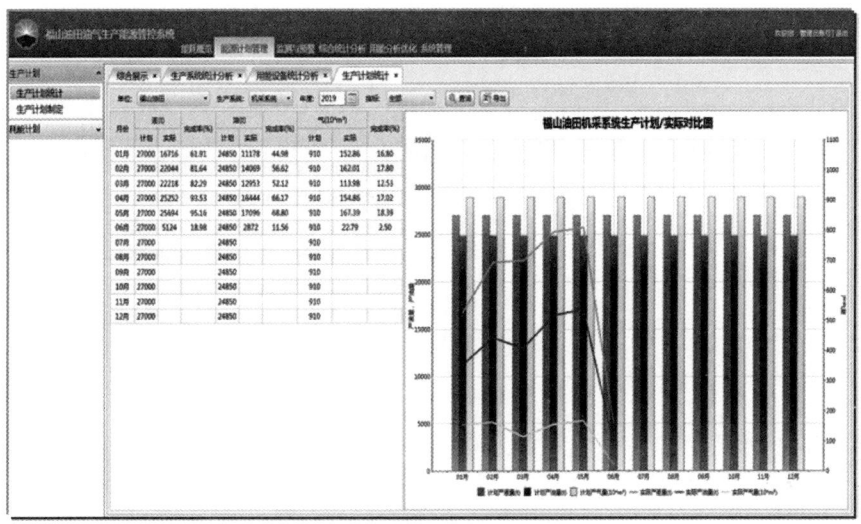

图 5-8　能耗计划管理界面

5.5.2.3　监测与预警

监测与预警功能模块可实现绩效参数监测及计算（生产系统监测及计算、用能设备监测及计算、生产系统绩效数据查询、用能设备绩效数据查询）、重点耗能设备监测及计算、异常报警等功能，监测与预警界面如图 5-9 所示。

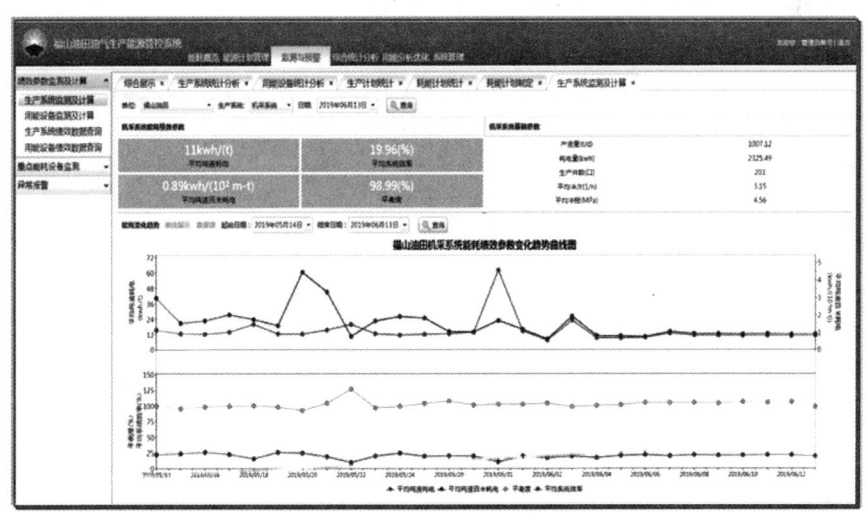

图 5-9　监测与预警界面

5.5.2.4 综合统计分析

综合统计分析功能模块可实现主要生产系统能耗数据统计/分析、用能设备能耗数据统计/分析、能效对标分析等功能，综合统计分析界面如图 5-10 所示。

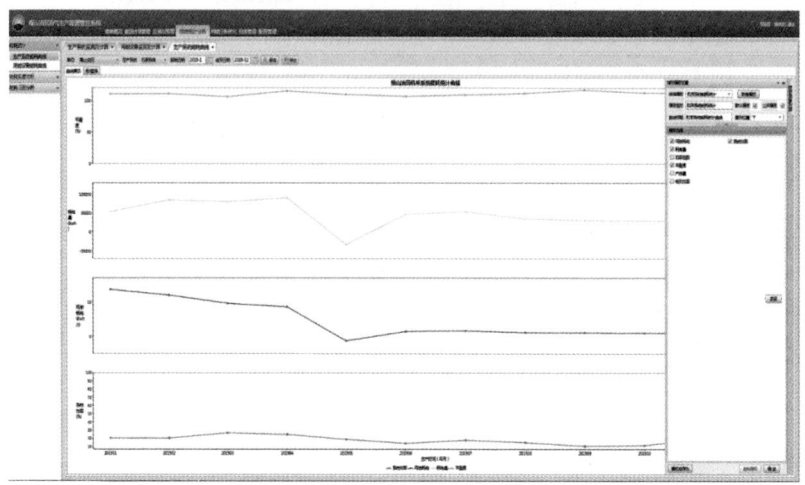

图 5-10 综合统计分析界面

5.5.2.5 用能分析优化

用能分析优化功能模块主要实现机采系统、集输系统、处理系统的生产模拟与优化设计，用能分析优化界面如图 5-11 所示。

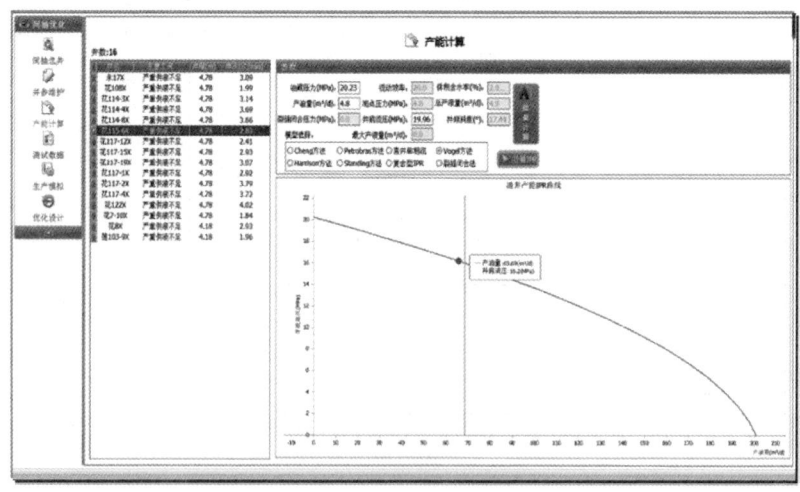

图 5-11 用能分析优化界面

5.5.2.6 报表管理

报表管理功能模块主要实现报表查询、数据录入与数据审核功能，报表管理界面如图5-12所示。

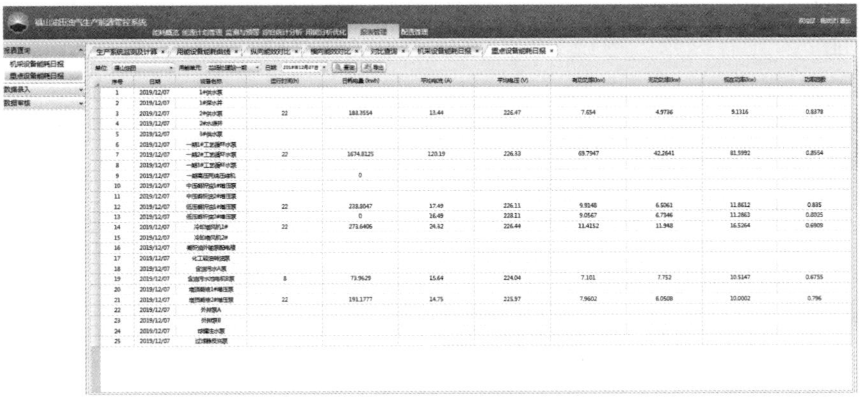

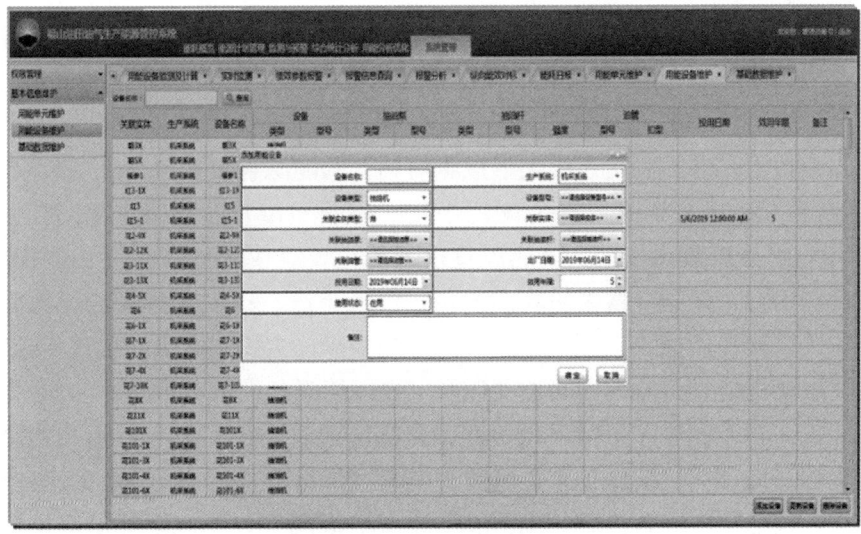

图5-12　报表管理界面

5.5.2.7 配置管理

配置管理功能模块主要实现权限管理、基本信息维护等功能，配置管理界面如图5-13所示。

图5-13　配置管理界面

5.5.3 实施效果

福山油田坚持绿色发展理念,通过管理创新、技术创新、工艺创新、设备创新等手段,全面建设新型能源管理模式,推进生产系统优化。2020年,福山油田原油(气)液量生产综合能耗比2019年降低0.4千克标准煤每吨,实现节能222吨标准煤,通过节能降耗取得的经济效益达35万元。

5.6 遂宁净化公司能源管理系统建设

5.6.1 生产概况

遂宁天然气净化有限公司(以下简称遂宁净化公司)位于四川省遂宁市安居区磨溪镇丁坪村,净化装置由4列$300×10^4$ m^3/d净化装置及3列$600×10^4$ m^3/d净化装置组成,日处理天然气能力达$3000×10^4$ m^3/d,包括原料气过滤分离装置、脱硫装置、脱水装置、硫黄回收装置、尾气处理装置及对应的公用工程和辅助装置(包括锅炉、循环水、空分空压、污水、火炬、供配电系统、给排水和消防系统等)。

5.6.2 能源管理系统设计

遂宁净化公司结合物联网扩容改造,开展能源管控试点建设。以物联网技术平台为支撑,整合全厂能源及水资源消耗数据,分别从DCS系统、电力综合平台采集相关的生产和工艺参数、设备和电机运行参数,以及装置能耗和水耗等相关数据,在物联网系统上形成相对独立的能源管控平台,开展装置实时用能监测,利用大数据技术为工厂节能、减排、降耗提供优质服务,并于2020年达到分析级的目标。该能源管理系统主要完成了五个核心功能模块的建设及应用:一是能耗驾驶舱功能模块,包括年度、季度、月度能耗驾驶舱;二是在线监测功能模块,包括厂级关键单耗指标、主要用能单元单耗指标实时监测、主要用能设备效率实时监测以及主要用能设备绩效参数实时监测等;三是能耗查询功能模块,包括厂级年度、月度、自定义时段能耗查询,主要用能单元能耗查询等(包括新鲜水、电能、燃料气、蒸汽消耗);四是对比分析功能模块,包括年度综合能耗、新鲜水、电能、燃料气、蒸汽消耗的对比分析,用能单元单耗指标对比分析,主要用能设备能效对比分析;五是报警预警功能模块，包括各项关键监控参数实时值或累计值在达到基准值80%时触发预警，超过基准值后触发报警功能等。

5.6.2.1 运行和统计信息展示

能源管理系统从物联网登录，登录后通过链接跳转到首页，首页对系统重要的运行和统计信息进行展示（见图5－14）。

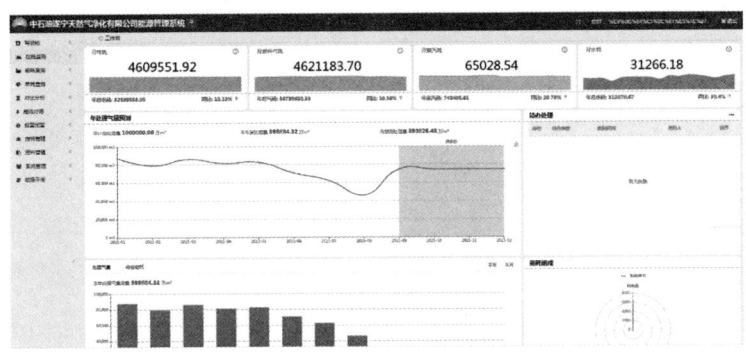

图5－14 运行和统计信息界面

5.6.2.2 能耗驾驶舱功能模块

能耗驾驶舱功能模块用于展示天然气净化装置整体能耗情况，从月度、季度、年度分别展现净化厂的综合能耗总量、燃气消耗总量、电能消耗总量、新鲜水消耗总量、蒸汽消耗总量情况及其在该时间的变化趋势，并且可以看到各个单耗在每个用能单元中的占比（见图5－15）。

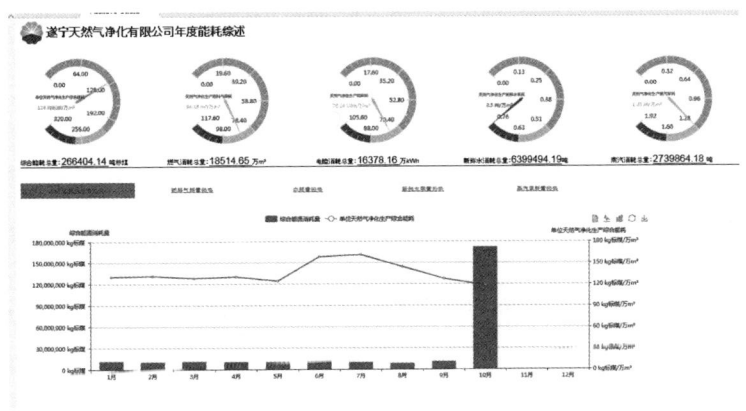

图5－15 驾驶舱界面

5.6.2.3 在线监测功能模块

在线监测功能模块主要分为三个部分：厂级、用能单元和主要用能设备，分析了实时单耗、单耗趋势、实时绩效参数（见图5-16）。

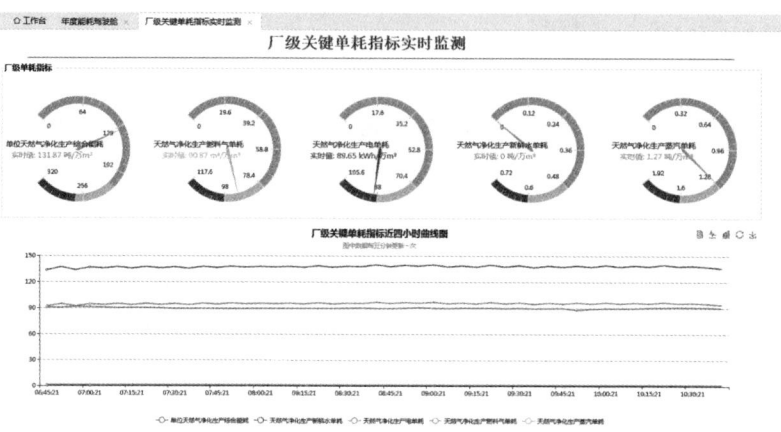

图5-16　在线监测界面

5.6.2.4 能耗查询功能模块

能耗查询功能模块主要分为三个部分：厂级年度能耗查询、月度能耗查询、厂级能耗分时段查询（见图5-17）。

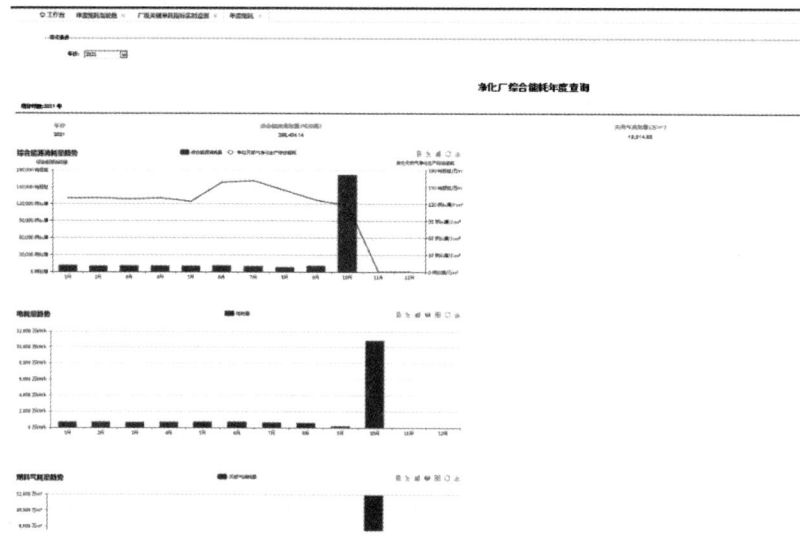

图5-17　能耗查询界面

5.6.2.5　对比分析功能模块

对比分析功能模块是以年度为单位开展综合能耗、新鲜水消耗、电能消耗、燃气消耗、蒸汽消耗情况及变化趋势的对比。同时，系统能实现各套装置间用能单元的能耗情况对比和主要用能设备能耗指标对比，还能根据预设的报表模板自动生成横向对标分析报告和纵向对标分析报告（见图5-18）。

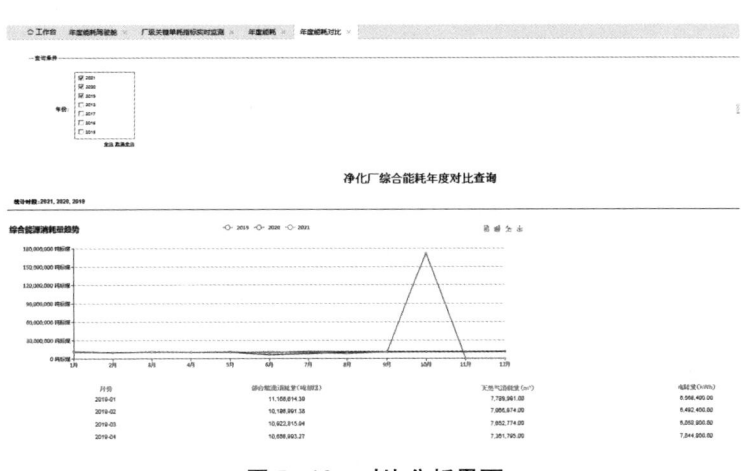

图5-18　对比分析界面

5.6.2.6　报警预警功能模块

报警预警功能模块的参数分为实时值、累计值，实时值或累计值在达到基准值80%的条件下触发预警功能，在超过基准值后触发报警功能。系统用户能通过预警或报警时间段、相关参数、处理状态等信息对历史能耗信息进行查询。同时，系统提供对每条信息进行上报处理、忽略、溯源、查看处理详情等功能。

图5-19　报警预警界面

5.6.3 实施效果

遂宁净化公司能源管理系统通过五个核心模块的建设，全面有效地对 7 套主体净化装置和公用辅助装置的能耗情况进行了监测，既实现了主要单元的监测，也实现了重点设备的监测；既对关键绩效参数进行了实时监测，也对能源消耗情况进行了纵向、横向的全面对比分析。

5.7 经验和建议

能源管控工作的实施涉及工艺、装备、生产、安全等部门，为此，要发挥整体合力，才能推进以能源管控为重要抓手的节能管理新模式。

5.7.1 组织保障

各油气田企业要高度重视能源管控工作，由最高管理者指定管理者代表作为团队领导组建能源管控团队，能源管控团队负责对接节能主管部门。节能主管部门应将本企业能源管控试点的进展情况进行定期收集与汇总，确保能源管控等级目标的实现。

能源管控单元的最高管理者除承担《能源管理体系要求及使用指南》（GB/T 23331—2020）规定的管理职责外，还应支持能源管控工作和能源管控单元用能水平的持续改进，具体通过以下活动予以落实：

（1）针对能源管控单元核准能源管控的深度，确定能源管控等级目标；

（2）批准组建能源管控团队，协调相关人力资源；

（3）提供能源管控工作建立、实施、保持和持续推进所需的其他资源；

（4）对管理者代表和能源管控团队提出的能源管控流程建议进行审核和批准；

（5）实施管理评审，制定能源管控新目标；

（6）在长期规划中考虑能源绩效问题，并推动能源管控工作逐步向最高等级发展。

管理者代表由最高管理者指定具有相应技术和能力的人员担任，其职责权限除《能源管理体系要求及使用指南》（GB/T 23331—2020）中规定的外，还应包括：

（1）确保按照本标准的要求建立、实施、保持和改进能源管控工作；

(2) 指定相关人员组成能源管控团队，共同建设和推进能源管控工作；

(3) 定期向最高管理者报告能源管控工作的实施进展、效果和遇到的问题；

(4) 制定能够确保能源管控系统有效运行和能源管控工作有序推进的管理流程及管理制度，并向最高管理者提出建议；

(5) 根据最高管理者制定的目标，组织落实和推进能源管控工作；

(6) 提高全员对能源管控的认识。

5.7.2 队伍建设

在能源管控试点的建设过程中，应培养一批懂工艺、懂生产、懂分析、懂优化的复合型能源管理人才。不断加强能源管控队伍建设，积极开展能源管控标准和技术培训。

能源管控团队由最高管理者指定管理者代表组建能源管控团队，团队成员可以由能源管控单元行政管理范围内节能、生产、技术、计量、设备、信息等部门的管理与技术人员组成，也可以由上一级职能部门人员组成。能源管控团队的工作职责包括但不限于：

(1) 按照设定的目标和分工，策划并组织开展能源管控系统建设工作，包括组织配备能源计量器具、实现能源计量数据远传、建设能源管控信息平台等；

(2) 按照分工持续应用和维护能源管控信息平台，包括补充配备能源计量器具及数据远传设备、能源绩效参数基准值设定与更新、能源管控单元模拟模型更新等；

(3) 履行相应的能源绩效参数统计监测与追溯管理、能源绩效参数对标分析、节能增效优化建议的监督与管理等能源管控流程；

(4) 根据企业生产流程和能源使用过程的变化，及时完善能源管控信息平台。

5.7.3 评估诊断

充分借鉴能源管理体系国家标准的 PDCA 循环思路，在能源管控系统建设和运行一段时间后对其开展包括内部审核、评估和管理评审的检查至关重要，也是确保节能措施、改造方案等能够切实落实的关键步骤。油气田企业节能主管部门要定期开展能源管控评估诊断工作，依靠专业化技术机构对照各企业能源管控系统的建设目标，全面检查能源管控系统的建设与实施水平，并对未达到要求的环节进行纠正，对存在的问题进行分析，并提出改进建议。

5.7.4 功能建议

建设能源管控系统，要注重系统的全面性和可扩展性，支持从多维度进行能源管理和分析，利用智能采集与分析技术、故障预防性维护等提高系统的可用性和先进性。根据能源管控中心化集中管理、分布式控制优化的特点，建立云端的集中控制系统，使能源管理者能随时随地看到各能源管控单元的用能情况，进一步降低一次性投资成本。这将为管理层提供强有力的数据支撑、管控技术支撑。

当前，我国油气田企业应积极参加"碳达峰""碳中和"活动，发挥示范带头作用，大力调整能源结构，加快低碳技术推广，推动产业结构转型，着力提升能源利用效率。能源管控系统功能在设计阶段应引入多能互补、集成优化的理念，研发基于可再生清洁能源的多能互补、集成优化的系统。这对于进一步促进可再生能源的开发利用，加快对化石能源的替代过程，实现可再生能源的最大化利用，提升能源利用效率，构建企业清洁低碳、安全高效的能源体系，具有重要的意义和作用。

5.7.5 资金支持

充分利用节能节水与新区产能及老油田改造、设备更新改造和隐患治理等渠道专项资金，注重项目前期筛选把关、节能产品准入和节能评估环节的管理。

5.7.6 考核约束

把各油气田能源管控试点工作完成情况、等级目标及实现的节能量等纳入企业综合业绩节能考核当中，定期考核。加强效益评估，稳步促进能源管控系统成熟度等级的提升。

6 油气田能源管控技术展望

随着我国经济的快速发展,对外化石能源依存度居高不下,资源竞争日趋激烈。油气田企业面临油气需求快速增长、资源劣质化日趋严重、油气开采成本和能源成本快速攀升、地面工艺设备庞杂老旧等严峻挑战。面对能耗刚性增长、能源双控和双碳目标的压力,大力降低开发成本和油气生产能耗,提升油气田开发质量,实现提质增效和用能优化,既是建设绿色低碳企业实现高质量发展的一项重要任务,也是油气田企业自身发展的必然选择。

通过构建智慧的能源管控系统,充分利用先进的信息化技术和能源监测大数据分析技术,突破油田能量系统优化、能源管控等关键技术瓶颈,基于大数据实时集成应用技术、在线诊断技术、数据模拟和优化技术,开展从能耗源头管理、过程优化到末端治理的技术研究,建立集能耗在线监测、节能评价、系统优化和能源管控于一体的能源管控中心,对能源消耗进行评估、监控、分析、诊断和持续优化的全流程闭环管理,提高技术方法体系和优化分析平台的规范化推广应用,促进油气田业务节能组织管理方式与流程向能源使用计划优化、生产运行优化、在线操作优化和设备经济运行等方向发展。形成实现生产效益最大化基础上能流可视化、问题显性化、在线可优化和能效最大化的企业能源全过程管理与经济运行控制的动态能源精细化管理,将是能源管控系统建设的发展方向。

6.1 油气田计量仪表发展趋势

随着物联网技术的飞速发展、数字化油气田的建设,计量仪表向智能化、信息化快速发展。远程控制类智能计量仪表及其系统,表现出传统机械计量仪表无可比拟的优势。

6.1.1 油田计量技术发展趋势

随着数字化油田建设的不断推进，大数据、云计算、物联网等新兴技术与油气计量产业的深度融合，油田计量技术逐渐呈现信息化、智能化、量子化的发展趋势。

6.1.1.1 计量技术信息化

数字化油田发展离不开现代信息技术与设备的支撑。各类计量器具不仅应具备精准测量的能力，还应实现测量数据的远程传输，以削减人工成本，提升管理效率，辅助油田生产运营。同时，随着油田物联网架构的逐步完善，为实现物与物、人与物的泛在连接，推广应用具备数据远传与处理功能的仪表已经迫在眉睫。

6.1.1.2 计量技术智能化

智能计量是油气计量领域未来主要的发展方向之一。通过计量器具数据处理能力的提升与大数据技术的应用，国内已有部分先进站点实现了远程检定、在线诊断、实时监护、趋势分析，在降低管控风险与运营成本的同时，大幅提升了计量管理管能效，并为后续最优计量策略供给提供了技术支撑。

6.1.1.3 计量技术量子化

2019年，国际单位制新定义正式生效，完成了自身量子化变革，实现了计量单位全部由自然界恒定不变的"常数"来定义。计量单位的重新定义，使得计量基准可随时随地复现，推动了原油计量技术的量子化发展。为实现量子化计量，原油溯源体系急需转型升级，逐步从向容积基准溯源转变为向长度基准溯源。建立基于长度基准的油流量溯源体系后，依托高准确度标准表法量传技术、体积管等精度量传技术及长度量子化计量标准装置，油流量量值溯源链将进一步缩减，量值传递更加准确可靠，现场原油流量测量结果中计量标准装置引入测量不确定度分量大幅减少。届时，在不更换或不改造现场计量器具的情况下，原油流量现场测量准确度将有较大提升。

6.1.2 气田计量技术发展趋势

气田计量仪表的发展总体上会逐步进入自动化、信息化和数字化阶段，其测量方式和测量结果也将逐步趋于简单和准确，现场配置统一，数据共享高效翔实。

6.1.2.1 自动化仪表安装及配置发展趋势

常规类机械式仪表由于其特有的优势，在生产现场中仍需适量配置，以解决极端条件下的测量问题。自动化仪表的配置将是以后主要的发展方向，特别是无人值守的场站，通过对自动化仪表的应用可以实现远程监控、远程操作，不仅能够减少人员的劳动强度，还能大幅提高测量结果的准确度。对于各类场站，可以优先选择配置自动化测量仪表，以提高场站的自动化管理水平。

6.1.2.2 计量仪表数字化应用及智能化应用

现阶段，自动化测量仪表大多采用模拟信号进行传输，即通用的（4～20）mA或（1～5）V电流电压信号进行传输，该传输模式容易受到安装环境、接地性能的影响，抗干扰能力较弱。而且，该信号的传输需实现点对点传输，测量结果需要进行数量转换方能使用。计量仪表的数字化和智能化是下一步发展方向，计量仪表将测量结果通过数字信号进行传输，不仅能够实现测量结果就地显示，还能够将测量结果通过通信网络实时共享，各级使用单元可以依据需要对测量结果进行提取和应用。计量仪表的数字化还能优化现场安装模式，减少建设材料和配套设备，简化控制系统。

6.1.2.3 天然气贸易交接由体积计量向能量计量转变

随着天然气消费在我国一次能源消费中比重的逐年提高，以及国家管网公司的成立，不同气源、不同品质的天然气进入国家管网，天然气贸易交接计量的科学、准确，涉及供、需双方的巨大经济利益。由于消费者主要使用天然气中的热量，目前，我国天然气按体积（立方米）进行计量和结算，不能体现天然气产品的优质优价，而能量计量是基于分别测量天然气体积流量和单位发热量，欧美、中东和东亚等地区的大多数国家均已采用能量计量的方式。2019年5月24日，国家四部门联合下发了《油气管网设施公平开放监管办法》，要求在24个月内建立天然气能量计量计价体系，为我国正式实施天然气能量计量提出了实施时间表。因此，天然气计量交接方式从体积计量向能量计量转变是必然趋势。

6.2 油气田能源管理发展趋势

面对国内外依然紧张的能源形势、油气价格低迷等实际困难,我们必须转变节能管理理念,从能耗源头管理、过程管理和末端治理入手,利用数字化与信息化手段,建立实施全过程创新节能管理模式,有效提高能源利用效率,为油气田提质增效、绿色发展提供支持。

6.2.1 注重能耗源头管理

6.2.1.1 丰富完善制度体系,保障节能工作有序开展

油气田企业结合自身业务特点,编制了42项节能节水制度文件,完善了企业的节能节水组织管理机构,加强了对节能节水工作的统一领导和协调,形成了以节能主管部门综合归口管理、各专业部门分工负责的管理机制,并建立了公司、二级单位、基层站队(矿、站、队等)的三级管理矩阵;通过制度的制定和完善,实现了节能工作程序的规范化、岗位责任的法规化、管理方法的科学化。企业每季度召开全公司范围内的节能节水统计分析会议以及节能节水专题会议,协调沟通相关情况,部署工作安排,及时强化管理效果,监督责任落实。健全的组织管理机构、明确的岗位人员责任和规范的节能管理程序,为各公司纵向、横向节能节水管理工作奠定了基础,提供了有效的机制保障,促进了节能节水管理工作从上到下点面结合。

6.2.1.2 稳步推进节能评估,源头控制能耗增量

中国石油勘探与生产公司认真落实国家固定资产投资项目节能审查办法,严格控制高能耗、低效益新建产能和新上项目的能耗增量,将强化节能审查作为从源头上提升项目能效水平、调整优化结构、合理控制增量的重要措施。督促企业开展新建项目节能审查意见落实情况专项检查,严抓新建项目节能管理,确保企业重大高耗能项目和高耗能项目落实建设项目的节能审查意见、节能报告达到相关法律法规、标准规范及制度的要求。2015年以来,中石油上游业务开展了105项节能审查评估,形成了23万吨标准煤节能能力,促进了建设项目能效水平的提升。

以西南油气田公司为例,西南油气田公司不断完善管理制度,规范管理程

序，确保了建设项目节能管理依法合规，实现了建设项目本质节能。西南油气田公司组织开展的长宁、威远页岩气田项目年产 50 亿立方米产能建设等项目的节能评估工作，强化了项目的源头管理，实现了公司节能管理关口的前移。

6.2.1.3　严格实施节能准入，源头控制产品采购

为加强节能技术产品准入管理，开展节能新技术、新产品测试评价工作，对在用的重点耗能用水设备、新改扩建项目用能用水技术产品进行跟踪检测，准确客观地评价各项节能节水技术产品的应用效果。动态制定生产设备及装置的能耗限额，外购设备、产品和能源时，设定相应的能源绩效参数作为采购规范或准入条件，以加强产品的质量、性能指标要求；严格淘汰不合格供应商，从源头上严控采购产品能效指标。

6.2.2　强化能耗过程管理

6.2.2.1　持续精细能效对标，建立节能长效机制

创造性建立油气田能效对标方法。基于 PDCA 循环管理程序，研究设计能效现状、标杆确定、指标对比、方案制定、落实改进和持续提升六个阶段的对标工作流程和内容；设计以宏观综合指标、工艺过程指标、终端设备指标 3 个层次的能效对标指标体系，共计 196 项指标；提出"同类可比、细分单元"的对标策略，根据油气藏类型进行油田和气田的分组，将油气生产分为机采、集输、注水等 10 个生产系统，并确定影响各个生产系统能耗水平的关键工艺参数。

搭建油气田能效对标信息系统。基于节能节水信息系统开发能效指标的存储、对比与分析的信息系统，支持横向、纵向和全域 3 种方式的能效指标对比与分析，依托平台建立油气田能效对标数据库和最佳节能实践库，为企业技术挖潜、技措筛选和管理提效提供数据和信息支撑。

构建油气田能效对标长效机制。建立覆盖工作计划、过程实施、指标改进、数据填报、评估验收和长效机制 6 大环节、23 个方面的能效对标长效机制，对油气田企业能效对标工作评价体系进行评价，实现对企业能效对标活动的科学分析和评价；建立油气田能效标杆筛选机制与方法，共发布机采、注水、注蒸汽等 7 个系统、51 套能效标杆指标和 230 条最佳节能实践；编制企业标准《油气田能效对标指南》，以此更加有效地指导油气田企业持续推动能效对标，践行节能降耗。

中石油上游业务通过开展油气田能效对标方法、指标体系、标杆筛选、评价方法和信息系统等研究，促进了能源管理与工艺分析的结合，攻克了油气田油藏类型多、指标可比性差等难题，使中石油油气田能效对标技术达到国内外同行业先进水平，有效推动了能效对标工作的持续开展，提高了油气田企业的能效水平。相关技术要求可参考《油气田企业能效对标》一书。

大庆油田采油六厂结合机采系统能效对标工作要求，着力开展机采井能效对标优化设计研究，有效控制机采井高耗能的不利局面，实现原油产量、系统效率、能耗控制和综合效益的最大化。喇嘛甸油田通过能效对标优化设计，节电436万千瓦时/年，节约费用277万元/年。

华北油田能效对标工作小组以降低注水标耗和用能量为目标，采取储层效率、地下井筒和地面管网一体化管理评价方法，研发了注水系统测试仪器、仿真优化技术、管网多分压优化分析等技术，完成了注水系统在线节能监测与能效分析系统的开发，实现了注水系统能耗预警。2016年以来，仅注水系统能效对标就累计节电1653万千瓦时，直接创效1157万元。

6.2.2.2　创新完善监测体系，实现能效闭环管理

节能监测是企业节能降耗的重要基础性工作，为了确保监测数据的准确性、及时性和科学性，中石油上游业务除了加强油田监测机构内部质量控制，还通过业务技术培训、岗位实操练兵、机构职能审定等措施进一步提高人员素质和硬件条件。中国石油勘探与生产公司组织编制了《油气田节能监测作业指导书》《油田加热炉节能监测与评价方法》《机械采油系统节能监测与评价方法》等7种监测类专业图书，规范了重点用能设备监测评价方法，同时加强对监测人员培训，提高了监测人员的专业水平。监测机构能力比对是最直接表征测试人员和监测机构综合水平的技术活动，中国石油勘探与生产公司每年会组织监测机构开展技术大比武，通过能力对比，发现监测过程中的问题，制定科学的监测方法，提高监测数据的准确性和监测机构的能力水平。通过近七年的能力比对实践，各油气田节能监测机构在测试准备、仪器使用、数据采集、指标分析等方面均获得到了显著改善；研发了智能集成节能监测装置，同时开发了一套平台软件，以实现节能监测数据的实时处理、实时报告、专家远程技术支持，缩短节能监测"闭环"管理周期，提升诊断分析和提效建议的科学性，降低测试人员技术依赖程度。由此，测试与数据处理的五个工序，耗时由原来的141.50小时缩短为82.01小时，周期缩短42%。监测管理的整体提升为促进油气田节能技术挖潜提供了数据支撑。

按照节能监测相关要求，油气田还加大了主要耗能设备的监测比例，强化了监测过程监督和计划执行情况监督，进一步强化了"不合格"设备的整改和检测结果的分析利用。对监测结果及时下发监测情况通报，对监测存在的问题进行分析，对不合格设备逐台制定整改措施，限期整改，并制定"不合格"整改结果落实复测计划，监督落实整改措施。由此实现节能监测工作的"闭环"管理，使节能监测的监督作用得到进一步体现。

6.2.2.3 探索建立能源管理体系，促进能源管理提升

按照《国家发展改革委 国家认监委关于加强万家企业能源管理体系建设工作的通知》要求，中石油上游业务积极推动油气田企业开展能源管理体系建设，相关技术内容可参考《油气田企业能源管理体系》一书。目前，青海、玉门、塔里木油田已通过能源管理体系第三方认证，其中中石油玉门油田公司获"2019年全球优秀能源管理领导奖"。此外，西南、大港、新疆、冀东等13家企业也先后建立了能源管理体系。

玉门油田积极引入PDCA循环管理模式，建立并实施能源管理体系，促进了公司能源管理绩效的不断提升。2016年，玉门油田在股份公司16家油气田企业中首家独立通过第三方ISO 50001和GB/T 23331标准能源管理体系认证。2017—2018年，玉门油田又两次通过第三方年度监督审核，保持了体系认证资格，并获得全国石油石化企业管理现代化创新成果二等奖2项、公司管理创新成果一等奖2项。

青海油田在QHSE管理体系修订过程中，充分考虑国家对能源管控工作的要求，强化能源计量工作，将测量管理体系一同整合到QHSE管理体系中，形成了质量、健康、安全、环境、能源、测量以及安全生产标准化"七合一"的一体化QHSE管理体系。

6.2.3 加强能耗末端治理

6.2.3.1 加强考核管理，落实目标责任

中国石油勘探与生产公司与油气田企业签订节能目标责任书，企业层层分解指标、逐级落实责任。每季度定期分析能耗总量和单耗指标变化，并对节能量完成情况进行预警。在满足国家"双控"考核的基础上，率先开展商品量单耗考核研究，促进商品率的提升。

长庆油田将节能指标纳入各单位的业绩合同，每月收集汇总节能节水项

目、重点工作进度,每季度针对节能节水重点工作打分排名、过程考核兑现,年底统筹评先选优、考核奖惩。

吉林油田建立了四套节能节水考核体系,一是把节能量、节水量、单耗指标纳入各单位主要领导的业绩指标;二是对各单位能源消耗实物量进行考核,每年核发实物节约奖;三是公司财务部门根据"降本增效"方案,对能耗成本进行考核;四是全面创建节能节水型单位,每年评选出节能节水型先进单位、先进个人及优秀的技术方案等。

6.2.3.2 加强节能技术研发和推广,突出示范引领作用

中石油规划总院多年来一直重视节能新技术、新工艺、新材料的研究和应用,致力于节能技术的筛选评价和经验交流,以推动油气田企业的技术进步。为了更加科学地评价节能技术,中石油规划总院研究形成了一套技术评价方法,以此对庞杂的油气田节能技术进行分类筛选与评价。

"十三五"期间,中国石油勘探与生产公司组织按系统逐年开展节能技术筛选与评价,共形成推荐技术98项,其中机采系统32项、注水系统19项、集输系统25项、热力系统22项,并通过文件向油气田企业推荐技术。2019年形成最佳节能实践45项,为油气田企业实施技术更新和改造提供了很好的指导作用,使一批高效的节能技术在油气田企业中得到广泛应用,取得了较好的节能效果,促进了企业重点用能系统和设备能效水平的提高。

6.2.4 工艺优化融入能源全过程管理

随着能源资源的日趋紧张和能源需求量的日益增加,能源成本在企业生产成本中的比例逐步增加,这也使得企业管理者和生产操作者不得不从降低企业经营成本、提高企业综合竞争力的角度出发,努力加强企业能源管理工作力度。建立能源中心系统,对能源消耗进行监控、分析和诊断,是当今国际大型石油公司实施能源管理和能效改进的重要手段,已成为体现现代企业能源管理水平的重要标志。未来能源中心系统将在下述几个方面取得进一步发展。

6.2.4.1 "数字化"能源中心

随着通信技术及现场总线技术的发展,能源中心的系统结构也在不断优化和更新。越来越多的数字通信替代了原先的模拟信号传输。数字通信的成本大大低于模拟信号传输,而且在信号传输的数量、种类上都有明显提升,这意味着比以往更少的投入可以得到更多的信息,对能源中心功能的进一步扩展有十

分重要且深远的影响。

6.2.4.2 能源全过程监控

企业能源监控的力度继续加大,企业对于生产过程中的能源消耗、能源损失、能源平衡和能源成本都将更加重视,并将通过加强计量设施建设、实时采集能源数据和在线优化工艺参数等手段实现工厂层面的能源实时监控和总部层面的动态能源监控管理。

6.2.4.3 与能量系统优化充分融合

随着经验的不断积累和能源管理要求的不断提高,能源管控系统自身功能迫切需要进一步开发、挖掘。例如,在线能源调度管理、在线能耗优化等功能的实现,将大大扩展能源管控系统的应用广度和深度。随着功能的逐步细化和深入开发,能源管控系统已从最初的主要用于能耗指标统计对比、展示向能源使用的计划优化、生产运行优化和在线操作优化等多个生产层面扩展。出于企业经济效益最大化的考虑,能源管控系统必将与生产工艺过程进一步紧密结合,与流程模拟技术、优化技术、先进控制技术等集成,以实现生产效益最大化基础上的企业能源使用全过程管理与控制。

6.3 油气田信息化技术发展趋势

以新一代信息技术与经济社会各领域深度融合为特征的第四次工业革命迅猛发展,数字化、网络化、智能化正在重塑全球能源行业全方位、颠覆性的格局变革。以数字化、新能源为显著特征的技术融合突破和产业优化升级加快推进。国际大石油公司和油田服务公司都高度重视智能化业务,将智能化技术作为新技术创新的主攻方向以及提升公司核心竞争力的重大战略。信息技术与油气行业的深度融合发展正引领油气产业颠覆性的技术创新,以数字化为特征的新技术将给油气产业链带来巨大变革。以数字化、可视化、自动化、智能化为主体特征的智慧能源管理,将以信息技术创新应用、服务决策和敏捷运营能力、赋能业务为企业提供综合能效管理和节能改造服务,提高企业单位用能效率,节省企业能源成本,为企业带来长期的节能效果和增值效益。

6.3.1 数字化转型、智能化发展是高质量发展的重要引擎

当前，全球能源格局正在发生深刻变化，大数据、云计算、物联网、人工智能、虚拟现实、区块链等新一代信息技术成为推动能源行业变革的加速器，国际上各大石油公司都纷纷将数字化转型作为未来发展的战略方向之一，并将引领行业实现颠覆性的技术创新，重塑行业格局。产业机遇涌动，以数字化转型实现发展蝶变，就能以信息化培育新动能，用新动能推动新发展，以新发展创造新辉煌。

经历新型冠状病毒肺炎疫情后，数字化转型不仅是企业抵御不确定性的"挡风板"，从长远看也正在成为企业降本增效的"推进器"。国际知名石油公司围绕勘探开采业务，在智能化技术应用方面确立了各自的发展重点。其中，壳牌公司将数字化转型的重点聚焦于提高效率和降低排放的智能技术，埃克森美孚公司将重点放在可平衡其资产组合的突破性智能技术上，BP 公司聚焦于传统领先技术领域的智能化发展，埃尼公司聚焦于极端条件下的尖端技术以及提升勘探经济性的智能技术，沙特阿拉伯国家石油公司则将提高发现率和采收率的技术作为当前数字化转型的重点。

数字化平台对油气行业数字化转型日趋重要。数字化平台逐渐成为油气田企业数字化转型的核心引擎，对内整合后台系统能力与数据资源，对外向客户提供数字化运营所需的业务能力与技术支持。国际油气公司和油服公司纷纷推出数字化工作平台（如道达尔的 Oplimizer 平台、斯伦贝谢的 DELFI 平台、康士伯的 Kognifai 平台等），建立油气从勘探到开发生产的全新流程。国内石油公司应积极部署并实施数字化平台战略，根据企业实力自建数字化平台，或接入市场公有云平台，为数字化发展奠定基础。国际主要油服公司致力于构建多学科、多专业交互融合的勘探开发一体化协同工作环境，打破专业壁垒，实现地质、物探、测井、钻井、修井、储运等各业务领域的数据信息共享；从根本上改变传统工作方式，提高勘探开发所有参与者的协作水平，共同提高作业效率；帮助不同专业领域技术人员打破学科界限，实现交流融合。例如，斯伦贝谢构建的行业通用型数字化平台系统——DELFI 勘探开发认知环境，可整合并支持各类软件应用程序，存储全部历史数据资料，实现全部业务的数字化转换，为各专业提供数字化技术支持。哈里伯顿打造的 Decision Space 技术平台，可实现油田现场各种数据流的实时捕捉、处理和传输的无缝对接。贝克休斯以工业互联网为基础，打破各技术单元和业务板块之间的信息壁垒，实现设备互联、信息互通；将从资产到油藏、到作业和维修之间的数据进行关联，实

现油气生产的完全整合和全面控制。

数据显示，2020年，我国规模以上工业企业生产设备数字化率、数字化设备联网率分别提升至49.9%和43.5%。将数字技术融入业务场景，重塑传统产业形态，仍具有较大的发展空间。随着以油气生产物联网为标志的数字化工程在油气田企业的部署延展，能进一步改变传统生产管理模式，减少用工成本，提升员工幸福指数。而且，随着数字化率的提升，能源管控将进一步实现能源消耗实时看得见、说得清、管得住。能源管控的目的是节约成本，降低能源的损耗，同时实现碳排放的降低，在此前提下，通过各种信息化、智能化技术统一规划平台，以实现能源消耗可视化、优化智能化以及能效利用最大化，做到"能耗总量清楚、关键能耗指标清楚、重点设备耗能清楚、优化重点清楚"。并通过数据的收集和分析，对企业的能耗进行评估，监测在哪些生产环节造成浪费，哪些环节的消耗是否合理，是否有优化的空间。这将对持续加强优化级能源管控平台建设，打造智能级能源管理体系奠定基础。

6.3.2 新一代数据通信技术加快产业赋能发展

传统生产要素对当前经济增长作用愈发有限，作为推动数字经济的关键生产要素，数据能够打破制约，加速提升企业全要素生产力。提升数据管理能力，构建数据资源体系，深化数据开发利用，推进数据资产价值评估，开展数据驱动的业务模式和商业模式创新，可以盘活数据资产，释放数据价值。作为数据集成融合的基础，信息技术的快速发展为油气田企业能源管控的建设奠定了坚实的基础。

我国"十四五"规划对工业互联网的发展做出了明确部署。工业和信息化部接连发布《关于推动工业互联网加快发展的通知》《工业互联网创新发展行动计划（2021—2023年）》《工业互联网专项工作组2021年工作计划》，推动工业互联网创新发展走深向实。文件提出将进一步深化"5G+工业互联网"，培育跨行业跨领域综合型工业互联网平台，遴选面向重点行业的特色型工业互联网平台，打造"5G+工业互联网"典型应用场景，推动"5G+工业互联网"试点示范工程在更多行业和领域复制推广。我国工业互联网发展正在从搭建整体发展架构向加速应用落地转型，建成了全球最大规模的光纤和移动通信网络，固定宽带从百兆提升到千兆，光网城市全面建成；移动通信从4G演进到5G，实现了网络、产业、应用的全球领先。5G基站、终端连接数全球占比分别超过70%和80%。全国行政村通光纤和4G的比例均超过99%，"最后一公里"通信难的问题得到了历史性的解决。网络应用从消费向生产拓展。未来，工业互联网将围绕产业链开展工作,从关注整条产业链智能化单点提升延伸到赋能产业链上下游,打通整条产业链生产数据的流通渠道,实现全要素全产业链的全面连接,推进产业基础高级化和产业链现代化发展。

物联网作为工业互联网信息技术的重要组成部分,通过智能感知、识别技术与普适计算、泛在网络的融合应用实现了信息、数据、视频信源的快速传递和高效处理。将物联网技术应用于油气田企业的能源管控建设,较于传统的系统建设管理模式有巨大的优势。传统工控系统与基于物联网技术的管控系统的优点及不足见表6-1。

表6-1 系统的优点与不足

系统模式	优点	不足
传统工控系统	稳定性好——工控系统一般针对性较强,功能集中于特定专业业务,没有过多的附带功能,通过专业学习后易于操控,失误率低; 可靠性高——专业工控网络处于相对封闭的环境,一般处于与互联网的物理隔离状态,不易受外界侵扰; 集成度高——专用工控系统通常由专业厂商提供,具有配套仪器仪表安装调试、配套软件和专业培训一站式服务	可扩展性较弱——专款专用或量身定做的特性限制了系统的拓展性; 技术更新较缓——由于存在对专业厂商的高依赖性和厂商自身利益考量的排他性,一旦离开厂商支持,新技术就难以快速得到应用
基于物联网技术的管控系统	泛在感知——支持光纤传感器、光敏传感器、电阻传感器、电容传感器、流量仪、液位仪、RFID等各类传感设备,能对复杂地点、复杂条件下的设备能耗进行感知; 组网灵活——支持Ethernet、Wimax、Wlan、GPRS、CDMA、3G、PSTN、ATM、Zigbee、BloPAN、UMB、WiFi等多种网络协议,可依据工况、部署环境、采集速率、投资额度等多种因素灵活组网; 易于集成——全面支持TCP/IP协议,易于与GIS系统、ERP系统、生产运行系统等信息系统进行数据集成共享; 可扩展性高——依据业务管理范围变化,可采用多种网络协议快速纳入现有组网环境,配套管理功能开发灵活、易于拓展,二次开发成本低	网络安全挑战高——物联网技术是互联网的延伸,是一种延伸至物品或某种智能体,能够进行信息数据感知和传输的结构模块,虽有数据加密、防火墙、网闸等多重防护,但较封闭式的工控环境要求的安全防护措施更加严苛; 数据采集技术存在挑战——各种能源数据采集种类繁多,各厂家终端及仪器仪表规约不尽相同,开发针对多种能源数据的采集技术是一个难点

从发展趋势看,从互联网到移动互联网,从消费互联网到产业互联网,从互联网到物联网,从物联网到智联网,从弱人工智能到强人工智能,从强人工智能到超人工智能,基于信息通信技术(Information and Communication

Technology，ICT）引致的交易成本降低，基于人工智能技术引致的生产成本降低，基于新技术革命引致的组织成本降低，这些将给油气田业务带来更大的发展空间。目前，越来越多的行业及应用将人工智能（AI）与物联网（IoT）结合到了一起，即 AIoT（AI+IoT，人工智能技术与物联网）。在实际应用中，AIoT 已经成为各大传统行业智能化升级的最佳通道，也是未来物联网发展的重要方向。

6.3.3 新技术应用将推动产业大变革

将数字技术融入油气产业链的产品、服务和流程中，由此推动发展理念、工作模式、运营管理、科技研发、管理机制等方面的变革，打造智能化生产、网络化协同、个性化服务等新能力，开创基于用户、数据、创新驱动的新商业模式、新生产方式和新产业生态。油气田企业正在经历以数字化转型智能化发展为代表的新一轮技术革命，包括大数据、云计算、物联网、区块链、人工智能、3D 技术、5G 技术、量子技术等新型信息技术将得到深化应用。例如，作为当前最为热门技术之一的区块链技术，使用分布式账簿，允许以实时、不变的方式处理数字资产，其在油气生产、能源交易、资产投融资、节能减排等领域都有广泛的应用前景。2019 年，包括埃克森美孚和雪佛龙在内的 7 家全球油气公司已经合作组建了油气行业首个产业区块链财团，旨在通过搭建业内的合作网络，建设区块链应用生态，推动该技术在油气勘探、生产、财务、IT、矿权管理及供应链等领域的应用。在油气贸易业务中，跨境贸易各个环节都可以通过各方的参与接入区块链平台，通过智能合约的应用实现数字化资产与智能资产的转型，实现贸易方式和贸易效率的提升。同年，该财团又宣布在美国北达科他州的巴肯页岩区进行试点，测试区域链技术，旨在降低现场运营的管理成本，同时减少支付纠纷和潜在的诈骗风险。

新兴信息技术的应用大大推动了企业的降本、提效、增值，智能油田的出现已经大幅提升了油气生产效率、降低了开采成本。国内外领先的油气公司通过应用智慧地质、智慧物探、智能油田等技术大幅度提升了探井成功率、油气采收率，同时还有力地保障了油气生产的安全和绿色化。例如，智能油田以一个统一的数据智能分析控制平台为中心，结合人工智能、云计算等技术，通过分析海量数据，在全资产范围实时完成资源的合理调配、生产运行优化、故障判断、风险预警等，最终实现全部油田资产的智能化开发运营。新技术的应用给油气田企业带来的变化主要体现在如下五个方面：

（1）在发展理念变革方面，重构价值体系，调整生产关系，从产能驱动型发展模式转变为创新驱动型发展模式，着力以新要素、新动力、新能力为基础，形成符合"数字中国石油"特色的新产业、新业态、新模式。

（2）在工作模式变革方面，实现工作全过程的数字化、网络化、平台化，支撑流程督办、视频会议、项目管理、财务管理等的移动化、协同化、智能化工作新模式，通过新技术、新工具赋能员工，提高工作效率。

（3）在运营管理变革方面，围绕油气业务链提质增效和高效协同，打通信息技术（IT）和操作技术（OT）界限，实现数据全面采集、生产过程实时感知、经营管理数据集成共享，用专业软件积累、共享、复用知识经验，广泛建立具有行业特色的知识模型和数字孪生体，为生产经营和员工赋能。

（4）在科技研发变革方面，围绕科研全过程协同和技术知识数字化，充分应用数字化工具，洞察技术研发需求，提高协同研发效率，推进知识共享效果，跟踪评价科研成果应用，形成科研创新链的闭环管理，进而提高科研成果转化率，加速形成数字生产力。

（5）在管理机制变革方面，建立快速适应内外部变化要求的扁平化、专业化组织架构，推动领导力转型，激活组织和员工创新活力，建立匹配的绩效考核和激励约束机制。

现阶段油气田企业能源管控中心的主要功能以能效监测、预警、数据统计分析和离线数据模拟优化为主。随着新节能工艺、新能源技术和业务智能应用的发展，加快健全以企业为主体的技术创新体系，推动"产学研用"深度融合，构建新型的产业创新生态。采用先进的大数据云计算及物联网技术，以数据实时在线采集与监测、评价为基础，以趋势预测、优化控制、辅助决策等为应用手段，集能源监控、能源分析、能源管理、能源服务、能源交易、能源生态六位为一体，利用用能监测终端、各类传感器监测，对用能数据、用能设备进行监测并采集相关数据信息，再利用边缘计算、大数据计算实现对能耗数据进行可视化展示、精准用能分析，以此贯穿能源产业服务全过程。积极采用在线监测方式构建能源管控中心，加强能源管理、发掘节能潜力、持续改进能源管理水平和能源利用效率将成为新常态下能源行业可持续发展的必然选择。

科技决定能源未来的理念日益深入发展。油气田企业要通过结构调整、技术进步和加强管理三种途径来实现能源消费的有效管理。实施集团能源管控中心建设，能提高基础设备自动化水平，优化能源管理，降低生产工序能耗，实现能源由粗放管理向精细化管理的转变，由事后管理向事前预测、过程监管，由单体节能管理向系统节能技术管理，由经验化管理向工业化和信息化管理转变，并取得良好的经济效益和社会效益。

6.4 油气田能源管控发展趋势

随着 2030 年"碳达峰"和 2060 年"碳中和"目标的提出,标志着新发展理念引领下的中国经济社会发展向全面低碳、绿色转型。能源管控最直接的一个结果就是通过减少能耗降低碳排放,这与"双碳"目标不谋而合。因此在传统能源管控过程中,除了要考虑节能增效这些指标,还应重视管控过程中的碳排放效益。而以光伏、风能为代表的清洁能源同时具备能源和低碳双重效益,因此在未来能源管控规划中应充分利用清洁能源的优势,实现传统用能替代,同时降低碳排放,实现能源的高质量管控。

6.4.1 管控重点由"总量控制"转变为"结构控制"

"双碳"目标下能源使用朝着更加清洁、低碳、高效、智慧的方向发展,其对企业提出的能源管控要求不仅是控制能耗总量,对企业排放的二氧化碳也提出了量化要求。鉴于此,能源管控工作在降低能耗的同时,也要将二氧化碳排放控制作为重要的管控指标之一,通过节能降耗、流程优化、提高清洁能源的使用比例等方式降低全产业链的碳排放,助力国家"双碳"目标的达成。

能源管控的内涵是节能增效与降低排放,除了前面提到的方法,改变用能来源也是实现能源管控的一种途径。其中,最简易的一种方式就是通过电力交易实现作业区电力使用的清洁化。绿电交易就是其中较为成熟的一种,用户的作业模式并不需要改变,只需要通过电力交易所购买绿电,就可以实现企业的碳减排。同时采取传统的能源管控措施,实现降耗、降本和降低碳排放三重效益。企业通过电力交易,以"绿证"的形式从国家电网购买绿电,因此不需要考虑能源稳定性问题,所需考虑的仅仅是矿区电网优化以及绿电电价等问题。对于油气田企业,如果未来清洁能源规模在满足自身需求的同时还有盈余,那么就可以通过绿电核证后进行在线绿电交易,交易系统可以集成到能源管控平台,实现绿电交易信息化应用。

碳资产管理的目的在于掌握碳核算方法,理清生产排放,优化生产管理,全面掌握碳排放数据,对未来配额分配有对比,指导碳交易管理和配合政府的碳核查工作。在此层面,能源管控业务发展方向之一,是将能源计量、监测、分析的目标升级为碳资产计量、监测、分析的目标。碳资产管理可全方位辅助企业实现低碳转型,实现从碳配额到碳资产,从减碳增负到碳交易获利的全面管理。具备碳资产管理功能的能源管控系统需具备碳数据采集（用电计量、天然气计量、其他能源计量）、碳核算（碳排放监测、碳足迹分析、温室气体排放报告）、碳交易（碳市场信息管理、交易履约管理、碳排放预测）、碳配额（配额测算、配额盈缺预测、配额预警、交易决策、履约清缴）、CCER 项目管理（风力发电、太阳能发电和辅助加热、热泵余热利用、余压透平等自发节能项目）等管理功能。各种能源碳排放系数参见附录 2。

6.4.2 能源使用新业态由"管理型"向"合作型"转变

针对能源及碳排放管理的离散度高、分布广、且使用源和排放源复杂的特点，数字化管控平台是实现能源管控以及碳排放管理最高效的方式。搭建新型能源管控数字化平台可以实现能耗、碳排放、碳资产的智能化管理。数字化是未来发展的必然趋势，而低碳领域是新兴产业，两者的结合会加速能源管控以及低碳业务的发展，打造从能源供给端、传输端、消耗端的能源管理新模式，支撑企业绿色转型。供给端与新能源企业建立合作共同体共同推进清洁能源替代；传输端依托于能源监控网络实现能源流向的全面监控；消耗端做实能效使用的评价及优化。亦可通过能源使用整体解决方案模式将服务方、使用方紧密结合，形成"合作型"能源使用业态，共同实现价值与效益。

在油气田企业生产现场附近自建或者与第三方合作投资建设清洁能源电厂，油气田企业应为清洁电力单一消纳主体，这不仅需要企业考虑作业现场电网的消纳能力，在进行电网优化的同时还需要进行更为精细化的管理。以清洁能源利用最大化为前提，需要考虑传统电力与清洁电力的协同机制，这需要一个智能化的能源管控平台，针对能耗对象精细化分析并结合工况实现能源的智能化分配。

6.4.3 传统能源与多能互补综合利用融合发展

多能互补技术可以更充分地利用分布式能源和可再生能源，是能源互联网的物理基础，对于提高可再生能源比例和能源综合利用效率具有重要意义。多能互补系统的能源形式包括天然气、柴油、生物质、太阳能、风能、氢能、水能等，在供能端将不同类型的能源进行有机整合，可以提高能源利用效率，减少弃风、弃光、弃水现象；在用能端将电、热、冷、气等不同能源系统进行优化耦合，同时综合考虑经济性以及用户的舒适性，提供安全可靠的能源，可以促进能源利用效益最大化。在多能互补技术发展过程中，需要重点发展并解决的关键技术包括多能源的分析规划、能量管理、协调优化和储能技术等。

6.4.3.1 分析规划

传统能源系统在运行时,主要对电、热、冷、气等单一能源形式进行分析规划,或者针对单个设备进行建模仿真和优化运行,而不考虑各能源间的协同优化。多能互补系统的一个重要特征是供能端和用能端存在多种不同能流系统的耦合,各系统模型不同,特性差异大,且具有不同的建模和分析方法,因此,针对传统能源分别建模的方式已经不再适用。

目前,业内学者已建立了多种多能流能量平衡模型,考虑了不同能量之间的转换关系和能量供需平衡,但是不同能流相对独立,尚未形成多能流耦合的统一概念。国内外针对多能流研究的重点主要集中在电/气或者电/热两种能源的联合分析上。Correa-Posada 等研究了电/气耦合系统的短时优化运行问题。刘长军对冷热电三联供进行了建模,并研究了其协调优化问题。徐飞等对包含大容量储热的电/热联合系统的动静态数学模型、优化设计方法及协调优化控制策略进行了综述研究。王英瑞等针对包含电、热、气的多能互补系统提出了一种扩展 Newton-Raphson 多能流计算方法,构建了多能流计算模型,推导并得到了反应多能流耦合的雅可比矩阵,建立了不同能流之间的关系。李洋等通过构建全能流模型,系统描述了多能互补系统内各环节能量流通的特征,对能量的转换、分配、存储等环节进行建模,构建了区域多能互补系统。目前,针对多能流冷热电气耦合的计算还需要进一步深入研究。

对于油气行业而言,地热可能是一种更为适用的清洁能源类型。地热与光伏和风电不同,它可以 24 小时持续进行能源输出,用来发电或供热。地热是一种稳定能源,而且开发可以完全依靠上游钻井技术实现,不存在技术难题,唯一要考虑的就是成本问题。而氢能同样可以解决光伏和风电利用率不高的问题,将低工况下的风电和光电用于电解制造绿氢,一方面可以作为储能手段,另一方面可以提高清洁能源利用率。氢能作为未来清洁能源的发展方向,其应用范围会越来越广泛。

多能融合下的能源管控平台建设如图 6-1 所示,作业区的用能主要由两部分组成:公用电网和分布式能源。来自公共电网的能源又分为来自化石能源的电力(这部分是传统能源管控的主要对象)和来自清洁电力交易的绿电。另一部分就是分布式能源,包括光伏、风电、地热等清洁能源。这两部电力来源通过作业区智能电网、结合物联网、依据数据湖和梦想云平台的生产决策,最终数据会进入能源管控平台数据库,实现能耗监测与优化、设备故障预警、碳排放管理等功能。这些决策会形成闭环策略指导作业生产,这要求能源管控平台具备 AI 学习能力，同时要集成能耗优化模型、物联网自动化控制系统，排放数据监测、汇总与反馈系统等。

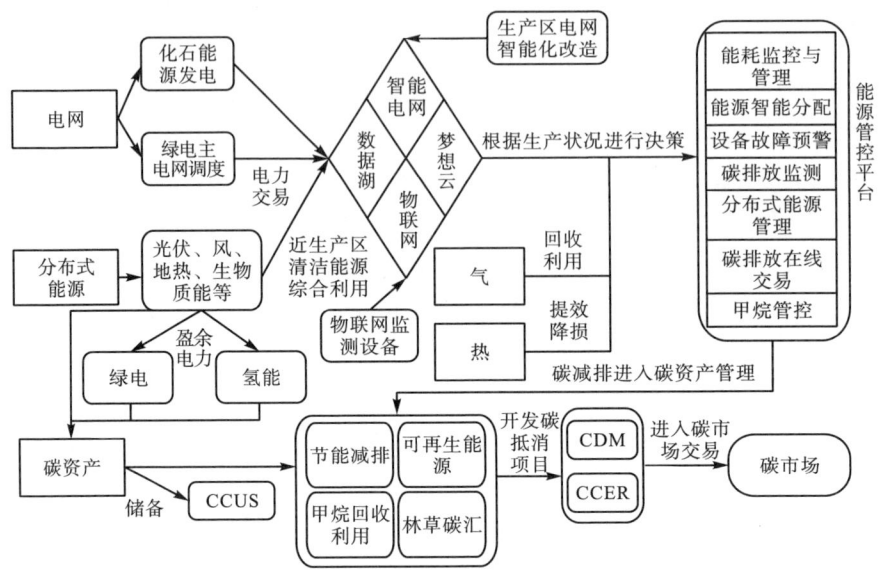

图 6-1　多能融合下的能源管控平台建设

能源管控中的碳减排形成的碳资产也可以通过能源管控平台实现，除了传统能源管控本身节能降耗形成的碳排放减少，也可通过申请碳减排项目实现增值。同时，能源管控中开发的清洁能源以及甲烷回收利用同样可作为优质的碳减排项目进行开发。另外，作业区通常面积较大，对于废弃的作业区进行植树造林也是另一种有价值的碳资产。

由于受清洁能源本身特点的限制，单一种类的清洁能源无法满足当前能源转型的需求，未来多能并存、互补是趋势。仅就电而言，优化当前生产单位电网系统，提高电网分布式能源消纳能力以及数据中心解决能力，实现电网调度的信息化、智能化、灵活性，是电网调度的最终目标。

针对目前油气田企业在能源管控工作中存在的问题，以物联网采集数据为基础，以提质增效、碳减排为目标，依托现有成熟软件平台及智能优化技术，并与先进节能设备及工艺融合，通过精细能源利用与管理、能源管控平台功能完善、生产系统工艺优化及节能技术创新、清洁能源与传统能源互补调配等策略，推进油气田企业能源管控工作开展。策略实施可促进油气田企业能源管理模式的转变，即改变传统分散、粗放式的能源管理模式，实现精细化、智能化、清洁化的高效能源管控模式。依托试点示范引领作用，形成可复制、可推广的建设模式，推动能源管控业务与信息化技术深度融合创新。通过油藏—井筒—地面一体化优化，实现油藏、井筒及地面设备设施高效、协同、智能运行，最终实现能源利用的"能流可视化""在线可优化""能效最大化""用能清洁化"。从而全面提升各级能源管控决策科学化水平，促进能源利用效率和用能管理水平不断提升，助力绿色、低碳、可持续发展。

6.4.3.2 能量管理

能量管理系统通过信息流调控能量流，保障多能互补系统运行的安全高效，是系统稳定运行的重要保障。在电力系统领域，能量管理系统经过50年的发展，传统电网能量管理系统已经较为成熟，但是针对复杂的多能互补系统，特别是多能互补系统中存在的多能流耦合现象，无法直接应用传统能量管理系统来实现。能量管理装置是对能量流的信息进行分析处理和全局优化管理的系统平台，它将电网、可再生能源、非可再生能源、储能系统、电负荷、热负荷、气负荷等进行有机结合，从而实现供能端不同能源出力计划的制定，不同形式能量的合理转换，可再生能源的有效利用，用能端负荷的合理分配，以及储能端中储能装置充放电策略的优化。

目前，针对多能互补系统能量管理的研究尚处于初级阶段。针对多电压源型微源组网的微电网，提出了一种多时间尺度协调控制的能量管理策略，其将微电网能量管理分为3个阶段，分别采取不同的管理策略协调配合，实现微电网的安全稳定运行。孙宏斌等提出了自律协同的智能电网能量管理系统的概念，其体系架构由传统集中式发展为分布集中式的能量管理家族，不同的家族成员分别管理整个系统中的局部，通过双向通信形成互联，实现多能流协同优化管理。孙宏斌等还提出了多能流系统能量管理，研究过程中面临多能流耦合、多时间尺度和多管理主体的挑战。目前，国内外多能流系统能量管理研究尚未形成体系。

6.4.3.3 协调优化

多能互补系统中存在多种不同形式的电源和储能，同时多能流的耦合对系统的安全稳定运行提出了新的挑战。因此，多能协调优化控制体系需要结合智能电网、非可再生能源、可再生能源、储能系统、电负荷、热负荷、气负荷等，通过合理的控制策略，使多能互补系统达到高效性、稳定性、安全性、可靠性和经济性等指标。目前，针对多能互补系统的分布式协同控制策略尚处于初级阶段。相比电力调度而言，多能互补系统内冷、热等能源的调度存在一定滞后，增加了多能源形式协同调度的难度。因此，针对多能互补系统内不同能源形式多时间和空间尺度的协同调度策略，将是下一步技术发展方向和研究的重点。

6.4.3.4 储能技术

先进的储能技术在多能互补系统中具有重要作用，且发展空间很大。可再生能源（如太阳能、风能）具有间歇性、波动性等特点，通过在系统中接入储能设备，可以平滑可再生能源发电功率的输出波动，减少随机性，降低接入电网的难度。而储热、储氢等技术的发展，为多能互补系统中电能向热能、氢能等不同能源形式的转移提供了途径。因此，储能技术极大地推动了可再生能源的大规模应用。储能技术对电网调频调峰、改善供电质量和可靠性方面也具有重要作用。在多能互补系统中，不同的储能方式各有优缺点，需要根据经济性和容量等要求选择合适的储能方式。储能应用在多能互补系统中的主要研究方向：新能源发电和储能的协调规划及调度技术、储能与能量转换装置的集成设计和协调配置等。

基于可再生清洁能源的能源互联网具有低碳、绿色、可持续等特征，目前已经成为全球研究的热点。在能源互联网的背景下，不同能源形式不再是相互独立的，多能互补成为能源互联网的物理基础和落地形式。因此，与多能互补、综合利用相结合的能源管控系统模式建设，将是未来的技术发展方向。

参考文献

[1] 马建国. 油气田企业能效对标 [M]. 北京：石油工业出版社，2016.

[2] 马建国. 油气田企业能源管理体系 [M]. 北京：石油工业出版社，2019.

[3] 中国计量测试学会. 一级注册计量师基础知识及专业务实 [M]. 北京：中国质检出版社，2009.

[4] 夏志杰. 工业互联网：体系与技术 [M]. 北京：机械工业出版社，2018.

[5] BP. BP Statistical Review of World Energy 2021 70th edition [R]. London，2021-07.

[6] 马建国. 油气田能源管控中心建设探讨 [J]. 石油规划设计，2018，29 (1)：9-11，48.

[7] 朱英如，吴浩，张士奇，等. 能源管控系统在油气田企业中的应用 [J]. 石油规划设计，2019，30 (1)：8-9，14，48.

[8] 曹莹，宋美华，赵卫东，等. 浅析油气田重点用能系统能效评价方法——以塔里木油田为例 [J]. 石油与天然气化工，2020，49 (3)：106-114.

[9] 杜金虎，时付更，杨剑锋，等. 中国石油上游业务信息化建设总体蓝图 [J]. 中国石油勘探，2020，25 (5)：1-8.

[10] 李华，李金莲，施志良，等. 能源管控中大数据采集的设计与实现 [J]. 冶金自动化，2016，40 (1)：8-11.

[11] 郭以东，马建国，何晓梅. 能源管控信息系统建设关注要素与评估 [J]. 石油石化节能，2020，10 (6)：9-10，34-38.

[12] 郭以东，陆育锋，吕正林，等. 基于物联网技术的能源管控中心与能耗在线监测系统建设研究 [C] //中国石油协会. 2018 年中国石油石化企业信息技术大会论文集. 北京：中国石化出版社，2018：464-468.

[13] 孟雅辉，杨金城. 石油化工行业工业控制系统信息安全技术综述 [J].

石油化工自动化，2018，54（1）：1-6.

[14] 王冲华，李俊，陈雪鸿. 工业互联网平台安全防护体系研究［J］. 信息网络安全，2019（9）：6-10.

[15] 赵欣月. 油田工业控制系统信息安全防护方法探析［J］. 中国设备工程，2019（20）：23-24.

[16] 苏岳龙，陈强，马天明. 基于石化行业的工业控制系统信息安全防护体系设计和建设标准［C］//中国标准化协会. 标准化改革与发展之机遇——第十二届中国标准化论坛论文集.［出版者不详］，2015：450-460.

[17] 方鹂，杨世海，尤靖茜，等. 浅谈长庆油田智能油气田通信网络的构建［J］. 石油规划设计，2020，31（6）：40-43.

附录1 能源管控相关名词说明

- **Chevron Corporation**

雪佛龙股份有限公司是世界最大的能源公司之一,总部位于美国加州圣拉蒙市(San Ramon),并在全球超过180个国家有业务。其业务范围渗透石油及天然气工业的各个方面,包括探测、生产、提炼、营销、运输、石化、发电等。

- **Royal Dutch/Shell Group of Companies**

荷兰皇家壳牌集团,又译"蚬壳",是世界第一大石油公司,总部位于荷兰海牙和英国伦敦,由荷兰皇家石油与英国的壳牌两家公司合并组成。它是国际上主要的石油、天然气和石油化工生产商,同时也是汽车燃油和润滑油零售商。它亦为液化天然气行业的先驱,并在融资、管理和经营方面拥有相当丰富的经验。

- **BP p. l. c.**

BP[前称:British Petroleum(英国石油),后BP简称成为正式名称],是世界上最大的石油和石油化工集团公司之一,由前英国石油、阿莫科、阿科和嘉实多等公司整合重组形成。公司的主要业务包括油气勘探开发、炼油、天然气销售和发电、油品零售和运输、石油化工产品生产和销售。此外,公司在太阳能发电方面的业务也在不断壮大。BP总部设在英国伦敦。

- **DCS**

分散控制系统是以微处理器为基础,采用控制功能分散、显示操作集中、兼顾分而自治和综合协调为原则设计的新一代仪表控制系统。其主要特征是集中管理和分散控制。目前,分散控制系统在电力、冶金、石化等各行各业都获得了极其广泛的应用。

- **SCADA**

SCADA（Supervisory Control and Data Acquisition）系统，即数据采集与监视控制系统，是以计算机为基础的 DCS 与电力自动化监控系统，应用领域很广，包括电力、冶金、石油、化工、燃气、铁路等领域的数据采集与监视控制、过程控制等诸多领域。

- **PLC**

可编程逻辑控制器（Programmable Logic Controller），是一种专门为工业环境应用而设计的数字运算操作电子系统。它采用一种可编程的存储器，在其内部存储执行逻辑运算、顺序控制、定时、计数和算术运算等操作指令，通过数字式或模拟式的输入输出来控制各种类型的机械设备或生产过程。

- **PDCA 循环**

PDCA 循环是美国质量管理专家休哈特博士首先提出的，由戴明采纳、宣传，获得普及，所以又称戴明环。全面质量管理的思想基础和方法依据就是 PDCA 循环。PDCA 循环的含义是将质量管理分为四个阶段，即计划（Plan）、实施（Do）、检查（Check）、改进（Action）。在质量管理活动中，要求把各项工作按照做出计划、实施计划、检查实施效果，然后将成功的纳入标准、不成功的留待下一循环去解决。这一工作方法是质量管理的基本方法，也是企业管理各项工作的一般规律。

- **组态软件**

组态软件是指一些数据采集与过程控制的专用软件，是自动控制系统监控层级的软件平台和开发环境，使用灵活的组态方式，为用户提供能够快速构建工业自动控制系统监控功能、通用层次的软件工具。组态软件应该能支持各种工控设备和常见的通信协议，并且通常要提供分布式数据管理和网络功能。其预设置的各种软件模块可以非常容易地实现和完成监控层的各项功能，并能同时支持各种硬件厂家的计算机和 I/O 产品，与高可靠的工控计算机和网络系统结合，向控制层和管理层提供软、硬件的全部接口，进行系统集成。组态软件经过快速发展，实时数据库、实时控制、监控和数据采集系统（SCADA）、通信及联网、开放数据接口、对 I/O 设备的广泛支持已经成为其主要内容，随着技术的发展，组态软件将会不断被赋予新的内容。

- **ICS**

工业控制系统（Industrial Control System，ICS）是一个通用术语，它包括多种工业生产中使用的控制系统，如监控和数据采集系统（SCADA）、分布式控制系统（DCS）以及其他较小的控制系统［如可编程逻辑控制器

(PLC)〕，现已广泛应用于油气田企业加热炉、注气注水等关键基础设施中。

- **工业安全隔离网关**

工业安全隔离网关是针对工业网络应用设计的防护设施，解决了工业监控和数据采集系统（SCADA）、分布式控制系统（DCS）、可编程逻辑控制器（PLC）等控制网络如何安全接入非生产网络（如办公网、企业局域网络、集团广域网等）的问题。其区别于常规网络防火墙，通过专有 PSL 网络隔离传输技术割断穿透性 TCP 连接，阻断了非特定工业应用数据的交换，能够深度解析工业通信协议，屏蔽无关网络服务、系统功能和无关数据端口，并且对于渗透攻击进行实时拦截和告警，避免工控异常操作和数据被恶意篡改等攻击行为。工业安全隔离网关进一步提高了系统的安全性和抗攻击的能力，为数据安全提供了更充分的保障。

- **CPS**

信息物理系统（Cyber-Physical Systems，CPS）是一个综合计算、网络和物理环境的多维复杂系统，通过 3C（Computation、Communication、Control）技术的有机融合与深度协作，实现大型工程系统的实时感知、动态控制和信息服务。CPS 采用计算、通信与物理系统的一体化设计，可使系统更加可靠、高效、实时协同，具有重要而广泛的应用前景。

- **Kubernetes**

Kubernetes，简称 K8s（用 8 代替 8 个字符"ubernete"而成的缩写），是一个开源的、用于管理云平台中多个主机上的容器化的应用，是提供应用部署、规划、更新、维护的一种机制。Kubernetes 是 Google 开源的一个容器编排引擎，支持自动化部署、大规模可伸缩、应用容器化管理。在生产环境中部署一个应用程序时，通常要部署该应用的多个实例以便对应用请求进行负载均衡。

附录2 常用能源发热值与碳排放系数

常用能源发热值与碳排放系数见附表2-1。

能源名称		折标煤系数（平均低位发热量）	碳排放系数
原煤		0.7143 tce/t (5000 kcal/kg)	1.9810 tCO_2/t
洗精煤		0.9000 tce/t (6300 kcal/kg)	2.2818 tCO_2/t
其他洗煤	(a) 洗中煤	0.2857 tce/t (2000 kcal/kg)	0.7010 tCO_2/t
	(b) 煤泥	0.2857～0.4286 tce/t (2000～3000 kcal/kg)	0.7010～1.0515 tCO_2/t
焦炭		0.9714 tce/t (6800 kcal/kg)	2.8507 tCO_2/t
原油		1.4286 tce/t (10000 kcal/kg)	3.0202 tCO_2/t
燃料油		1.4286 tce/t (10000 kcal/kg)	3.1705 tCO_2/t
汽油		1.4714 tce/t (10300 kcal/kg)	2.9251 tCO_2/t
煤油		1.4714 tce/t (10300 kcal/kg)	3.0334 tCO_2/t
柴油		1.4571 tce/t (10200 kcal/kg)	3.0959 tCO_2/t
煤焦油		1.1429 tce/t (8000 kcal/kg)	2.6446 tCO_2/t
渣油		1.4286 tce/t (10000 kcal/kg)	3.0052 tCO_2/t
液化石油气		1.7143 tce/t (12000 kcal/kg)	3.1330 tCO_2/t
炼厂干气		1.5714 tce/t (11000 kcal/kg)	3.0427 tCO_2/t
油田天然气		1.3300 tce/t (9310 kcal/m^3)	21.6219 $tCO_2/10^4 m^3$
气田天然气		1.2143 tce/t (8500 kcal/m^3)	19.7408 $tCO_2/10^4 m^3$
甲烷（逸散）		11.385 tce/$10^4 m^3$ (7970 kcal/m^3)	19.5007 $tCO_2/10^4 m^3$ 其GWP值为25t $CO_2 e/tCH_4$

附录2 常用能源发热值与碳排放系数

续表

能源名称		折标煤系数（平均低位发热量）	碳排放系数
焦炉煤气		0.5714～0.6143 tce/t (4000～4300 kcal/m³)	8.2573～8.8769 $tCO_2/10^4 m^3$
高炉煤气		0.1286 tce/t (900 kcal/m³)	9.6711 $tCO_2/10^4 m^3$
其他煤气	(a) 发生炉煤气	0.1786 tce/t (1250 kcal/m³)	2.3148 $tCO_2/10^4 m^3$
	(b) 重油催化裂解煤气	0.6571 tce/t (4600 kcal/m³)	8.5184 $tCO_2/10^4 m^3$
	(c) 重油热裂解煤气	1.2143 tce/t (8500 kcal/m³)	15.7410 $tCO_2/10^4 m^3$
	(d) 焦炭制气	0.5571 tce/t (3900 kcal/m³)	7.2222 $tCO_2/10^4 m^3$
	(e) 压力气化煤气	0.5143 tce/t (3600 kcal/m³)	6.6668 $tCO_2/10^4 m^3$
	(f) 水煤气	0.3571 tce/t (2500 kcal/m³)	4.6297 $tCO_2/10^4 m^3$
粗苯		1.4286 tce/t (10000 kcal/kg)	3.4109 tCO_2/t
热力（当量值）		0.03412 tce/GJ	0.11 tCO_2/GJ
电力（当量值）		1.229 tce/(10^4 kW·h) [860 kcal/(kW·h)]	建议值 华北：8.843 $tCO_2/10^4$ kW·h 东北：7.769 $tCO_2/10^4$ kW·h 华东：7.035 $tCO_2/10^4$ kW·h 华中：5.257 $tCO_2/10^4$ kW·h 西北：6.671 $tCO_2/10^4$ kW·h 南方：5.271 $tCO_2/10^4$ kW·h
电力（等价值）		按当年火电发电标准煤耗计算	
蒸汽（低压）		0.1286 tce/t (900 Mcal/t)	0.3206 tCO_2/t

注：除甲烷外，折标煤系数源自《综合能耗计算通则》（GB/T 2589—2020），碳排放系数是根据2008版的平均低位发热量计算得到；电力二氧化碳排放系数来自2012年国家发展和改革委员会公布的区域电网平均二氧化碳排放因子；甲烷密度为 7.17 $t/10^4 m^3$，低位发热值 333.67 $GJ/10^4 m^3$，取自《石油天然气开采企业二氧化碳排放计算方法》（SY/T 7297—2016）；甲烷含碳量 0.749tC/t，取自《二氧化碳排放核算和报告要求 石油化工生产业》（DB11/T 1783—2020）；甲烷全球变暖潜能值（GWP）取自 IPCC2007 年第四次评估报告。

附录3 能源管控相关标准清单

GB 17167《用能单位能源计量器具配备和管理通则》
GB 50350《油田油气集输设计规范》
GB/T 50892《油气田及管道工程仪表控制系统设计规范》
GB/T 20901《石油石化行业能源计量器具配备和管理要求》
GB/T 9109.1~5《石油和液体石油产品动态计量》
GB/T 17288《液态烃体积测量 容积式流量计计量系统》
GB/T 17289《液态烃体积测量 涡轮流量计计量系统》
GB/T 50770《石油化工安全仪表系统设计规范》
GB/T 23004《信息化和工业化融合生态系统参考架构》
GB/T 23005《信息化和工业化融合管理体系 咨询服务指南》
GB/T 20279《信息安全技术 网络和终端隔离产品安全技术要求》
GB/T 22239《信息安全技术 网络安全等级保护基本要求》
GB/T 25070《信息安全技术 网络安全等级保护安全设计技术要求》
GB/T 28448《信息安全技术 网络安全等级保护测评要求》
GB/T 32919《信息安全技术 工业控制系统安全控制应用指南》
GB/T 40063《工业企业能源管控中心建设指南》
SH/T 3005《石油化工自动化仪表选型设计规范》
SY/T 6682《用科里奥利流量计测量液态烃流量》
SY/T 0090《油气田及管道仪表控制系统设计规范》
SY/T 5398《石油天然气交接计量站计量器具配备规范》

附录4 油气田企业能源管控等级目标及相应能力对照表

油气田企业能源管控等级目标及相应能力对照表见附表4-1。

附表4-1 油气田企业能源管控等级目标及相应能力对照表

	计量级	监测级	分析级	优化级	智能级
目标	通过配备、维护和检定能源管控单元的能源计量器具,实现能源管控单元的主要能源实物消耗数据的准确计量	通过增加能源管控单元的能源计量数据自动采集功能,以及能源管控单元的能源效参数在线计算和异常报警,实现能效水平的实时监测,确保其使用能源管控单元的能耗超限环节,加快能源使用管理的响应速度	针对能源管控单元的主要用能环节、单元、区域等,开展能源绩效参数的在线历史趋势分析和横向对标分析,定期研究和实施系统性的节能增效改造项目,实现能源管控单元能效水平的有效评估和主要用能问题的合理解决,促使其根据生产变化改进能源使用	针对能源管控单元建立主要用能环节、单元、区域等的模拟优化模型和完善能源管控单元的能源管理,实现能源的日常优化管理,确保能源管控单元可根据生产需求优化能源使用,并及时提出能源合理使用的计划、调度和操作优化方案,促进其能源水平的持续改进	通过能源使用管理与主要生产过程闭环优化等的集成,实现对能源管控单元的全方位闭环管理,促进其生产全过程的能源使用控制,科学化管理和精细化控制

续表

	计量级	监测级	分析级	优化级	智能级
能力	能源计量器具配备：应按照 GB 17167 和 GB/T 20901 中规定的能源计量器具使用范围、计量性能要求、计量准确度等级要求，配备能源计量器具。对于需要能耗数据远传功能的能源管控单元，宜采用具有远传功能的能源计量器具维护和更新。对于需更换的能源计量器具，宜采用具有远传功能的能源计量器具。能源计量器具维护：应根据 GB 17167 和 GB/T 20901 的规定，制定完善能源计量器具的管理制度，做好能源计量器具维护和更新。能源计量器具检定或校准：应根据 GB 17167 和 GB/T 20901 的规定，按照国家计量检定规程、校准规范对能源管控单元现行有效的管理文件，做好有效期内能源计量器具的检定或校准	能源计量数据远传应符合以下要求：①根据 Q/SY 1212 中规定的能源管控单元需要远传的能源计量数据，明确能源管控单元需要远传数据，包括能源实物消耗量的电力、蒸汽等主要远传物料数据。②应对现有能源计量仪表远传数据进行改造，将远传功能远传频率送频率和可靠性来确定。③数据采集和传送频率送能源管理需要和生产实际来确定。数据采集和传送频率等数据接口，实现数据远传。能源绩效参数在线计量计算：①能源绩效参数的计算。能源管理数据根据生产变化频繁程度确定。应根据 Q/SY 61、Q/SY 1066 等规定的能源绩效参数计算模型，在能源管控信息平台中开发和生产过程中实现能源绩效参数的在线计算。能源绩效参数基准值的基准值设定与调整：①能源绩效参数基准值设定，应根据 Q/SY 31453、Q/SY 1066、Q/SY 1347 等规定的或对标结果，并加以启动预警可参考 GB/T 31453、Q/SY 1066、Q/SY 1347 等规定，也可根据历史数据和本年度的其他指标来设定，也可根据历史数据和实际的其他指标相标设定。②当能耗指标或基准值发生较大变化时，能源管控团队应及时更新能源绩效参数的基准值	能源绩效参数纵向分析：应定期开展纵向分析，将主要能源绩效参数因素相近条件下不同时期的纵向对比，可在能源绩效参数加以中开展较好时期的主要操作条件，自动形成和分析好时期与现时期下改进的主要操作条件，用于改进指导。能源绩效参数横向对标：应定期收集同类企业或能源绩效参数，并安排人员输入能源管控信息平台进行对比分析，用于改进措施的实施。节能增效的实施：①能源管控团队应开展系统地诊断分析，运用能源管理系统的最佳节能实践，专家诊断、员工参与等工具和方法识别节能增效改进机会，并对这些成效进行改进建议；运用节能效对标、能效诊断、能效对标评价、改善建议，改善建议进行讨论。并通过管理评审对提出的节能增效管理持续加以实施	能源管控单元工具建立模拟模型建立：应利用专业软件工具建立能源管控单元的离线模拟模型，主要建立步骤包括模型数据收集、单元、区域等的典型建模型开发与校正。宜在离线模型开发成较大变化时，应重新建立模拟模型。能源管控单元级能源管控单元应建立优化模型。定期建议进行量化计算，并利用模拟工具开展优化方案研究。能源管控单元优化建议优化：能源管控团队应采取优化建议并开发关键操作参数作为在线模拟级优化模型。能源管控单元在线优化：将在线优化模型的优化建议按程序组织实施，通过人工操作调整或借助相关在线建议系统，稳定目标值，确保优化后结果执行。在优化建议实施过程中根据生产变化情况执行。在线优化效果监督与管理：能源管控信息平台应该优化级相关年度写实需要人工填写实施。说明、在线能源建议管控系统实施后展现的问题和解决方案。优化级能源管控系统开发：优化级能源管控系统开发在线优化模型，主要基于管控单元和在线建议上加以开发，并可展示优化结果和反馈情况	能源管控单元闭环优化：在优化级能源管控系统基础上开发实时数据通信和公用工程，直接调整操作参数实现能源管控单元的闭环优化。能源管控单元闭环优化：在优化级能源管控装置实现的多级能源管控系统，完善能源管控体系。构建能源管理团队，完善能源管理体系、理顺能源管理体制和激励约束机制，实现从单元、能源计划、调度，运行到统计分析、考核的闭环管理、全方位优化的闭环管理

298

附录5 石油和化工企业能源管理中心验收标准

石油和化工企业能源管理中心验收内容包括基本建设内容要求、运行情况和运行成效三方面。验收指标有9大项。采用打分制评定（100分为满分），60~79分为合格，80~89分为良好，90分及以上为优秀。石油和化工企业能源管理中心验收指标评估细则见附表5-1。

附表5-1 石油和化工企业能源管理中心验收指标评估细则

验收指标	评估关注点	打分原则
1.基础自动化设施配置齐全（15分）		基本建设内容要求（50分）
	能源计量器具达标配备率（6分）	主要耗能设备全部配备能源计量器具，其他设备参照行业标准和指南执行，且满足相关国家标准和行业标准： 1. 能源一级计量器具配置齐全，且满足计量精度要求。（2分） 2. 能源二级计量器具配置齐全，且满足计量精度要求。（2分） 3. 能源三级计量器具配置齐全，且满足计量精度要求。（2分）
	现场数据采集点覆盖率（6分）	实现现场数据采集的耗能设备占全部耗能设备的比例： 1. 实现相关一、二级能源计量数据的采集。（2分） 2. 实现相关三级能源计量数据的采集。（2分） 3. 实现对重要生产过程、高耗能设备运行数据的采集，支撑能源分析预测。（2分）
	现场自动控制系统覆盖率（3分）	现场控制系统实现自动化程度： 现场全部仪表及设备数据均采用现场自动控制系统得3分，绝大部分实现得2分，少数采用得1分，现场无自动控制系统得0分。

续表

验收指标	评估关注点	打分原则
2. 能源管理中心系统技术先进、设备运行良好（25分）	系统主体功能实现情况（9分）	按照要求实现系统整体功能： 1. 实现所有能源介质和重要生产工艺系统的实时监视功能。（2分） 2. 计算机系统数据展现较好、数据全面，能够覆盖所有能源和重要工艺的实时生产画面。（1分） 3. 具有对能源公辅系统的远程控制功能。（1分） 4. 实现能源介质在线优化功能，并能为能源调度提供决策依据。（2分） 5. 实现基础能源管理功能，满足能源报表和统计分析的要求。（2分） 6. 能源管理系统应具备Web发布功能，可在办公网络上根据权限获取现场实时数据。（1分）
	系统安全性（6分）	1. 现场控制网应与能源采集网络通过硬件设备进行隔离。（2分） 2. 能源管理网络通过防火墙等硬件设备与办公、视频等网络相隔离。（2分） 3. 系统有完善的权限管理，不同角色有不同的授权，所有操作有存档信息备查。（2分）
	系统可靠性（6分）	1. 管控系统软件采用自主知识产权平台，拥有核心技术，且经过权威部门鉴定。（2分） 2. 系统支持跨平台，能在LINUX、UNIX、Windows等平台上运行。（2分） 3. 主要软硬件设备（如服务器、交换设备、关键进程等）主备冗余配置，无缝切换。（2分）
	系统先进性（4分）	1. 系统平台组态方便，应用功能扩展方便灵活。（1分） 2. 具备数据诊断和校正功能。（1分） 3. 具备能源系统的综合预测、分析和平衡调度等功能，为调度员操作提供支撑。（1分） 4. 具备主要设备能耗运行分析计算功能，可为单体设备节能诊断提供量化数据。（1分）
3. 主控中心、辅助系统、视频监控等设施配置齐全（4分）	能源管理中心主控中心配备情况（2分）	1. 配备能源管理中心大厅大屏幕显示系统。（1分） 2. 能源管理中心机房配置精密空调等设备。（1分）
	关键设备视频安防监控系统配备率（2分）	关键耗能设备视频监控系统配备比例。（2分）

300

附录5 石油和化工企业能源管理中心验收标准

续表

验收指标	评估关注点	打分原则
4. 能源管理体系制度完善、切实发挥作用（6分）	能源管理制度和管理机构配置情况（2分）	建立符合《能源管理体系要求》（GB/T 23331）的能源管理制度和管理机构。（2分）
	考核制度建设情况（1分）	具有能源管理考核制度，并与个人绩效挂钩。（1分）
	能源管理中心培训制度（1分）	有完善的能源管理培训体系和完备的培训记录。（1分）
	能源计量管理体系情况（2分）	按照政府和行业要求，建立能源管理体系并达到相关要求。（2分）
5. 数据采集、控制和告警处理功能实现（10分）	运行情况（25分）		
	数据采集正确性、实时性（3分）	1. 数据采集正确，无明显错误。（1分） 2. 模拟量、数字量的采集实时性达到国标要求。（1分） 3. 画面、告警显示不超过5秒。（1分）
	远程控制的正确性（2分）	远程控制正确率达100%。（2分）
	完备的事故告警（2分）	系统有完备的告警分级处理程序，并通过声光方式提示。（2分）
	历史数据的完整性（2分）	计算机系统数据存储容量合理，能满足5年系统运行数据存储的要求。（2分）
	报表、曲线功能（1分）	能源各种统计分析报表、曲线完善，数据正确。（1分）

续表

验收指标	评估关注点	打分原则
6. 能源高级应用功能（10分）	能源预测预用情况（2分）	具备企业生产中各种能源介质的长期预测与短期预测能力，为能源计划制定与在线平衡提供数据支撑，提高能源的利用率。（2分）
	能源平衡和优化分析应用（2分）	考虑能源品位等级、产/耗能设备能耗特性差异，在满足生产需要的前提下，通过系统优化分析实现能源的优化调度、平衡。（2分）
	企业侧电力安全经济运行分析（4分）	1. 具有满足企业电网的电力潮流分析和短路电流计算软件，为企业用户对电网进行可靠性分析提供有效工具。（2分） 2. 保证企业电网频率稳定、功率因数较大、负荷平稳，具备电力负荷预测分析及需量控制功能软件。（2分）
	关键耗能设备性能在线分析应用（2分）	实现关键大型耗能设备能效在线分析，以实时掌握重点用能终端能源利用情况，及时发现企业能耗瓶颈。（2分）
7. 能源中心事故应急处理能力（5分）	应急预案（3分）	编制完善的应急预案。（3分）
	模拟练习（2分）	调度员和操作人员定期进行模拟练习。（2分）
		运行成效（25分）
8. 能源管理中心运行良好（5分）	能源管理中心运行良好（5分）	能源管理中心运行良好，无重大事故。

续表

验收指标	评估关注点	打分原则
9. 节能效果 显著，节能 量突出 (20分)	企业万元产值能耗 下降率 (8分)	企业万元产值能耗下降率＝1－(能源管理中心实施后万元产值能耗／能源管理中心实施前万元产值能耗×100%)
	主要耗能产品单位 能耗下降率 (12分)	主要耗能产品单位能耗下降率＝1－(能源管理中心实施后单位产品能耗／能源管理中心实施前单位产品能耗×100%) 若主要耗能产品数量多于1种，则根据各产品能耗量在企业总能耗的比重，取加权平均值，计算公式： 主要耗能产品单位能耗下降率＝ 1－(主要耗能产品A单位产品能耗下降率×产品A能耗量在企业总能耗的比重＋主要耗能产品B单位产品能耗下降率×产品B能耗量在企业总能耗的比重＋……／产品A能耗量在企业总能耗的比重＋产品B能耗量在企业总能耗的比重＋……)